여러분의 합격을 응원하는
해커스공무원의 특별 혜택

FREE 공무원 한국사 특강

해커스공무원(gosi.Hackers.com) 접속 후 로그인 ▶ 상단의 [무료강좌] 클릭하여 이용

시대별 막판 암기 점검[PDF]

해커스공무원(gosi.Hackers.com) 접속 후 로그인 ▶
상단의 [교재·서점 → 무료 학습 자료] 클릭 ▶ 본 교재의 [자료받기] 클릭

해커스공무원 온라인 단과강의 **20% 할인쿠폰**

7D47DCBD36E4CRCW

해커스공무원(gosi.Hackers.com) 접속 후 로그인 ▶ 상단의 [나의 강의실] 클릭 ▶
좌측의 [쿠폰등록] 클릭 ▶ 위 쿠폰번호 입력 후 이용

* 쿠폰 등록 후 7일간 사용 가능(ID당 1회에 한해 등록 가능)

합격예측 온라인 모의고사 응시권 + 해설강의 수강권

FF639373947857CM

해커스공무원(gosi.Hackers.com) 접속 후 로그인 ▶ 상단의 [나의 강의실] 클릭 ▶
좌측의 [쿠폰등록] 클릭 ▶ 위 쿠폰번호 입력 후 이용

* ID당 1회에 한해 등록 가능

쿠폰 이용 관련 문의 **1588-4055**

나의 목표 달성기

나의 목표 점수	나의 학습 플랜
_____ 점	☐ 막판 2주 학습 플랜 ☐ 막판 1주 학습 플랜 * 일 단위의 상세 학습 플랜은 p.10에 있습니다.

각 모의고사를 마친 후 해당 모의고사의 점수를 아래 그래프에 ●로 표시하여 본인의 점수 변화를 직접 확인해 보세요.

해커스공무원 gosi.Hackers.com

해커스공무원
실전동형
모의고사
한국사 2

해커스공무원
gosi.Hackers.com

> "공무원 시험 책을
> 처음 펼쳤던 날을 기억하시나요?"

공무원 시험 준비를 하면서
때로는 커다란 벽에 부딪혀 앞이 캄캄해졌던 때도 있었을 겁니다.
또 때로는 그 벽 앞에 주저앉아 포기하고 싶었던 때도 있었을 겁니다.

하지만, 기억하시나요?
새로운 도전에 대한 떨림과 각오로 책을 처음 펼쳤던 날.

**이제 그 도전의 결실을 맺을 순간을 앞두고 있습니다.
합격의 길, 마지막까지 해커스가 함께하겠습니다.**

최신 출제 경향을 철저히 반영하여 적중률을 높인 16회분의 모의고사와
공무원 한국사 시험에 출제되는 핵심 키워드를 복습할 수 있는 <핵심 키워드 마무리 체크>
시험 직전 시대별로도 최종 점검을 할 수 있는 <시대별 막판 암기 점검>까지

「해커스공무원 실전동형모의고사 한국사 2」로 함께하세요.

**공무원 합격을 위한 여정,
해커스 공무원시험연구소가 여러분과 함께 합니다.**

: 목차

합격으로 이끄는 이 책의 특징 및 구성	6
최신 출제경향과 학습 전략	8
합격을 위한 막판 학습 플랜	10

실전동형 문제집

01회	실전동형모의고사	14
02회	실전동형모의고사	20
03회	실전동형모의고사	26
04회	실전동형모의고사	32
05회	실전동형모의고사	38
06회	실전동형모의고사	44
07회	실전동형모의고사	50
08회	실전동형모의고사	56
09회	실전동형모의고사	62
10회	실전동형모의고사	68
11회	실전동형모의고사	74
12회	실전동형모의고사	80
13회	실전동형모의고사	86
14회	실전동형모의고사	92
15회	실전동형모의고사	98
16회	실전동형모의고사	104

약점 보완 해설집 [책 속의 책]

01회 ǀ 실전동형모의고사 정답·해설	2
02회 ǀ 실전동형모의고사 정답·해설	6
03회 ǀ 실전동형모의고사 정답·해설	10
04회 ǀ 실전동형모의고사 정답·해설	14
05회 ǀ 실전동형모의고사 정답·해설	18
06회 ǀ 실전동형모의고사 정답·해설	22
07회 ǀ 실전동형모의고사 정답·해설	26
08회 ǀ 실전동형모의고사 정답·해설	30
09회 ǀ 실전동형모의고사 정답·해설	34
10회 ǀ 실전동형모의고사 정답·해설	38
11회 ǀ 실전동형모의고사 정답·해설	42
12회 ǀ 실전동형모의고사 정답·해설	46
13회 ǀ 실전동형모의고사 정답·해설	50
14회 ǀ 실전동형모의고사 정답·해설	54
15회 ǀ 실전동형모의고사 정답·해설	58
16회 ǀ 실전동형모의고사 정답·해설	62

OMR 답안지 [부록]

시대별 막판 암기 점검 [PDF]
해커스공무원(gosi.Hackers.com) 접속 후 로그인
▶ 상단의 [교재·서점 → 무료학습자료] 클릭
▶본 교재의 [자료받기] 클릭하여 이용

합격으로 이끄는 이 책의 특징 및 구성

최신 출제경향을 철저히 반영한 모의고사로 합격 실력 완성!

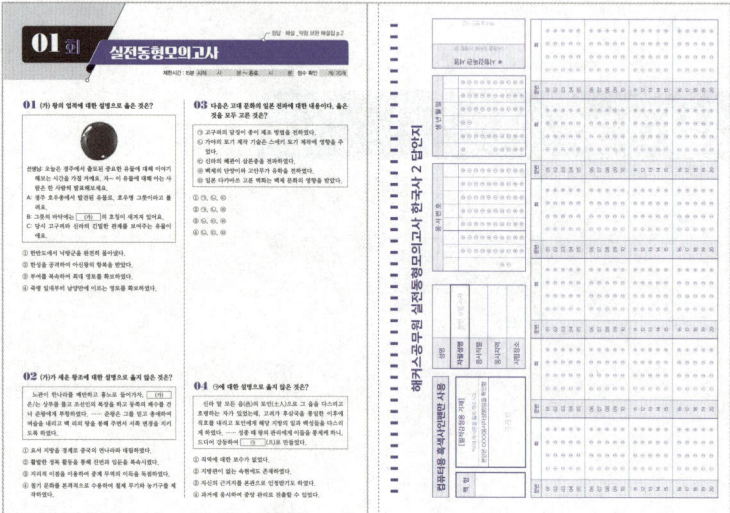

① 공무원 한국사 시험 경향을 철저히 반영한 모의고사 16회분 수록
실제 공무원한국사 시험과 동일한 난이도와 문제 유형으로 구성된 실전동형 모의고사 16회분으로 철저하게 실전에 대비할 수 있도록 하였습니다.

② OMR 답안지 제공
실제 시험처럼 문제를 풀면서 정답 체크까지 할 수 있도록 OMR 답안지를 제공하였습니다. 이를 통해 실전 감각을 극대화할 수 있습니다.

취약시대 분석부터 심화학습까지 아우르는 입체적 해설!

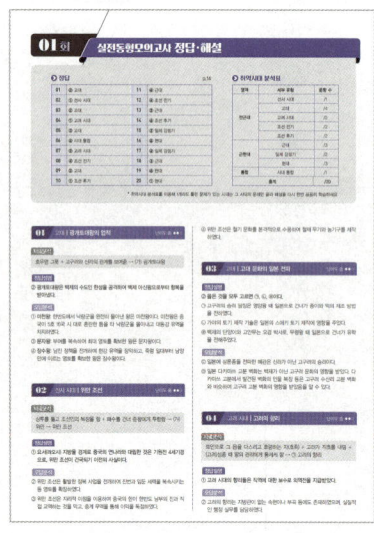

① 정답표 & 취약시대 분석표
모든 문제의 시대가 표시된 정답표를 제공하여, 맞거나 틀린 문제의 시대를 바로 확인할 수 있습니다. 또한 취약시대 분석표를 통해 자신의 취약한 시대를 확인하고 집중 보완할 수 있도록 하였습니다.

② 상세한 정답 분석과 오답 해설
정답의 근거는 물론 자료의 키워드 분석, 오답에 대한 상세한 해설을 제공하여 한 문제를 풀더라도 여러 문제를 푼 것과 같은 효과를 얻을 수 있습니다.

③ 이것도 알면 합격!
출제 포인트 및 문제와 관련해 또 출제될 가능성이 높은 핵심 이론을 정리하여, 만점 달성에 필요한 심화 학습을 할 수 있도록 하였습니다.

해커스공무원 실전동형모의고사 한국사 2

목표 수립부터 달성까지, 합격을 향한 특별 구성!

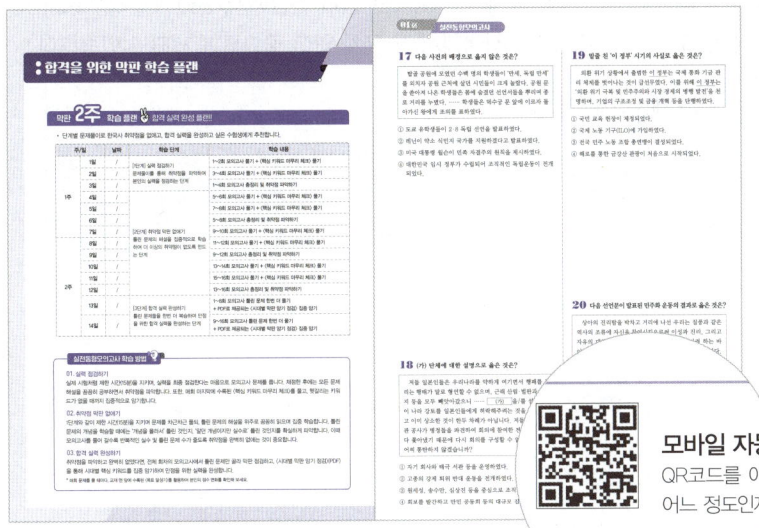

① 막판 학습 플랜
목표 달성기에 기입한 학습 계획에 맞춰서 16회분 모의고사를 2주 동안 풀 수 있도록 구성한 막판 2주 학습 플랜과, 시험 직전 단기간에 문제풀이를 끝낼 수 있는 막판 1주 학습 플랜을 제공하였습니다.

② 모바일 자동 채점 + 성적 분석 서비스
매회 모의고사 풀이 후 QR코드로 접속하여 간편하게 채점할 수 있으며, 성적 분석 서비스를 통해 나의 취약점과 현재 위치를 점검할 수 있습니다.

시험 직전까지 완벽하게, 최종 마무리할 수 있는 학습 구성!

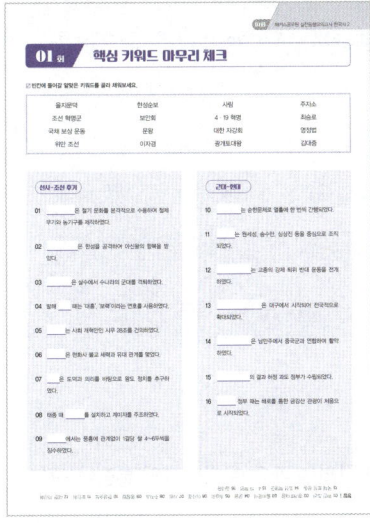

① 핵심 키워드 마무리 체크
매회 모의고사에 출제된 문제들 중 빈출 선택지의 핵심 키워드를 빈칸으로 제공하였습니다. 이를 통해 꼭 알아두어야 할 중요한 핵심 키워드를 복습하면서, 보다 철저히 한 회를 마무리할 수 있습니다.

② 온라인 무료 〈시대별 막판 암기 점검〉 제공
해커스공무원 사이트(gosi.Hackers.com)에서 각 회차 모의고사에 수록된 빈출 선택지를 OX/빈칸 문제로 구성한 〈시대별 막판 암기 점검〉(PDF)을 제공합니다. 이를 통해 시험 직전까지 반드시 알아 두어야 할 핵심 키워드만 최종 암기할 수 있습니다.

최신 출제경향과 학습 전략

공무원 한국사 시험 시대별 출제 비율

공무원 한국사 시험은 보통 총 20문항으로 구성됩니다. 최근 3개년 공무원 시험을 분석한 결과 전근대사가 전체의 55%로, 근현대사(40%), 시대 통합(5%)보다 출제 비율이 높았습니다. 그러나 대부분 모든 시대에서 큰 편차 없이 골고루 출제되고 있습니다.

시험 구분	시대별 출제 문항 수									합계
	전근대사					근현대사			시대 통합	
	선사	고대	고려	조선 전기	조선 후기	근대	일제 강점기	현대		
국가직	1	3	3	2	1	3	4	2	1	20
지방직	1	2	4	2	1	3	3	2	2	20
서울시	1	3	4	2	3	2	3	2	0	20
출제 비율	5%	13%	18%	10%	9%	13%	17%	10%	5%	100%

분류사별 최신 출제경향 및 학습 전략

최신 출제경향

- 정치사의 출제 비중이 가장 높으며, 최근에 주요 국왕의 업적 및 재위 시기의 사실을 묻는 문제가 많이 출제됨
- 한 시대의 정치·경제·사회·문화를 알아야 풀 수 있는 분류 통합형 문제가 출제되고 있음
- 문화사는 승려와 조선 후기 실학자, 역사서와 문화유산을 묻는 문제가 꾸준히 출제되고 있음
- 사회사는 최근 출제 비중이 낮아지고 있는 추세이며, 주로 분류 통합형의 선택지로 출제되고 있음

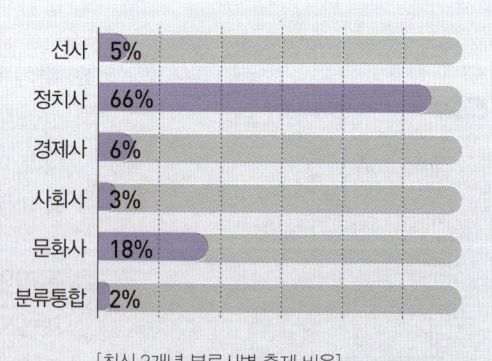

[최신 3개년 분류사별 출제 비율]

학습 전략

① 정치사의 흐름을 파악하고 주요 국왕의 정책과 사건의 배경·내용·결과 등을 정리합니다.
② 문화사에서는 승려와 조선 후기의 실학자의 주요 내용을 꼼꼼히 정리하고, 역사서와 우리나라의 주요 문화유산의 특징을 구분하여 암기합니다.
③ 경제사에서는 고려의 전시과와 과전법, 조선 후기의 대동법·영정법·균역법의 경제 제도를 비교하여 정리합니다.
④ 사회사에서는 신라 하대, 고려 원 간섭기, 조선 후기를 중심으로 시대의 전반적인 사회상을 이해합니다.

시대별 최신 출제경향 및 학습 전략

1. 전근대사

📁 최신 출제경향

- 왕의 업적/재위 시기의 사실을 묻는 문제나, 시기별 대외 항쟁의 전개 과정과 사건들의 전후 관계를 묻는 문제가 출제됨
- 사료를 해석하여 시대를 파악해야 하는 사료 제시형 문제가 많이 출제됨

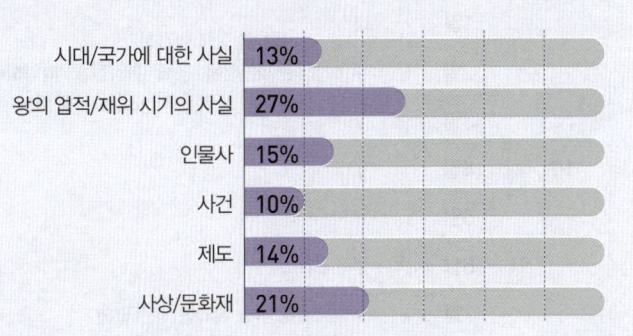

[최신 3개년 전근대사 문제 출제 포인트 비율]

학습 전략

① 국가별 주요 왕의 업적과 재위 시기의 사실·상황을 연결시켜 암기합니다.
② 모든 국가에 대한 제도와 사건들을 구분하여 정리합니다.
③ 각 시대의 정치·경제·사회·문화를 함께 정리합니다.

2. 근현대사

📁 최신 출제경향

- 근현대의 여러 사건과 관련된 문제가 가장 많이 출제됨
- 근현대 주요 단체와 특정 인물의 활동을 묻는 문제가 출제됨
- 근현대 조약·법령의 내용 및 대한민국 개헌안에 대해 묻는 문제가 자주 출제되고 있음

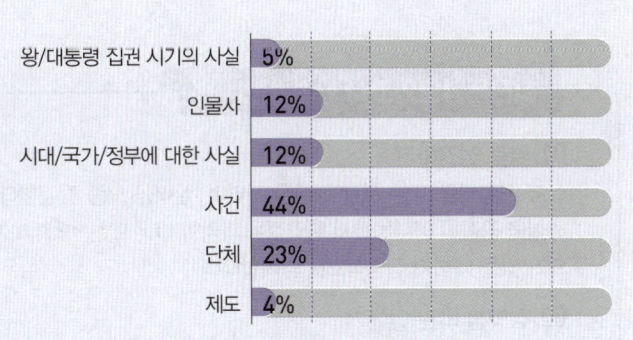

[최신 3개년 근현대사 문제 출제 포인트 비율]

학습 전략

① 근대사는 사건의 인과 관계나 전체 사건의 흐름을 이해하여 순서대로 배열하는 문제가 출제되기 때문에 사건의 배경, 전개 과정, 결과를 정리하여 개념을 이해합니다.
② 일제 강점기에서는 일제의 식민 통치 방식과 각 시기별 특징, 국내외의 독립 운동 단체와 무장 독립 전쟁, 주요 독립 운동가의 활동을 정리합니다.
③ 현대사에서는 광복 전후의 주요 상황, 민주화 운동, 평화 통일을 위한 남북의 노력, 시기별 경제 상황 등을 정리합니다.

합격을 위한 막판 학습 플랜

막판 2주 학습 플랜 ✌ 합격 실력 완성 플랜!!

- 단계별 문제풀이로 한국사 취약점을 없애고, 합격 실력을 완성하고 싶은 수험생에게 추천합니다.

주/일		날짜	학습 단계	학습 내용
1주	1일	/	[1단계] 실력 점검하기 문제풀이를 통해 취약점을 파악하여 본인의 실력을 점검하는 단계	1~2회 모의고사 풀기 + 〈핵심 키워드 마무리 체크〉 풀기
	2일	/		3~4회 모의고사 풀기 + 〈핵심 키워드 마무리 체크〉 풀기
	3일	/		1~4회 모의고사 총정리 및 취약점 파악하기
	4일	/	[2단계] 취약점 막판 없애기 틀린 문제의 해설을 집중적으로 학습하여 더 이상의 취약점이 없도록 만드는 단계	5~6회 모의고사 풀기 + 〈핵심 키워드 마무리 체크〉 풀기
	5일	/		7~8회 모의고사 풀기 + 〈핵심 키워드 마무리 체크〉 풀기
	6일	/		5~8회 모의고사 총정리 및 취약점 파악하기
	7일	/		9~10회 모의고사 풀기 + 〈핵심 키워드 마무리 체크〉 풀기
2주	8일	/		11~12회 모의고사 풀기 + 〈핵심 키워드 마무리 체크〉 풀기
	9일	/		9~12회 모의고사 총정리 및 취약점 파악하기
	10일	/		13~14회 모의고사 풀기 + 〈핵심 키워드 마무리 체크〉 풀기
	11일	/		15~16회 모의고사 풀기 + 〈핵심 키워드 마무리 체크〉 풀기
	12일	/		13~16회 모의고사 총정리 및 취약점 파악하기
	13일	/	[3단계] 합격 실력 완성하기 틀린 문제들을 한번 더 복습하여 만점을 위한 합격 실력을 완성하는 단계	1~8회 모의고사 틀린 문제 한번 더 풀기 + PDF로 제공되는 〈시대별 막판 암기 점검〉 집중 암기
	14일	/		9~16회 모의고사 틀린 문제 한번 더 풀기 + PDF로 제공되는 〈시대별 막판 암기 점검〉 집중 암기

실전동형모의고사 학습 방법

01. 실력 점검하기
실제 시험처럼 제한 시간(15분)을 지키며, 실력을 최종 점검한다는 마음으로 모의고사 문제를 풉니다. 채점한 후에는 모든 문제 해설을 꼼꼼히 공부하면서 취약점을 파악합니다. 또한, 매회 마지막에 수록된 〈핵심 키워드 마무리 체크〉를 풀고, 헷갈리는 키워드가 없을 때까지 집중적으로 암기합니다.

02. 취약점 막판 없애기
1단계와 같이 제한 시간(15분)을 지키며 문제를 차근차근 풀되, 틀린 문제의 해설을 위주로 꼼꼼히 읽으며 집중 학습합니다. 틀린 문제의 개념을 학습할 때에는 '개념을 몰라서' 틀린 것인지, '알던 개념이지만 실수로' 틀린 것인지를 확실하게 파악합니다. 이때 모의고사를 풀어 갈수록 반복적인 실수 및 틀린 문제 수가 줄도록 취약점을 완벽히 없애는 것이 중요합니다.

03. 합격 실력 완성하기
취약점을 파악하고 완벽히 없앴다면, 전체 회차의 모의고사에서 틀린 문제만 골라 막판 점검하고, 〈시대별 막판 암기 점검〉(PDF)을 통해 시대별 핵심 키워드를 집중 암기하여 만점을 위한 실력을 완성합니다.

* 매회 문제를 풀 때마다, 교재 맨 앞에 수록된 〈목표 달성기〉를 활용하여 본인의 점수 변화를 확인해 보세요.

막판 1주 학습 플랜 ✌ 실전 감각 극대화 플랜!!

• 시험 직전 막판 1주 동안 문제풀이에 집중하여, 실전 감각을 극대화하고 싶은 수험생에게 추천합니다.

주/일		날짜	학습 내용
1주	1일	/	1~4회 모의고사 풀기 ① 모의고사를 풀고 해설을 꼼꼼히 학습하기 　② 〈핵심 키워드 마무리 체크〉 풀기
	2일	/	5~8회 모의고사 풀기 ① 모의고사를 풀고 해설을 꼼꼼히 학습하기 　② 〈핵심 키워드 마무리 체크〉 풀기
	3일	/	1~8회 모의고사 총정리하기
	4일	/	9~12회 모의고사 풀기 ① 모의고사를 풀고 해설을 꼼꼼히 학습하기 　② 〈핵심 키워드 마무리 체크〉 풀기
	5일	/	13~16회 모의고사 풀기 ① 모의고사를 풀고 해설을 꼼꼼히 학습하기 　② 〈핵심 키워드 마무리 체크〉 풀기
	6일	/	9~16회 모의고사 총정리하기
	7일	/	시험 직전 막판 점검하기 ① 1~16회 모의고사 틀린 문제 한번 더 풀기 　② PDF로 제공되는 〈시대별 막판 암기 점검〉 집중 암기

실전동형모의고사 학습 방법 💡

01. 각 회차 모의고사 풀기

(1) 모의고사를 풀고 해설 학습하기
　① 실제 시험처럼 제한 시간(15분)을 지키며 모의고사 문제를 풉니다.
　② 채점 후 틀린 문제를 중심으로 해설을 꼼꼼히 학습합니다. 해설을 학습할 때에는 틀린 문제에 나온 개념을 정리하고 반복해서 암기함으로써 이후에 동일한 개념의 문제를 틀리지 않도록 합니다. 또한, 〈이것도 알면 합격!〉에서 제공하는 심화 개념까지 완벽히 암기합니다.

(2) 〈핵심 키워드 마무리 체크〉로 한 번 더 점검하기
　① 매회 마지막에 수록된 〈핵심 키워드 마무리 체크〉를 풀고, 헷갈리는 키워드가 없을 때까지 집중적으로 암기합니다.
　② 잘 안 외워지는 키워드에는 체크를 해두고, 머리 속에 완벽히 입력될 때까지 반복해서 암기합니다.

02. 모의고사 총정리하기

(1) 틀린 문제를 풀어보고, 반복해서 틀리는 문제는 해설의 정답 설명, 오답 분석을 다시 한 번 꼼꼼히 읽고 모르는 부분이 없을 때까지 확실히 학습합니다.

(2) 〈핵심 키워드 마무리 체크〉에서 체크해 둔 키워드가 완벽하게 암기되었는지 최종 점검합니다.

03. 시험 직전 막판 점검하기

시험 전날에는 전체 회차의 모의고사에서 틀린 문제만 골라 막판 점검하고, 〈시대별 막판 암기 점검〉(PDF)을 통해 시대별 핵심 키워드를 집중 암기하여 만점을 위한 실력을 완성합니다.

* 매회 문제를 풀 때마다, 교재 맨 앞에 수록된 〈목표 달성기〉를 활용하여 본인의 점수 변화를 확인해 보세요.

합격으로 이끄는 공무원 한국사 학습 전략!

정치사

주요 국왕 대의 사실과 각 시대별로 시행된 정책 등을 정확하게 암기한다!

정치사는 국가별 주요 국왕의 업적 및 재위 시기의 사실과 각 시대별로 시행된 정책을 구분하여 정확하게 암기해야 하며, 주요 사건은 정치적 상황과 연관시켜 정리합니다.

경제사

제도별로 시행 시기와 내용을 정리한다!

토지 제도와 수취 제도는 각 시대에 따라 어떻게 변했는지를 물어보므로, 제도가 시행된 왕, 제도의 내용과 기준 등을 한번에 정리해야 문제를 맞힐 수 있습니다. 특히 문제를 풀 때, '몇 두'를 지급하였는지 그 숫자가 헷갈리기 때문에 내용을 정확하게 암기합니다.

사회사

흐름과 함께 각 시대의 사회 모습과 신분 계층까지 파악한다!

최근 사회사 문제의 출제 비중이 낮아지고 있으나 분류 통합 문제로 출제될 가능성이 있으니, 각 시대별 사회 모습의 주요 특징을 정치사, 경제사 등과 함께 연결 지어 학습합니다.

문화사

서적은 저자와 함께 주요 특징까지 암기한다!

서적 문제를 맞추기 위해서는 저자와 함께 주요 특징까지 암기해야 합니다. 농서, 역사서, 의학서 등으로 구분하여 문제가 출제되므로, 서적에 따라 정리를 하면 쉽게 문제의 정답을 맞힐 수 있습니다.

실전동형
모의고사

01회 | 실전동형모의고사   **02회** | 실전동형모의고사   **03회** | 실전동형모의고사

04회 | 실전동형모의고사   **05회** | 실전동형모의고사   **06회** | 실전동형모의고사

07회 | 실전동형모의고사   **08회** | 실전동형모의고사   **09회** | 실전동형모의고사

10회 | 실전동형모의고사   **11회** | 실전동형모의고사   **12회** | 실전동형모의고사

13회 | 실전동형모의고사   **14회** | 실전동형모의고사   **15회** | 실전동형모의고사

16회 | 실전동형모의고사

잠깐! 실전동형모의고사 전 확인사항

매 회 실전동형모의고사 전, 아래 상황을 점검하고 실전처럼 시험에 임하세요.
- ✓ 휴대전화는 전원을 꺼주세요.
- ✓ 연필과 지우개를 준비하세요.
- ✓ 제한시간 15분 내 최대한 많은 문제를 정확하게 풀어보세요.

01회 실전동형모의고사

제한시간 : 15분 시작   시   분 ~ 종료   시   분 점수 확인   개/ 20개

01 (가) 왕의 업적에 대한 설명으로 옳은 것은?

선생님: 오늘은 경주에서 출토된 중요한 유물에 대해 이야기 해보는 시간을 가질 거예요. 자~ 이 유물에 대해 아는 사람은 한 사람씩 발표해보세요.
A: 경주 호우총에서 발견된 유물로, 호우명 그릇이라고 불려요.
B: 그릇의 바닥에는 (가)의 호칭이 새겨져 있어요.
C: 당시 고구려와 신라의 긴밀한 관계를 보여주는 유물이에요.

① 한반도에서 낙랑군을 완전히 몰아냈다.
② 한성을 공격하여 아신왕의 항복을 받았다.
③ 부여를 복속하여 최대 영토를 확보하였다.
④ 죽령 일대부터 남양만에 이르는 영토를 확보하였다.

03 다음은 고대 문화의 일본 전파에 대한 내용이다. 옳은 것을 모두 고른 것은?

㉠ 고구려의 담징이 종이 제조 방법을 전하였다.
㉡ 가야의 토기 제작 기술은 스에키 토기 제작에 영향을 주었다.
㉢ 신라의 혜관이 삼론종을 전파하였다.
㉣ 백제의 단양이와 고안무가 유학을 전하였다.
㉤ 일본 다카마쓰 고분 벽화는 백제 문화의 영향을 받았다.

① ㉠, ㉡, ㉢
② ㉠, ㉡, ㉣
③ ㉡, ㉢, ㉣
④ ㉡, ㉢, ㉤

02 (가)가 세운 왕조에 대한 설명으로 옳지 않은 것은?

노관이 한나라를 배반하고 흉노로 들어가자, (가) 은/는 상투를 틀고 조선인의 복장을 하고 동쪽의 패수를 건너 준왕에게 투항하였다. …… 준왕은 그를 믿고 총애하여 벼슬을 내리고 백 리의 땅을 봉해 주면서 서쪽 변경을 지키도록 하였다.

① 요서 지방을 경계로 중국의 연나라와 대립하였다.
② 활발한 정복 활동을 통해 진번과 임둔을 복속시켰다.
③ 지리적 이점을 이용하여 중계 무역의 이득을 독점하였다.
④ 철기 문화를 본격적으로 수용하여 철제 무기와 농기구를 제작하였다.

04 ㉠에 대한 설명으로 옳지 않은 것은?

신라 말 모든 읍(邑)의 토인(土人)으로 그 읍을 다스리고 호령하는 자가 있었는데, 고려가 후삼국을 통일한 이후에 직호를 내리고 토인에게 해당 지방의 일과 백성들을 다스리게 하였다. …… 성종 때 왕의 관리에게 이들을 통제케 하니, 드디어 강등하여 ㉠ (으)로 만들었다.

① 직역에 대한 보수가 없었다.
② 지방관이 없는 속현에도 존재하였다.
③ 자신의 근거지를 본관으로 인정받기도 하였다.
④ 과거에 응시하여 중앙 관리로 진출할 수 있었다.

05 밑줄 친 '왕'의 재위 시기의 사실로 옳은 것은?

> 왕이 장수 장문휴를 보내 해적을 이끌고 등주자사 위준을 공격하자, 당이 문예를 보내 병사를 징발하여 토벌하게 하였다. 이어 김사란을 신라로 보내 병사를 일으켜 발해 남쪽 국경을 공격하게 하였다.

① '대흥', '보력'이라는 연호를 사용하였다.
② 발해가 중국에서 '해동성국'이라 불렸다.
③ 일본에 사신을 파견하여 국교를 맺었다.
④ 상경 용천부에서 동경 용원부로 수도를 옮겼다.

06 (가) 사상에 관련된 내용으로 옳은 것은?

> 연개소문이 왕에게 아뢰기를, "삼교는 솥의 발과 같아서 하나라도 없어서는 안 됩니다. 지금 유교와 불교는 모두 흥하는데 (가) 은/는 아직 번성하지 않았으니, …… 엎드려 청하오니 당에 사신을 보내 (가) 을/를 구해 와서 나라 사람들을 가르치게 하소서."

① 집터나 묘지 선정에 영향을 주었다.
② 『시경』, 『서경』, 『역경』을 경전으로 삼고 있다.
③ 승탑과 탑비의 건립이 유행하는 배경이 되었다.
④ 조선 초기에 소격서의 주관으로 초제를 행하였다.

07 밑줄 친 '그'에 대한 설명으로 옳은 것은?

> 그는 음서로 관직에 진출하였고 여동생은 순종의 비였다. 예종이 그의 둘째 딸을 비로 맞아들이니, 이로 말미암아 갑자기 귀하게 되었다. …… 이후 인종 때 그는 다른 성이 왕비가 되어 권세와 총애를 나누는 것을 두려워하여 세 번째 딸을 왕에게 바칠 것을 강하게 요청하니 왕이 부득이 그를 따랐다. 뒤에 또 네 번째 딸을 왕비로 들였다.

① 사회 개혁안인 시무 28조를 건의하였다.
② 현화사 불교 세력과 유대 관계를 맺었다.
③ 사병 집단인 도방을 처음으로 조직하였다.
④ 그가 일으킨 난을 계사의 난이라고도 한다.

08 다음 ㉠, ㉡ 세력에 대한 설명으로 옳은 것은?

> (가) "조선 국왕 이 아무개는 삼가 좌익공신 ㉠ 등을 거느리고 감히 천지·산천·종묘·사직께 고합니다. 우리 상왕이 어린 나이로 나라를 계승하니, 간신이 정사를 독단하며 은밀히 종친과 결탁하고 불궤한 일을 도모하는 것을 소자가 다행히 하늘의 힘을 입어 죄인을 내쫓고 굴복시켰습니다.
>
> (나) ㉡ 등이 아뢰기를 "지난번에 아뢰었던 천거로 인재를 뽑는 일은 여럿이 의논한 일입니다. …… 나중에 폐단이 있을까 염려되고, 혹 공평하지 못할까 염려되기는 하나 대체로 좋은 일이니, 비록 한두 사람이 천거에 빠진다 하더라도 주저 없이 시행해야 합니다. …… 공론이 있으니 어찌 한두 사람에게 잘못이 있을 것을 염려하여 좋은 일을 폐지하겠습니까?

① ㉠ - 도덕과 의리를 바탕으로 왕도 정치를 추구하였다.
② ㉡ - 관학파를 계승하여 문물 제도 정비에 기여하였다.
③ ㉠ - 성리학 이외의 학문은 배척하고 경학을 중시하였다.
④ ㉡ - 대체로 중소 지주 출신으로 향촌 자치를 강조하였다.

09 다음 시를 쓴 인물에 대한 설명으로 옳은 것은?

> 신비로운 계책은 하늘의 이치를 헤아리고 / 기묘한 꾀는 땅의 이치를 꿰뚫는구나 / 싸움에서 이긴 공이 이미 높으니 / 족한 줄 알고 그만하기를 바라노라.

① 영류왕을 죽이고 권력을 장악하였다.
② 살수에서 수나라의 군대를 격퇴하였다.
③ 황산벌에서 백제군과 싸워 승리하였다.
④ 당나라로 건너가 군사 동맹을 체결하였다.

10 다음 중 조선 후기에 편찬된 백과사전식 서적에 대한 설명으로 옳은 것을 모두 고른 것은?

> ㉠ 『지봉유설』에서는 마테오 리치의 『천주실의』를 소개하였다.
> ㉡ 『동국문헌비고』는 역대 우리나라의 문물 제도를 정리하였다.
> ㉢ 『성호사설』은 농업 정책과 농촌 생활 등을 백과사전식으로 정리하였다.
> ㉣ 『청장관전서』는 우리나라와 중국 등의 역사, 사물 등을 고증학적인 방법으로 소개하였다.

① ㉠, ㉡
② ㉠, ㉣
③ ㉡, ㉢
④ ㉢, ㉣

11 다음 자료와 관련된 민족 운동에 대한 설명으로 옳지 않은 것은?

> 지난날 우리 정부가 진보에 급급하여 들여온 국채가 1,300만 원이라. 그 마음에 어찌 차관으로 돈을 불려서 국가의 대사업을 일으킬 생각이 없었으리오. 그러나 오늘에 우리 2천만 동포들이 가령 한 사람이 1원을 낸다면 2천만 원이요. 50전씩이면 1천만 원이니 백성들이 진 빚을 갚는 일이 어찌 불가능하리오.

① 김광제, 서상돈 등의 제창으로 시작되었다.
② 대구에서 시작되어 전국적으로 확대되었다.
③ 일진회와 통감부의 방해로 인해 운동이 좌절되었다.
④ '한민족 1천만이 한 사람 1원씩'이라는 구호로 전개되었다.

12 조선 전기의 과학 기술에 대한 설명으로 옳지 않은 것은?

① 태종 때 주자소를 설치하고 계미자를 주조하였다.
② 세종 때 자동으로 시간을 알려주는 자격루를 만들었다.
③ 세조 때 토지 측량 기구인 인지의와 규형을 제작하였다.
④ 문종 때 화약 무기 제작과 사용법 등을 정리한 『총통등록』을 편찬하였다.

13 (가)에 들어갈 신문에 대한 설명으로 옳은 것은?

> 우리 조정에서도 박문국을 설치하고 관리를 두어 외국의 신문을 폭넓게 번역하고 아울러 국내의 일까지 기재하여 나라 안에 알리는 동시에 다른 나라에까지 공포하기로 하고, 이름을 (가) (이)라 하여 견문을 넓히고, 여러 가지 의문점을 풀어 주고, 상업에도 도움을 주고자 하였다.

① 신문지법에 의하여 폐간되었다.
② '시일야방성대곡'을 게재하였다.
③ 순한문체로 열흘에 한 번씩 간행되었다.
④ 정부의 지원을 받았으며, 영문으로도 발행되었다.

14 밑줄 친 '이 정책'에 대한 설명으로 옳은 것은?

> 이 정책은 백성을 걱정하는 뜻에서 나온 것이다. 감면한 것을 계산하여 보면 모두 50여 만 필에 이르는데, 돈으로 계산하면 1백여 만 냥이다. 각 아문과 밖으로 각 영진(營鎭)의 비용을 줄인 것이 50여 만 냥으로 아직도 40여 만 냥이나 부족하기 때문에 …… 어·염·선세와 은·여결에서 받아들이는 것 등으로 충당하게 하였다.

① 방납의 폐단을 개선하기 위해 실시하였다.
② 양반에게도 군포를 부과하여 군역을 지게 하였다.
③ 풍흉에 관계없이 1결당 쌀 4~6두씩을 징수하였다.
④ 균역청에서 관리하다가 선혜청이 통합하여 관리하였다.

15 다음 자료에 해당하는 부대에 대한 설명으로 옳은 것은?

> 때는 해 돋을 무렵이어서 얼음이 풀린 소자강은 수심이 깊었다. 게다가 성에장이 뗏목처럼 흘러내렸다. 하지만 이 강을 건너지 못하면 영릉가로 쳐들어갈 수 없었다. 밤12시 정각까지 영릉가에 들어가 공격을 알리는 신호탄을 올려야만 했다. 양 사령은 전사들에게 소자강을 건너라고 명령하고 나서 자기부터 먼저 강물에 뛰어들었다. 강을 무사히 건넌 양 사령은 강행군에 거추장스런 바지를 벗어던지고 잠방이 차림으로 나섰다.

① 자유시 참변으로 시련을 겪었다.
② 남만주에서 중국군과 연합하여 활약하였다.
③ 중국 관내에서 결성된 최초의 한인 무장 부대이다.
④ 미국의 지원을 받아 국내 진공 작전을 계획하였다.

16 다음 법령에 대한 설명으로 옳은 것을 모두 고른 것은?

> 제1조 본법은 헌법에 의거하여 농지를 농민에게 적절히 분배함으로써 농가 경제의 자립과 농업 생산력의 증진으로 인한 농민 생활의 향상 내지 국민 경제의 균형과 발전을 기함을 목적으로 한다.
> 제5조 정부는 농가가 아닌 자의 농지를 매수한다.
> 제12조 농지의 분배는 1가구당 총 경영 면적 3정보를 초과하지 못한다.

> ㉠ 유상 매수·무상 분배의 방식으로 시행되었다.
> ㉡ 법령 시행 기관으로 신한 공사가 설치되었다.
> ㉢ 법령 시행 이후 자작농의 수가 크게 증가하였다.
> ㉣ 농지를 매각한 지주는 지가 증권을 발급 받았다.

① ㉠, ㉡   ② ㉡, ㉢
③ ㉠, ㉣   ④ ㉢, ㉣

17 다음 사건의 배경으로 옳지 않은 것은?

> 탑골 공원에 모였던 수백 명의 학생들이 '만세, 독립 만세'를 외치자 공원 근처에 살던 시민들이 크게 놀랐다. 공원 문을 쏟아져 나온 학생들은 몸에 숨겼던 선언서들을 뿌리며 종로 거리를 누볐다. …… 학생들은 덕수궁 문 앞에 이르자 돌아가신 왕에게 조의를 표하였다.

① 도쿄 유학생들이 2·8 독립 선언을 발표하였다.
② 레닌이 약소 식민지 국가를 지원하겠다고 발표하였다.
③ 미국 대통령 윌슨이 민족 자결주의 원칙을 제시하였다.
④ 대한민국 임시 정부가 수립되어 조직적인 독립운동이 전개되었다.

18 (가) 단체에 대한 설명으로 옳은 것은?

> 저들 일본인들은 우리나라를 약하게 여기면서 행패를 부리는 행태가 말로 형언할 수 없으며, 근래 산림·벌판과 황무지 등을 모두 빼앗아갔으니 …… (가) 을/를 설립하여 이 나라 강토를 일본인들에게 허락해주려는 것을 막아보려고 이미 상소한 것이 한두 차례가 아닙니다. 저들 일본 공사관 공사가 병정들을 파견하여 회의에 참여한 전원을 붙잡아다 쫓아냈기 때문에 다시 회의를 구성할 수 없게 되었으니 어찌 통탄하지 않겠습니까?

① 자기 회사와 태극 서관 등을 운영하였다.
② 고종의 강제 퇴위 반대 운동을 전개하였다.
③ 원세성, 송수만, 심상진 등을 중심으로 조직되었다.
④ 회보를 발간하고 만민 공동회 등의 대규모 집회를 열었다.

19 밑줄 친 '이 정부' 시기의 사실로 옳은 것은?

> 외환 위기 상황에서 출범한 이 정부는 국제 통화 기금 관리 체제를 벗어나는 것이 급선무였다. 이를 위해 이 정부는 '외환 위기 극복 및 민주주의와 시장 경제의 병행 발전'을 천명하며, 기업의 구조조정 및 금융 개혁 등을 단행하였다.

① 국민 교육 헌장이 제정되었다.
② 국제 노동 기구(ILO)에 가입하였다.
③ 전국 민주 노동 조합 총연맹이 결성되었다.
④ 해로를 통한 금강산 관광이 처음으로 시작되었다.

20 다음 선언문이 발표된 민주화 운동의 결과로 옳은 것은?

> 상아의 진리탑을 박차고 거리에 나선 우리는 질풍과 같은 역사의 조류에 자신을 참여시킴으로써 이성과 진리, 그리고 자유의 대학 정신을 현실의 참담한 박토에 뿌리려 하는 바이다. …… 무릇 모든 민주주의 정치사는 자유의 투쟁사다. 그것은 또한 여하한 형태의 전제로 민중 앞에 군림하던 '종이로 만든 호랑이'같이 헤슬픈 것임을 교시한다.

① 허정 과도 정부가 수립되었다.
② 조봉암이 진보당을 창당하였다.
③ 6·29 민주화 선언이 발표되었다.
④ 국가 보위 비상 대책 위원회가 구성되었다.

01회 핵심 키워드 마무리 체크

☑ 빈칸에 들어갈 알맞은 키워드를 골라 채워보세요.

을지문덕	한성순보	사림	주자소
조선 혁명군	보안회	4·19 혁명	최승로
국채 보상 운동	문왕	대한 자강회	영정법
위만 조선	이자겸	광개토대왕	김대중

선사~조선 후기

01 _____은 철기 문화를 본격적으로 수용하여 철제 무기와 농기구를 제작하였다.

02 _____은 한성을 공격하여 아신왕의 항복을 받았다.

03 _____은 살수에서 수나라의 군대를 격퇴하였다.

04 발해 ____ 때는 '대흥', '보력'이라는 연호를 사용하였다.

05 _____는 사회 개혁안인 시무 28조를 건의하였다.

06 _____은 현화사 불교 세력과 유대 관계를 맺었다.

07 _____은 도덕과 의리를 바탕으로 왕도 정치를 추구하였다.

08 태종 때 _____를 설치하고 계미자를 주조하였다.

09 _____에서는 풍흉에 관계없이 1결당 쌀 4~6두씩을 징수하였다.

근대~현대

10 _____는 순한문체로 열흘에 한 번씩 간행되었다.

11 _____는 원세성, 송수만, 심상진 등을 중심으로 조직되었다.

12 _____는 고종의 강제 퇴위 반대 운동을 전개하였다.

13 _____은 대구에서 시작되어 전국적으로 확대되었다.

14 _____은 남만주에서 중국군과 연합하여 활약하였다.

15 _____의 결과 허정 과도 정부가 수립되었다.

16 _____ 정부 때는 해로를 통한 금강산 관광이 처음으로 시작되었다.

정답 | 01 위만 조선 02 광개토대왕 03 을지문덕 04 문왕 05 최승로 06 이자겸 07 사림 08 주자소 09 영정법 10 한성순보 11 보안회 12 대한 자강회 13 국채 보상 운동 14 조선 혁명군 15 4·19 혁명 16 김대중

02회 실전동형모의고사

제한시간: 15분 시작 시 분 ~ 종료 시 분 점수 확인 개/ 20개

01 고대 국가의 경제 상황에 대한 설명으로 옳지 않은 것은?

① 고구려는 조공도를 통해 당나라와 교류하였다.
② 백제는 남중국 및 왜와 무역을 활발하게 전개하였다.
③ 신라는 한강 유역 확보 이후 당항성을 통해 중국과 교역하였다.
④ 통일 신라는 울산항에서 아라비아 상인들과 교역을 전개하였다.

02 다음 내용을 발표한 단체의 활동에 대한 설명으로 옳은 것은?

> 우리는 무엇을 위하여 일어났는가? 백성의 풍습이 무지하고 부패하니 새로운 사상이 급하고 백성이 우매하니 신교육이 시급하도다. …… 도덕의 타락으로 신윤리가 시급하고 문화의 쇠퇴로 신학술이 시급하며, 실업이 취약함으로 신모범이 시급하고 정치의 부패로 신개혁이 시급함이라. …… 이것이 우리가 품은 뜻이며, 간단히 말해 오직 새로운 정신을 환기시키고 새로운 단체를 조직하여 신국가를 건설하는 것뿐이다.

① 상하이에서 임시 의정원을 구성하였다.
② 신흥 강습소를 설립하여 독립군을 양성하였다.
③ 관민 공동회를 개최하여 헌의 6조를 결의하였다.
④ 광주 학생 항일 운동을 지원하기 위해 조사단을 파견하였다.

03 밑줄 친 '이곳'에서 있었던 사실로 옳은 것은?

> 왕이 표문에서 말하기를 "이곳은 왜국(倭國)에 인접하여 간사한 이들이 갑자기 왔다가 갈 수도 있으며, …… 지금 중서성의 자문을 받아보니 탐라군민총관부를 설립하도록 보고하였다고 하는데, 이것은 일의 형편에 크게 어긋나는 것입니다. 시행하는 바에서 실책이 없기를 기약하시려면 이곳에 설치된 탐라총관부를 혁파하셔서 예전대로 본국에 예속시키시고 만호부를 새로 설치하십시오."라고 하였다.

① 병자호란 때 김상용이 순절하였다.
② 네덜란드 선원인 하멜이 표류하였다.
③ 조선 후기에 송상이 근거지로 삼아 활동하였다.
④ 우리나라 최초의 근대 교육 기관이 설립되었다.

04 청동기 시대의 유적과 유물이 바르게 연결된 것은?

① 청진 농포동 유적 – 슴베찌르개
② 제주 고산리 유적 – 덧무늬 토기
③ 부여 송국리 유적 – 민무늬 토기
④ 서울 암사동 유적 – 거친무늬 거울

05 (가) 기구에 대한 설명으로 옳지 않은 것은?

남조선 정부의 행정 부문에서 조선인들에게 직접적인 통제권이 주어진 결과 민정 장관 안재홍과 조선인 부장들이 이끄는 조선인 부서가 형성되었다. …… 군정 장관은 미국의 정책에 대해 다음과 같이 말했다. "정책 입안 기관으로서 조선인 부서와 입법 기관으로서 (가) 은/는 정부의 대다수 기능과 함께 본인에게 책임이 맡겨져 있다. 나는 미국 정부의 직접적 이익이 관련된 특별한 경우를 제외하고는 간섭할 것이라고 생각하지 않는다."

① 초대 의장으로 김규식이 선임되었다.
② 입법의원 의원 선거법을 제정하였다.
③ 미 군정에서 임명한 관선 의원 90명으로만 구성되었다.
④ 1차 미·소 공동 위원회의 무기한 휴회 이후 설립되었다.

06 밑줄 친 '왕'의 정책으로 옳은 것은?

김위제가 왕에게 천도하기를 청하였다. 대략 이르기를, "『도선기』에서 말하기를, '고려 땅에는 삼경이 있어 송악이 중경이 되고 목멱양이 남경이 되며 평양이 서경이 된다.'라고 하였습니다. 또한 말하기를, '개국한 이후 160여 년이 되면 목멱양에 도읍할 것이다.'라고 하였습니다. 신이 생각하건대 지금이 바로 새로운 도읍에 머무를 시기입니다. …… 엎드려 바라건대 삼각산 남쪽 목멱 북쪽의 평야에 도성을 건립하시어, 때마다 순행하여 머무르십시오."라고 하였다.

① 양현고를 설치하였다.
② 서적원을 설치하였다.
③ 경사교수도감을 설치하였다.
④ 국자감에 서적포를 설치하였다.

07 조선 전기에 편찬된 역사서에 대한 설명으로 옳은 것을 모두 고른 것은?

㉠ 『동국통감』 – 서거정 등이 단군 조선부터 고려 말까지의 역사를 정리하였다.
㉡ 『고려사절요』 – 김종서 등이 고려의 역사를 기전체로 서술하였다.
㉢ 『삼국사절요』 – 단군 조선부터 삼국까지의 역사를 편년체로 서술하였다.
㉣ 『동사찬요』 – 태종 때 권근 등이 단군 조선부터 신라 말까지의 역사를 정리하였다.

① ㉠, ㉢
② ㉡, ㉢
③ ㉡, ㉣
④ ㉢, ㉣

08 (가) 시기에 신라에 있었던 사실로 옳은 것은?

장군 온달이 한강 유역을 수복하기 위한 전투에서 전사하였다.

↓

(가)

↓

연개소문이 정변을 일으켜 보장왕을 옹립하였다.

① 동시전을 설치하였다.
② 금관가야를 정복하였다.
③ 적고적의 난이 일어났다.
④ 연호를 '인평(仁平)'으로 고쳤다.

09 (가)~(라) 단체의 활동으로 옳지 않은 것은?

〈조별 활동〉

● 학습 목표
일제 강점기에 조직된 여러 의열 단체들의 활동에 대해 조사하여 발표해본다.

● 조별 과제

구분	단체 이름	주요 인물
1조	(가)	김원봉, 나석주, 김상옥 등
2조	(나)	윤봉길, 이봉창 등
3조	(다)	백정기, 이강훈, 원심창 등
4조	(라)	강우규 등

① (가) - 아시아민족분격대회장에 폭탄을 터트렸다.
② (나) - 일본 이즈모호를 폭파하고자 하였으나 실패하였다.
③ (다) - 상하이 육삼정에서 일본 공사의 암살을 시도하였다.
④ (라) - 서울역에서 사이토 총독에게 폭탄을 투척하였다.

10 밑줄 친 '그'에 대한 사실로 옳은 것은?

신들은 모두 영남의 멀리 떨어져 있는 자들로 유신(維新)의 정치를 도운 적이 없습니다. 그러나 그가 가지고 온 책이 유포된 것을 보고, 저도 모르게 머리카락이 곤두서고 가슴이 떨리며 이어 통곡하면서 눈물을 흘렸습니다.

① 간도 관리사로 파견되었다.
② 보빙사로 미국에 파견되었다.
③ 제1차 갑오개혁을 주도하였다.
④ 갑신정변 실패 후 일본으로 망명하였다.

11 밑줄 친 '왕'의 업적으로 옳은 것은?

청의 사신 이일선이 칙서를 가지고 와 왕을 접견하였다. 이일선이 말하기를, "대국이 군병을 동원하여 나선(羅禪)을 토벌하려는데 군량이 매우 부족합니다. 본국에서도 군병을 도와주어야 하니 본국에서 다섯 달 치 군량을 보내 주시오" 하니 …… 왕이 이르기를, "먼 지역에 군량을 운송하자면 형세상 매우 어렵기는 하겠으나, 어찌 요구에 응하지 않을 수 있겠소"라고 하였다.

① 『수성윤음』을 반포하였다.
② 『동문휘고』를 편찬하였다.
③ 국왕 친위 부대로 장용영을 설치하였다.
④ 어영청을 확대하여 화포병과 기병을 늘렸다.

12 (가)에 대한 설명으로 옳지 않은 것은?

대한민국 임시 정부는 대한민국 원년에 정부가 공포한 군사 조직법에 의거하여 …… (가) 을/를 조직하고…… 공동의 적인 일본 제국주의자들을 타도하기 위해 연합군의 일원으로 항전을 계속한다. …… 우리는 한·중 연합 전선에서 부단한 투쟁을 감행하여 아시아 민중의 자유와 평등을 쟁취할 것을 약속하는 바이다.

① 중국 의용군과 함께 연합 작전을 전개하였다.
② 총사령에 지청천, 참모장에 이범석을 선임하였다.
③ 정진군을 편성하여 국내 진공 작전을 추진하였다.
④ 인도, 미얀마 전선에서 영국군과 공동 작전을 펼쳤다.

13 다음에 해당하는 나라에 대한 설명으로 옳은 것은?

> 꺼리는 것이 많아 사람이 병들어 죽으면 집을 버리고 새 집을 짓는다. …… 낙랑단궁이라는 활, 바다표범 가죽, 무늬 있는 표범, 그리고 키가 작은 과하마가 난다.

① 신지, 읍차라고 불리는 지배자가 있었다.
② 대가들이 각기 사자·조의·선인을 거느렸다.
③ 후·읍군·삼로 등의 군장이 하호를 통치하였다.
④ 마가, 우가, 저가, 구가 등이 사출도를 다스렸다.

14 밑줄 친 '그들'에 대한 설명으로 옳지 않은 것은?

> ○ 그들은 군진을 기반으로 성장하기도 하였다. 신라는 변경 수비를 위해 곳곳에 군진을 설치하였는데, 경주에서 가장 멀리 떨어진 변경 지역이었던 패강진은 신라의 지방 통제력이 약해지자 가장 먼저 중앙 정부의 통제를 벗어났다.
> ○ 그들 가운데는 촌주 출신도 있었다. 촌주는 촌락의 정무를 담당하였는데, 국가로부터 촌주위답을 받는 등 정치적 지위를 인정받는 존재였으며, 경제적으로도 일반 촌민보다 우월한 기반을 가지고 있었다.

① 스스로 성주 또는 장군이라고 칭하였다.
② 6두품과 연계하여 사회 개혁을 추구하였다.
③ 교종을 이념적 기반으로 삼아 독자적인 세력을 형성하였다.
④ 자신의 근거지에 세력을 형성하고 관반제를 실시하였다.

15 다음 조약에 대한 설명으로 옳은 것은?

> 1. 대한 정부는 대일본 정부가 추천한 일본인 1명을 재정 고문으로 삼아 대한 정부에 용빙하여 재무에 관한 사항은 일체 그의 의견을 물어서 시행해야 한다.
> 2. 대한 정부는 대일본 정부가 추천한 외국인 1명을 외교 고문으로 삼아 외부(外部)에 용빙하여 외교에 관한 중요한 사무는 일체 그의 의견을 물어서 시행해야 한다.
> 3. 대한 정부는 외국과 조약을 체결하거나 기타 중요한 외교 안건 즉 외국인에 대한 특권 양여와 계약 등의 문제 처리에 대해서는 미리 대일본 정부와 상의해야 한다.

① 대한 제국 군대 해산의 결과를 낳았다.
② 대한 제국의 외교권이 완전히 박탈되었다.
③ 화폐 정리 사업이 실시되는 배경이 되었다.
④ 고종이 강제 퇴위 당한 이후에 체결되었다.

16 (가)에 대한 설명으로 옳은 것은?

> 우리나라에서는 봄에는 연등회를 벌이고 겨울에는 (가) 을/를 개최하는데, 사람을 많이 동원하고 쓸데없는 노동이 많으니, 원컨대 그 가감을 살펴서 백성이 힘을 낼 수 있게 해 주소서.

① 복원관에서 행사를 주관하였다.
② 각국 사신들이 특산물 등을 바치기도 하였다.
③ 내세의 복을 기원하는 매향 활동이 이루어졌다.
④ 태조 왕건이 훈요 10조에서 억제할 것을 강조하였다.

17 다음 글을 쓴 인물에 대한 설명으로 옳은 것은?

"임금의 직책은 한 사람의 재상을 논의하는 데 있다."라고 하였으니, 바로 총재를 두고 한 말이다. 총재는 위로는 군부를 받들고, 아래로는 백관을 통솔하며 만민을 다스리는 것이니 그 직책이 크다. 또 임금의 자질에는 어리석거나 총명하거나 강하거나 약한의 차이가 있으니, 총재는 임금의 아름다운 점은 순종하고 나쁜 점은 바로잡으며, 옳은 일은 받들고 옳지 않은 것은 막아 임금으로 하여금 대중의 경지에 들게 해야 한다.

① 『응제시주』를 저술하였다.
② 『농사직설』의 편찬을 주도하였다.
③ 계유정난 때 왕자에게 살해되었다.
④ 한양 도성의 성문과 궁궐 이름을 지었다.

18 다음 격문이 발표된 민족 운동에 대한 설명으로 옳은 것은?

조선 민중아! 우리의 철천지원수는 자본·제국주의 일본이다. 2천만 동포야! 죽음을 각오하고 싸우자! 만세 만세 조선 독립 만세! 조선은 조선인의 조선이다. 횡포한 총독 정치를 구축하고 일제를 타도하자. 학교의 용어는 조선어로, 학교장은 조선 사람이어야 한다. 일본인을 조선의 영역으로부터 구축하자.

① 순종의 인산일을 계기로 전개되었다.
② 문화 통치가 실시되는 계기가 되었다.
③ 조선 청년 총동맹이 결성되는 계기가 되었다.
④ 일제 시대 최대 규모의 항일 학생 운동이었다.

19 다음 내용을 발표한 인물에 대한 탐구 주제로 옳은 것은?

우리는 통일 정부를 고대하나 여의케 되지 않으니 우리 남방만이라도 임시 정부 혹은 위원회 같은 것을 조직하여 38 이북에서 소련이 철퇴하도록 세계 공론에 호소하여야 될 것이니 여러분도 결심하여야 될 것이다.

① 일본과 국교 정상화를 추진하다!
② 조선 건국 동맹 결성을 주도하다!
③ 평양에서 열린 남북 협상에 참여하다!
④ 거제도 수용소의 반공 포로들을 석방하다!

20 다음 법령에 대한 설명으로 옳은 것을 모두 고른 것은?

제1조 일본 정부와 통모하여 한·일 합병에 적극 협력한 자, 한국의 주권을 침해하는 조약 또는 문서에 조인한 자와 모의한 자는 사형 또는 무기 징역에 처하고 그 재산과 유산의 전부 혹은 2분의 1 이상을 몰수한다.
제2조 일본 정부로부터 작위를 받은 자 또는 일본 제국 의회의 의원이 되었던 자는 무기 또는 5년 이상의 징역에 처하고 그 재산과 유산의 전부 혹은 2분의 1 이상을 몰수한다.

㉠ 제헌 국회에서 제정되었다.
㉡ 법령 시행을 위한 특별 조사 위원회가 설치되었다.
㉢ 이 법령에 따라 실형을 선고 받은 사람은 한 명도 없었다.
㉣ 법령의 공소 시효가 2년에서 약 1년으로 단축되었다.

① ㉠, ㉡
② ㉠, ㉡, ㉢
③ ㉠, ㉡, ㉣
④ ㉠, ㉡, ㉢, ㉣

02회 핵심 키워드 마무리 체크

☑ 빈칸에 들어갈 알맞은 키워드를 골라 채워보세요.

어영청	팔관회	남조선 과도 입법 의원	당항성
한국광복군	광주 학생 항일 운동	서적포	정도전
신흥 강습소	사출도	개성	반민족 행위 처벌법
제주도	관민 공동회	6·10 만세 운동	인평

선사~조선 후기

01 부여는 마가, 우가, 저가, 구가 등이 _____를 다스렸다.

02 신라는 한강 유역 확보 이후 _____을 통해 중국과 교역하였다.

03 선덕 여왕 때 연호를 ____으로 고쳤다.

04 고려 숙종은 국자감에 _____를 설치하였다.

05 _____ 때는 각국 사신들이 특산물 등을 바치기도 하였다.

06 _____은 한양 도성의 성문과 궁궐 이름을 지었다.

07 효종은 _____을 확대하여 화포병과 기병을 늘렸다.

08 _____에서 네덜란드 선원인 하멜이 표류하였다.

09 ____은 조선 후기에 송상이 근거지로 삼아 활동하였다.

근대~현대

10 독립 협회는 _____를 개최하여 헌의 6조를 결의하였다.

11 신민회는 _____를 설립하여 독립군을 양성하였다.

12 _____은 순종의 인산일을 계기로 전개되었다.

13 _____은 일제 시대 최대 규모의 항일 학생 운동이었다.

14 _____은 정진군을 편성하여 국내 진공 작전을 추진하였다.

15 _____의 초대 의장으로 김규식이 선임되었다.

16 _____ 시행을 위한 특별 조사 위원회가 설치되었다.

03회 실전동형모의고사

01 (가) 인물에 대한 설명으로 옳은 것은?

> [(가)] 이/가 수십 년 만에 중국에서 돌아오자 늙은 이도 젊은이도 서로 기뻐하였다. 신라왕 김씨는 [(가)] 을/를 만난 후 그를 공경하여 성인처럼 우러러보았다. [(가)] 은/는 성품이 겸허하고 여유롭고 정이 많아서 널리 사랑을 베풀었으며, 말할 때에도 항상 미소를 잃지 않아서 노여움을 나타내는 일이 없었다. 중국과의 외교 문서나 오고 가는 국서가 모두 그에 의하여 쓰여졌다. …… 그 당시는 고구려와 백제가 늘 국경을 침략했기 때문에 왕은 이를 몹시 걱정하였다. 그래서 수나라에 군사를 청하는 글을 지어 달라고 하였다.

① 『화엄일승법계도』를 저술하였다.
② 인도를 여행하여 『왕오천축국전』을 썼다.
③ 황룡사에 9층의 탑을 세울 것을 건의하였다.
④ 화랑이 지켜야 할 규범으로 세속오계를 지었다.

02 (가), (나) 국가에 대한 설명으로 옳은 것은?

> (가) 흰색을 숭상하여 흰 베로 만든 큰 소매 달린 도포와 바지를 입고 가죽신을 신는다. 왕이 죽으면 많은 사람을 부장품과 함께 껴묻는 순장의 풍속이 있었다.
> (나) 대군왕이 없으며, 읍락에는 각각 대를 잇는 장수가 있다. …… 토질은 비옥하며, 산을 등지고 바다를 향해 있어 오곡이 잘 자라며 농사짓기에 적합하다. …… 소나 말이 적고, 창을 잘 다루며 보전(步戰)을 잘한다.

① (가) - 목지국의 지배자가 왕으로 추대되었다.
② (나) - 송화강 유역의 평야 지대를 중심으로 성장하였다.
③ (가) - 영고라는 제천 행사를 거행하였다.
④ (나) - 바닥이 철(凸)자 또는 여(呂)자 모양의 가옥에서 거주하였다.

03 고려 시대의 경제 상황에 대한 설명으로 옳은 것을 모두 고른 것은?

> ㉠ 밭농사에서는 견종법이 보급되었다.
> ㉡ 원의 지폐인 보초가 들어와 유통되기도 하였다.
> ㉢ 대도시에 주점, 다점 등의 관영 상점을 두었다.
> ㉣ 예성강 하구의 벽란도가 국제 무역항으로 번성하였다.

① ㉠, ㉣
② ㉡, ㉢
③ ㉡, ㉢, ㉣
④ ㉠, ㉡, ㉢, ㉣

04 다음 주장을 한 인물에 대한 설명으로 옳은 것은?

> 왕의 학문은 기질을 바꾸는 것보다 절실한 것이 없고, 제왕의 정치는 정성을 다해 어진 이를 등용하는 것보다 우선하는 것이 없을 것입니다. 기질을 바꾸는 데는 병을 살펴 약을 쓰는 것이 효과를 거두고, 어진 이를 쓰는 데는 상하가 틈이 없는 것이 성과를 얻습니다.

① 도학의 입문서인 『격몽요결』을 편찬하였다.
② 향촌 사회의 교화를 위해 예안 향약을 만들었다.
③ 『주자대전』을 발췌하여 『주자문록』을 편찬하였다.
④ 일평생 처사로 지내며 독창적인 유기 철학을 수립하였다.

05 밑줄 친 '왕'에 대한 설명으로 옳은 것은?

> 백제 왕이 아직기를 보내 좋은 말 2필을 바쳤다. …… 아직기는 또 경전을 잘 읽었으므로 태자의 스승으로 삼았다. 천황이 아직기에게 "혹 너보다 뛰어난 박사가 또 있느냐?"라고 물으니, "왕인이라는 분이 있는데 훌륭합니다."라고 대답하였다.

① 관산성 전투에서 전사하였다.
② 익산에 미륵사를 창건하였다.
③ 고구려의 평양성을 공격하였다.
④ 왕위의 형제 상속제를 확립하였다.

06 다음 자료가 발표된 이후의 사실로 옳은 것은?

> 2. 삼균 제도를 골자로 한 헌법을 실시하여 정치·경제·교육의 민주적 시설로 실제상 균형을 도모하며, 전국의 토지와 생산 기관의 국유화가 완성되고, 전국의 학령 아동 전체가 고등 교육의 무상 교육이 완성되고, 보통 선거 제도가 구속 없이 완전히 실시되어 ……
> 4. 보통 선거에는 만 18세 이상 남녀로 선거권을 행사하되 신앙, 교육, 거주 년수, 사회 출신, 재정 상황과 과거 행동을 분별치 아니하며 ……

① 중·일 전쟁이 발발하였다.
② 조선 소작 조정령이 제정되었다.
③ 학도 지원병 제도가 실시되었다.
④ 국민 정신 총동원 조선 연맹이 조직되었다.

07 다음 가상 편지의 밑줄 친 '학교'에 대한 설명으로 옳은 것은?

> ○○에게
> 안녕! 요즘 잘 지내고 있니? 나는 올해 나라에서 세운 신식 학교에 입학했어. 지금은 우원(右院)에서 영어와 지리, 산학 등 새로운 학문을 배우고 있는데 너무 즐거워 시간가는 줄 모르겠어~ 그럼 또 편지할 때까지 잘 지내길 바래! 안녕
> 1886년 12월 ○○일

① 정부가 통역관을 양성하기 위해 설립하였다.
② 덕원 부사 정현석의 주도로 원산에 설립되었다.
③ 헐버트, 벙커, 길모어 등의 외국인 교사가 초빙되었다.
④ 고종의 교육 입국 조서에 따라 설립된 관립 학교이다.

08 밑줄 친 '왕' 대의 사실로 옳은 것은?

> 왕이 서경에 행차하여 새 궁궐에 들어갔다. 이때에 어떤 사람은 표문을 올려 왕에게 황제를 칭할 것과 연호를 정할 것을 권하였고, 어떤 사람은 제(齊)와 동맹하여 금(金)을 협공하여 멸하자고 청하였다.

① 향리들의 공복을 제정하였다.
② 개경에 국자감을 설치하였다.
③ 15개조의 유신령을 발표하였다.
④ 개경을 황도로, 서경을 서도로 격상시켰다.

09 다음 사건에 대한 설명으로 옳은 것은?

> 적도들이 가산에서 일어났는데 군수 정시가 죽었다. …… 관군이 송림에서 적병을 격파시키자, 적병은 도주하여 정주로 들어가서 험준한 곳에 웅거하여 스스로 지켰는데 성벽이 견고하여 즉시 함락시키지 못하였다. 순무 중군 유효원이 화공으로 격파하여 적괴 등을 베어 그 수급을 바쳤다.

① 제물포 조약이 체결되는 계기가 되었다.
② 집강소를 설치하고 폐정 개혁을 추진하였다.
③ 남접과 북접이 연합하여 조직적으로 전개되었다.
④ 금광 경영이나 인삼 무역으로 자금을 마련하였다.

10 다음 서문이 실린 역사서에 대한 설명으로 옳은 것은?

> 동명왕의 일은 변화의 신이한 것으로 여러 사람의 눈을 현혹한 것이 아니라 진실로 나라를 세운 신기한 사적이니 이것을 기술하지 않으면 후인들이 장차 어떻게 볼 것인가? 따라서 시를 지어 기록하여 우리나라가 본래 성인의 나라라는 것을 천하에 알리고자 한다.

① 『동국이상국집』에 수록되어 전한다.
② 민간 설화와 신라의 향가 14수를 수록하였다.
③ 열전에는 김유신을 비롯한 신라인이 편중되었다.
④ 대몽 항쟁기에 항전 의식을 고취할 목적으로 서술되었다.

11 광복 직후에 결성된 정당에 대한 설명으로 옳은 것을 모두 고른 것은?

> ㉠ 국민당 – 여운형 등 중도 좌파 세력을 중심으로 결성된 정당이다.
> ㉡ 한국 민주당 – 우익 진영의 대표 정당으로 미 군정에 적극 협력하였다.
> ㉢ 남조선 신민당 – 백남운이 위원장이었으며 이후 남조선 노동당에 통합되었다.
> ㉣ 조선 인민당 – 박헌영을 중심으로 결성되었으며, 미 군정의 탄압을 받아 약화되었다.

① ㉠, ㉡
② ㉠, ㉣
③ ㉡, ㉢
④ ㉢, ㉣

12 밑줄 친 '이 운동'이 전개되던 시기의 사실로 옳은 것은?

> 조선에 계몽 운동이 필요하냐? 이렇게 물어본다면 "물론 무조건으로 필요하다."고 나는 서슴지 않고 대답하겠다. …… 지금 동아일보에서 전개하는 이 운동을 구체적으로 아는 것이 필요할 것이다. …… 그들은 학생에게 총동원령이라는 동원령에서 천 백만의 글 모르는 이에 글을 주자는 슬로건을 내걸고 있다.

① 나석주가 동양 척식 주식회사에 폭탄을 투척하였다.
② 조선 혁명군이 영릉가 전투에서 일본군에 승리하였다.
③ 하와이에서 군사 양성 기관인 대조선 국민 군단이 창설되었다.
④ 오성륜, 김익상 등이 상해 황포탄에서 일본 육군 대장을 저격하였다.

13 다음 조약이 체결된 시기로 옳은 것은?

이번 경성 사변은 작은 문제가 아니어서 대일본 대황제는 깊이 생각하고 이에 특별히 전권대사 백작 이노우에 가오루를 대조선국에 파견해서 편리한 대로 처리하게 하며, 대조선국 대군주는 돈독한 우호를 진심으로 염원하여 김홍집에게 전권을 위임하여 처리하도록 임명하고 지난 일을 교훈으로 삼아 후일을 조심하도록 한다.
⋮
제1조 조선국은 일본에 국서를 보내 사의를 표명한다.
제2조 이번에 피해를 입은 일본국 인민의 유가족과 부상자를 돌보아 주고, 아울러 상인들의 화물이 훼손·약탈된 것을 보충하기 위해 조선국은 11만원을 지불한다.

	(가)		(나)		(다)		(라)	
고종 즉위		운요호 사건		보빙사 파견		독립 협회 창립		국권 피탈

① (가) ② (나)
③ (다) ④ (라)

14 (가), (나) 사이에 있었던 사실로 옳지 않은 것은?

(가) 의자왕이 좌우의 측근을 데리고 밤을 타서 도망하여 웅진성에서 몸을 보전하였다. 의자왕의 아들인 융이 대좌평 천복 등과 함께 나와서 항복하였다.
(나) 사찬 시득이 수군을 거느리고 설인귀와 기벌포에서 싸웠으나 크게 패하였다. 다시 진군하여 크고 작은 22회의 싸움에서 승리하고 4천여 명의 목을 베었다.

① 대신 연정토가 신라에 투항하였다.
② 취리산에서 신라와 백제가 회맹을 맺었다.
③ 당나라가 평양에 안동 도호부를 설치하였다.
④ 고구려군이 안시성에서 당의 군대를 물리쳤다.

15 밑줄 친 '이 책'을 편찬한 왕의 경제 정책으로 옳은 것은?

이 책은 중국의 역법을 따르면서 생기는 문제점을 해결하기 위해 한양을 기준으로 천체 운동을 계산한 역법서로, 정인지 등에 의해 편찬되었다. 이를 통해 일식과 월식 등을 보다 정확하게 알 수 있게 되었다.

① 공법을 실시하였다.
② 당백전을 발행하였다.
③ 신해통공을 단행하였다.
④ 양척동일법을 시행하였다.

16 다음 정책을 추진한 내각의 개혁 내용으로 옳은 것을 모두 고른 것은?

단발령을 내리자 곡소리가 하늘을 울렸고, 사람들이 분하고 노하여 숨이 끊어질 듯했다. 형세가 격변하자 왜적들이 군대를 동원하여 대기시켰고, 경무사 허진이 순검들을 이끌고 칼을 가지고 길을 막으며 만나는 사람마다 머리를 깎았다.

㉠ 서울에 친위대를, 지방에 진위대를 설치하였다.
㉡ 우체사를 설치하여 근대적 우편 사무를 재개하였다.
㉢ 지방의 군현제를 폐지하고 전국을 23부로 나누었다.
㉣ 궁내부를 설치하여 왕실과 정부의 사무를 분리하였다.

① ㉠, ㉡
② ㉠, ㉢
③ ㉡, ㉢
④ ㉢, ㉣

17 (가) 인물에 대한 설명으로 옳은 것은?

동경의 여러 신문에는 연일 한인이 조직한 의열단 관련 소식이 보도되었다. 소식에 의하면, 의열단은 단장 (가) 을/를 제외한 단원 16명이 일본 당국에 체포되었는데 그 경과 상황을 아래에 소개하고자 한다. 지난 3월 1일은 3년 전 한인들이 독립을 선언한 독립 기념절이었다. 한국 지사들은 원래 이날을 기해 일제히 활동을 전개할 계획이었다. 이 계획은 경성, 평양에 있는 일본 관청에 폭탄을 투척하고 일본 요인을 암살하는 것을 시작으로, 각지에 공산당의 선전 격문을 살포하는 것이었다.

① 조선 혁명 간부 학교를 설립하였다.
② 조선 독립 동맹의 주석으로 선출되었다.
③ 대한 광복군 정부의 정통령을 역임하였다.
④ 파리 강화 회의에 파견되어 독립 청원서를 제출하였다.

18 밑줄 친 '왕'에 대한 설명으로 옳은 것은?

도성 안의 도랑이 막혀 물길이 넘쳐서 많은 여염집이 물에 잠겨 백성이 편히 살지 못하므로, 왕이 준천사를 설치하여 돌을 캐어다 높이 쌓고 도랑을 쳐서 잘 흘러가게 하였다. 이로 인해 마을 집들이 잠기지 않아서 모두 편히 지냈다.

① 왕실의 호위를 위해 금위영을 설치하였다.
② 『속대전』을 편찬하여 법전 체계를 정리하였다.
③ 호조의 사례집인 『탁지지』 등을 편찬하였다.
④ 명의 요청을 수용하여 중국에 원병을 파견하였다.

19 (가) 법전에 대한 설명으로 옳은 것은?

태조께서 처음으로 법제를 마련할 적에는 『원전』과 『속전』 두 가지가 있었다. …… 세조께서는 최항·김국광 등에게 명하여 (가) 을/를 편찬하게 하였는데, 성종 때 이르러서야 완성되어 반포되었다.

① 법규 교정소를 설치하여 편찬하였다.
② 『대전통편』을 보완할 목적으로 편찬되었다.
③ 이·호·예·병·형·공전의 6전 체제로 구성되었다.
④ 18세기까지의 법령을 모아 원, 속, 증으로 표시하였다.

20 5·10 총선거에 대한 설명으로 옳은 것을 모두 고른 것은?

㉠ 임기 2년의 국회의원을 선출하였다.
㉡ 만 19세 이상의 남성만 투표권을 행사할 수 있었다.
㉢ 남북 협상에 참가하였던 김구와 김규식 등도 출마하였다.
㉣ 보통·평등·직접·비밀 선거 원칙에 따라 실시된 우리나라 최초의 민주주의 선거였다.

① ㉠, ㉡
② ㉠, ㉣
③ ㉡, ㉢
④ ㉢, ㉣

03회 핵심 키워드 마무리 체크

☑ 빈칸에 들어갈 알맞은 키워드를 골라 채워보세요.

제2차 갑오개혁	속대전	무왕	격몽요결
안시성	김원봉	인종	한성 사범 학교
대조선 국민 군단	삼한	을미개혁	조선 혁명군
홍경래의 난	5·10 총선거	한국 민주당	벽란도

선사~조선 후기

01 ___ 에서는 목지국의 지배자가 왕으로 추대되었다.

02 백제 ___ 은 익산에 미륵사를 창건하였다.

03 645년에 고구려군이 _____ 에서 당의 군대를 물리쳤다.

04 고려 ___ 은 15개조의 유신령을 발표하였다.

05 고려 시대에는 예성강 하구의 _____ 가 국제 무역항으로 번성하였다.

06 이이는 도학의 입문서인 「_____」을 편찬하였다.

07 영조는 「_____」을 편찬하여 법전 체계를 정리하였다.

08 _____ 은 금광 경영이나 인삼 무역으로 자금을 마련하였다.

근대~현대

09 _____ 때는 지방의 군현제를 폐지하고 전국을 23부로 나누었다.

10 _____ 때는 서울에 친위대를, 지방에 진위대를 설치하였다.

11 _____ 는 고종의 교육 입국 조서에 따라 설립된 관립 학교이다.

12 하와이에서 군사 양성 기관인 _____ 이 창설되었다.

13 _____ 이 영릉가 전투에서 일본군에 승리하였다.

14 _____ 은 조선 혁명 간부 학교를 설립하였다.

15 _____ 은 우익 진영의 대표 정당으로 미 군정에 적극 협력하였다.

16 _____ 에서는 임기 2년의 국회의원을 선출하였다.

정답 | 01 삼한 02 무왕 03 안시성 04 인종 05 벽란도 06 격몽요결 07 속대전 08 홍경래의 난 09 제2차 갑오개혁 10 을미개혁 11 한성 사범 학교 12 대조선 국민 군단 13 조선 혁명군 14 김원봉 15 한국 민주당 16 5·10 총선거

04회 실전동형모의고사

01 다음 자료의 유적과 생활상이 바르게 연결된 것을 모두 고른 것은?

(가) 함경북도 종성 동관진 유적 – 슴베찌르개를 제작하였다.
(나) 강원도 양양 오산리 유적 – 정교한 간돌검을 사용하였다.
(다) 경기도 여주 흔암리 유적 – 이른 민무늬 토기를 만들었다.
(라) 경상남도 창원 다호리 유적 – 반량전 등의 화폐를 사용하였다.

① (가), (나) ② (가), (라)
③ (나), (다) ④ (다), (라)

02 밑줄 친 '그 나라'에 대한 설명으로 옳지 않은 것은?

그 나라의 동쪽에 큰 굴이 하나 있는데, 수혈이라 한다. 10월에 온 나라에서 크게 모여 수신을 맞이하여 나라의 동쪽에 모시고 가서 제사를 지내는데, 나무로 만든 수신을 신의 좌석에 모신다.

① 동맹이라는 제천 행사를 실시하였다.
② 사회 질서 유지를 위해 법금 8조를 만들었다.
③ 중대한 범죄자는 제가 회의를 통해 사형에 처하였다.
④ 소노부를 비롯한 5부가 정치적 자치력을 가지고 있었다.

03 다음 조약이 체결된 이후에 전개된 사실로 옳은 것은?

제1조 청국은 조선국이 완전무결한 독립 자주국임을 확인한다.
제2조 청국은 랴오둥 반도와 타이완 및 펑후 제도 등을 일본에 할양한다.
제3조 청국은 일본에 배상금 2억 냥을 지불한다.

① 일본군이 경복궁을 점령하였다.
② 신식 군대인 별기군이 창설되었다.
③ 김기수가 수신사로 일본에 파견되었다.
④ 일본이 건청궁에서 명성 황후를 시해하였다.

04 (가) 인물에 대한 설명으로 옳은 것은?

왕이 천도한 공을 논하여 (가) 을/를 후(侯)로 책봉하고 부(府)를 세워주려고 하였다. 백관들이 모두 (가) 의 집으로 가서 축하하려고 했지만, (가) 은/는 조서를 가지고 오는 사신을 영접할 예물이 갖추어지지 않았다고 사양하였다. …… 결국 진양후로 책봉되었다.

① 척준경과 함께 난을 일으켰다.
② 이의방을 제거하고 권력을 장악하였다.
③ 문신들의 숙위 기구인 서방을 설치하였다.
④ 천민 출신으로 김보당의 난 때 의종을 시해하였다.

05 밑줄 친 '이 그림'에 대한 설명으로 옳은 것을 모두 고른 것은?

> 이 그림은 경주시 황남동에서 출토된 신라 시대의 말 그림이다. 이 그림은 자작나무 껍질에 그려졌는데, 가장자리에는 가죽이 대어져 있으며 주변에는 인동당초문으로 장식되어 있고, 중앙에는 흰색으로 천마가 그려져 있다.

> ㉠ 돌무지덧널무덤에서 발견되었다.
> ㉡ 도교의 영향을 받은 사신도의 하나이다.
> ㉢ 말의 안장 꾸미개에 그려진 그림이다.
> ㉣ 능산리 1호분에서도 비슷한 그림이 발견되었다.

① ㉠, ㉡ ② ㉠, ㉢
③ ㉡, ㉣ ④ ㉢, ㉣

06 ㉠과 관련된 설명으로 옳은 것은?

> 심하도다. ㉠ 의 환란이여. 잔인한 것은 말할 것도 없고, 지극히 어리석기는 짐승보다 심하니, 어찌 천하에서 공경하는 바를 알겠으며, 불법(佛法)이 있음을 알겠습니까? 그들은 지나가는 곳마다 불상과 불서를 모두 불태워 부인사에 소장된 대장경 판본도 남기지 않고 쓸어버렸습니다.

① 윤관이 별무반을 이끌고 ㉠을 정벌하였다.
② ㉠의 침입으로 국왕이 복주로 피난하였다.
③ ㉠의 침입 이후 고려는 천리장성을 축조하였다.
④ 고려는 ㉠의 침입에 저항하고자 강화도로 천도하였다.

07 다음 농법이 확산된 결과로 옳은 것은?

> 소만·망종 전후에 경쾌한 솜씨로 모를 쪄서 뿌리를 씻어 흙을 없애고, 피는 가려내고 조그마한 묶음으로 만들어, 쟁기질하여 다듬은 무논에 심되, 한 포기에 3~4줄기가 넘지 않게 한다. 되도록 포기가 반듯하고 줄이 똑발라 매가꾸기에 편리하도록 한다. 뿌리가 떠서 흙에 붙지 못했을 때 물을 대주어서는 안 되고, 흙에 볕이 잘 쬐도록 한다. 이때 사람의 발자국이 잠시 남아 있을 정도로 한다.

① 2년 3작의 윤작법이 도입되었다.
② 논을 밭으로 바꾸는 현상이 나타났다.
③ 고랑에 파종을 하는 견종법이 발달하였다.
④ 노동력이 절감되어 광작 경영이 성행하였다.

08 (가) 왕이 재위하던 시기의 사실로 옳은 것은?

> 영락 9년 기해에 백제가 서약을 어기고 왜와 화통하므로, 왕은 평양으로 순수(巡狩)해 내려갔다. 신라가 사신을 보내 왕에게 말하기를 "왜인이 그 국경에 가득 차 성을 부수었으니, (가) 은/는 백성된 자로서 왕에게 귀의하여 분부를 청한다."고 하였다.

① 아시촌에 소경을 설치하였다.
② 백제와 결혼 동맹을 체결하였다.
③ 왕위의 부자 상속제가 확립되었다.
④ 왕의 칭호가 마립간으로 변경되었다.

09 밑줄 친 '그'에 대한 설명으로 옳은 것은?

> 그의 호는 하곡으로, 중년에 왕양명의 글을 얻어 읽고서 양지를 이루고 지행을 합일한다는 설에 이르러서는 반성하여 깨닫고 연구에 전심하였다. …… 그의 문하에 찾아든 이가 만약에 주자의 학문을 배우려고 하면 그에게는 주자의 학문을 가르쳤으며 반드시 왕양명의 학설로 유인하지는 않았다.

① 중국의 여씨향약을 국내에 보급하였다.
② 강화도에서 후학을 양성하며 강화 학파를 형성하였다.
③ 주자의 사상과 다른 모습을 보여 사문난적으로 몰렸다.
④ 양명학과 노장 사상의 영향을 받아 『사변록』을 저술하였다.

10 조선 시대의 신분 제도에 대한 설명으로 옳은 것을 모두 고른 것은?

> ㉠ 엄격한 신분 제도로 신분 간의 이동이 불가능하였다.
> ㉡ 법적인 신분제는 반상제였으나, 점차 양천제가 일반화되었다.
> ㉢ 노비는 재산으로 취급되어 매매 또는 상속이 가능하였다.
> ㉣ 조례, 나장, 일수 등은 신분상 양인에 속하였으나 천역을 담당하였다.

① ㉠, ㉡
② ㉠, ㉢
③ ㉡, ㉢
④ ㉢, ㉣

11 밑줄 친 '이 지역'에서 전개된 민족 운동으로 옳은 것은?

> 소련 인민 위원 대표자 회의와 볼셰비키 전 소련 중앙 위원회는 다음과 같이 명령을 내린다. 일본의 간첩 행위 침투를 차단하기 위하여 이 지역에 다음과 같은 조치를 시행한다. …… 볼셰비키 전 소련 공산당 극동 지역 위원회, 지역 집행 위원회, 극동 지역 내무 인민 위원부 관리국으로 하여금 이 지역의 모든 고려 주민들을 추방하여 남 카자흐스탄 주, 아랄해와 발하시 지역, 우즈베크공화국에 이주시키도록 명한다.

① 명동 학교가 설립되었다.
② 경학사와 부민단이 조직되었다.
③ 신규식 등의 주도로 동제사가 조직되었다.
④ 유인석 등을 중심으로 13도 의군이 결성되었다.

12 다음 사건이 전개된 시기에 볼 수 있는 모습으로 옳은 것은?

> 영국 동양함대 사령관 윌리엄 도웰 제독이 이끄는 영국 군함 세 척이 거문도를 불법 점령했다. 거문도에 상륙한 영국군은 섬 안에 포대를 구축하고 병영을 건설한 후 영국 국기를 게양하고 자기 마음대로 포트 해밀턴이라고 불렀다.

① 백동화를 주조하는 주전관
② 황성신문 창간호를 읽는 노인
③ 육영 공원의 개교식을 지켜보는 청년
④ 우정국 개국 축하연에 참석하는 관리

13 (가) 토지 제도에 대한 설명으로 옳은 것은?

> 비로소 직관(職官)·산관(散官)의 각 품(品)의 [(가)] 을/를 제정하였는데 관품의 높고 낮은 것은 논하지 않고 다만 인품만 가지고 전시과의 등급을 결정하였다.

① 경기 8현에 한하여 지급하였다.
② 4색 공복을 기준으로 지급 결수를 정하였다.
③ 후삼국 통일의 공로와 인품에 따라 차등 지급하였다.
④ 모든 관리를 과 내로 포함시키면서 한외과가 소멸되었다.

14 밑줄 친 '그'에 대한 설명으로 옳은 것은?

> 그는 평안남도 강서군 출신으로, 1895년 상경하여 언더우드가 운영하는 구세 학당에 입학하였다. 1907년에는 신민회 조직에 참여하여, 대성 학교 설립과 청년 학우회 조직 등 민족 지도자 양성을 위한 활동을 전개하였다.

① 샌프란시스코에서 흥사단을 조직하였다.
② 우리나라 최초의 주미 공사로 파견되었다.
③ 미국에서 귀국하여 독립신문을 창간하였다.
④ 구미 위원부를 설치하여 독립 운동을 전개하였다.

15 남북 기본 합의서에 대한 설명으로 옳지 않은 것은?

① 남과 북의 정상이 만나서 합의한 문서이다.
② 양국 군사 당국자 간의 직통 전화를 가설하기로 하였다.
③ 남북 화해와 상호 불가침을 정하고 남북 교류와 협력 방안을 담았다.
④ 남과 북은 쌍방의 관계를 잠정적으로 형성되는 특수 관계라고 인정하였다.

16 밑줄 친 '선왕'이 재위하던 시기의 사실로 옳은 것은?

> 양평군 허준은 일찍이 선왕 때 의서를 편찬하라는 명을 특별히 받들고 몇 년 동안 자료를 수집하였는데, 심지어는 유배되어 옮겨 다니는 가운데서도 그 일을 쉬지 않고 하여 이제 비로소 책으로 엮어 올렸다. 이어 생각건대, 선왕께서 찬집하라고 명하신 책이 과인이 계승한 뒤에 완성을 보게 되었으니, 나는 슬픈 마음을 참을 수 없다.

① 왜인들이 을묘왜변을 일으켰다.
② 일본과 계해약조를 체결하였다.
③ 회령에서 니탕개의 난이 일어났다.
④ 박세무가 『동몽선습』을 저술하였다.

17. 다음은 일제 강점기의 사회 운동과 관련된 설명이다. 이를 시기순으로 바르게 나열한 것은?

⊙ 한국인 노동자가 구타당한 사건을 계기로 원산 노동자 총파업이 일어났다.
⊙ 백정들이 신분 차별을 타파하기 위해 진주에서 조선 형평사를 조직하였다.
⊙ 소년 운동을 전개하기 위해 방정환 등을 중심으로 천도교 소년회가 설립되었다.
⊙ 임금 삭감에 반발한 강주룡이 을밀대 지붕에서 고공 농성을 전개하였다.

① ㉡ - ㉠ - ㉢ - ㉣
② ㉡ - ㉢ - ㉠ - ㉣
③ ㉢ - ㉠ - ㉣ - ㉡
④ ㉢ - ㉡ - ㉠ - ㉣

18. 다음 중 삼국의 불교 수용에 대한 설명으로 옳지 않은 것은?

① 신라는 이차돈의 순교를 계기로 불교를 공인하였다.
② 백제는 동진에서 온 마라난타를 통해 불교를 수용하였다.
③ 신라는 소지 마립간 때 묵호자에 의해 불교가 전래되었다.
④ 고구려는 순도를 통해 삼국 중에 가장 먼저 불교를 받아들였다.

19. (가)에 들어갈 내용으로 옳은 것은?

학습 조사 보고서

OO 모둠

주제	백제의 문화 유산 알아보기
방법	문헌 조사, 인터넷 검색, 박물관 탐방
알게 된 점	백제 사람들의 학문 수준과 생활 모습을 짐작할 수 있었다.
조사한 문화 유산	"…… 지난 세월을 돌이킬 수 없음을 한탄하고 슬퍼하여, 금을 뚫어 진귀한 당을 세우고 옥을 깎아 보배로운 탑을 세우니, 외외한 자비로운 모습은 신광을 토하여 구름을 보내는 듯하고 ……"
문화 유산의 특징	(가)

① 향나무를 땅에 묻고 세운 비석이다.
② 노장 사상의 영향을 받았음을 알 수 있다.
③ 비문 일부의 해석을 두고 한·일간에 역사 논쟁이 벌어졌다.
④ 두 젊은이가 유교 경전을 습득할 것을 맹세하는 내용이 있다.

20. 우리나라의 시기별 교육 문화의 변화에 대한 설명으로 옳지 않은 것은?

① 1940년대 - 미국식 교육 제도인 6-3-3 학제가 도입되었다.
② 1950년대 - 문맹 국민 완전 퇴치 5개년 계획을 수립하였다.
③ 1960년대 - 중학교 무시험 진학 제도가 처음 시행되었다.
④ 1970년대 - 과외 금지와 대학교 졸업 정원제가 실시되었다.

04회 핵심 키워드 마무리 체크

☑ 빈칸에 들어갈 알맞은 키워드를 골라 채워보세요.

마라난타	김기수	최우	니탕개의 난
13도 의군	내물 마립간	남북 기본 합의서	별기군
정제두	조선 형평사	윤관	안창호
천마도	노비	중학교 무시험	동맹

선사~조선 후기

01 고구려는 ___이라는 제천 행사를 실시하였다.

02 신라는 _____ 때 왕의 칭호가 마립간으로 변경되었다.

03 ___는 말의 안장 꾸미개에 그려진 그림이다.

04 백제는 동진에서 온 _____를 통해 불교를 수용하였다.

05 ___이 별무반을 이끌고 여진을 정벌하였다.

06 ___는 문신들의 숙위 기구인 서방을 설치하였다.

07 조선 선조 때는 회령에서 _____이 일어났다.

08 조선 시대의 ___는 재산으로 취급되어 매매 또는 상속이 가능하였다.

09 ___는 강화도에서 후학을 양성하며 강화 학파를 형성하였다.

근대~현대

10 강화도 조약 이후 _____가 수신사로 일본에 파견되었다.

11 1881년에 신식 군대인 _____이 창설되었다.

12 연해주에서는 유인석 등을 중심으로 _____이 결성되었다.

13 _____는 샌프란시스코에서 흥사단을 조직하였다.

14 백정들이 신분 차별을 타파하기 위해 진주에서 _____를 조직하였다.

15 _____에는 남북 화해와 상호 불가침을 정하고 남북 교류와 협력 방안을 담았다.

16 1960년대에는 _____ 진학 제도가 처음 시행되었다.

정답 | 01 동맹 02 내물 마립간 03 천마도 04 마라난타 05 윤관 06 최우 07 니탕개의 난 08 노비 09 정제두 10 김기수 11 별기군 12 13도 의군 13 안창호 14 조선 형평사 15 남북 기본 합의서 16 중학교 무시험

05회 실전동형모의고사

01 (가) 단체에 대한 설명으로 옳은 것은?

신문 조서
피의자: 김방우

치안 유지법 위반 피의 사건에 대하여 소화 O년 OO월 OO일 경기도 경찰부에서 순사 OOO을 입회시켜 피의자에 대하여 신문한 바 다음과 같다.

문: 전회에 이어 신문하겠는데 (가) 의 목적과 규약 강령 등은 어떤가.
답: 배운 바에 따르면 (가) 의 목적은 직접 행동에 의하여 일본 제국주의를 미리 타도하고 조선을 완전하게 독립시키는 것이다.
문: 직접 행동이란 어떤 수단을 말하는가.
답: 국내에서 무기와 폭탄 등으로 일본 군대가 사용하는 교통 기관인 철도와 정치 통제 기관인 관청 회사 등 중요 건조물을 파괴하여 일본 제국주의가 패망하도록 하는 것을 말하는 것이다.
문: (가) 의 단원은 몇 명이며 누구누구인가?
답: 내가 알고 있는 바로는 조선 혁명 간부 학교에 들어가 있는 자는 전부가 (가) 의 단원으로 되어 있다.

① 김구가 상하이에서 조직하였다.
② 연통제와 교통국을 운영하였다.
③ 105인 사건으로 조직이 해소되었다.
④ 「조선 혁명 선언」을 활동 지침으로 삼았다.

02 다음 자료가 발표된 이후의 사실로 옳지 않은 것은?

맥아더 사령부 포고
미국 태평양 방면 육군 총사령관으로서 이에 다음과 같이 포고한다. …… 일본 제국 정부의 일본 대본영이 조인한 항복 문서의 조항에 의하여 본관의 지휘 하에 있는 승리에 빛나는 군대는 금일 북위 38도 이남의 조선 영토를 점령한다.

① 조선 인민 공화국이 수립되었다.
② 독립 촉성 중앙 협의회가 발족되었다.
③ '삼천만 동포에게 읍고함'이라는 글이 발표되었다.
④ 신탁 통치 반대 국민 총동원 위원회가 결성되었다.

03 (가), (나) 인물에 대한 설명으로 옳은 것은?

○ (가) 은/는 젊은 때부터 세속에 구속받지 않고 스스로를 백운거사라고 불렀다. …… (가) 의 시·전(傳) 등을 모은 시문집의 이름을 『동국이상국집』이라 하였다.
○ 우리들 해동 삼국도 역사가 오래되었으니, 사실이 역사책에 기록되어야 합니다. 그래서 (나) 에게 그것을 편집하도록 명하신 것입니다. …… 삼가 본기 28권, 연표 3권, 지 9권, 열전 10권을 찬술하고, 표와 함께 아룁니다.

① (가) - 『경제문감』을 저술하여 재상 중심의 정치를 주장하였다.
② (가) - 고려 최씨 무신 정권 하에서 관직 생활을 하였다.
③ (나) - 신채호가 국풍파와 독립당의 대표라고 평가하였다.
④ (나) - 예종과 인종 때 왕실과 혼인 관계를 맺어 정권을 장악하였다.

04 다음 격문을 발표한 의병에 대한 설명으로 옳은 것은?

동포들이여! 우리는 함께 뭉쳐 우리의 조국을 위해 헌신하여 우리의 독립을 되찾아야 한다. 우리는 야만 일본 제국의 잘못과 광란에 대해서 전 세계에 호소해야 한다. 간교하고 잔인한 일본 제국주의자들은 인류의 적이요, 진보의 적이다.
– 광무 11년, 대한 관동 창의 대장 이인영

① 고종이 강제 퇴위되는 계기가 되었다.
② 보국안민의 구호를 걸고 봉기를 일으켰다.
③ 을미사변과 단발령 시행에 반발하여 일어났다.
④ 해산된 군인들이 합류하여 전투력이 강화되었다.

05 다음 개헌에 의해 수립된 정부에 대한 설명으로 옳은 것은?

> 제32조 양원은 국민의 보통, 평등, 직접, 비밀 투표에 의하여 선거된 의원으로써 조직한다.
> 제53조 대통령은 양원 합동 회의에서 선거하고 재적 국회의원 3분의 2이상의 투표를 얻어 당선된다.
> 제71조 국무원은 민의원에서 국무원에 대한 불신임 결의안을 가결한 때에는 10일 이내에 민의원 해산을 결의하지 않는 한 총사직 하여야 한다.

① 반공을 국시의 제일로 삼아 반공 태세를 강화하였다.
② 3·15 선거 결과를 무효로 하고 재선거를 실시하였다.
③ 경제 제일주의를 내세워 경제 개발 계획을 수립하였다.
④ 부정 축재 처리법을 제정하여 부정 축재자를 처벌하였다.

06 삼국 시대의 금석문에 대한 설명으로 옳지 않은 것은?

① 호우명 그릇 – 5세기 초에 고구려와 신라의 관계를 보여주는 유물이다.
② 황초령비 – 신라가 가야 지방으로의 진출한 사실을 알려주는 순수비이다.
③ 충주(중원) 고구려비 – 스스로를 천하의 중심으로 자부하는 고구려인의 천하관이 반영되어 있다.
④ 단양 적성비 – 영토를 점령하는 데 도움을 준 주민 야이차를 포상하였다는 내용이 기록되어 있다.

07 밑줄 친 '왕'의 업적으로 옳은 것은?

> 을미년에 왕은 선농에 제사 지내고 적전을 갈았으며, 존경각을 성균관에 세우고 경적을 내려 주어서 간직하게 하셨다. …… 무술년에는 양로연을 베풀고 노인들에게 좋은 말을 해달라고 요청하였다. 그리고 명하여 고금의 시문을 모아서 이름을 『동문선』이라고 하였고, 지리지를 편찬하게 하여 이름을 『동국여지승람』이라고 하였다.

① 『동국병감』을 편찬하였다.
② 갑인자 등의 활자를 주조하였다.
③ 김종직 등의 사림파를 등용하였다.
④ 간경도감을 설치하고 원각사를 세웠다.

08 (가) 인물에 대한 설명으로 옳은 것은?

> 이휘병이 아뢰기를 "맹자가 이르기를 '어진 정치는 반드시 제도를 바르게 하는 것으로부터 시작된다.' 하였습니다. …… (가) 이/가 각종 제도를 강구하였습니다. 토지 제도로부터 시작하여 관리 등용 제도, 관직 제도, 녹봉 제도, 군사 제도에 이르기까지 빠뜨린 것이 없는데, 이를 정리하여 『반계수록』이라 이름을 붙였으니 모두 13권입니다." 하였다.

① 결부법 대신에 경무법을 사용할 것을 주장하였다.
② 성인 남자들에게 2결의 토지를 지급할 것을 주장하였다.
③ 국가가 경영하는 농장인 둔전을 설치할 것을 주장하였다.
④ 토지 소유의 상한선을 설정한 후, 그 이상의 토지 소유를 금할 것을 주장하였다.

09 다음 제도에 대한 설명으로 옳은 것은?

각 도 토지 결수의 많고 적음을 확인하고, 1결마다 쌀을 거두어 배에 실어 서울로 보낸다. 바다에서 먼 산간 벽지는 쌀값에 해당하는 삼베나 무명을 거두어 서울로 운반한다. 궁궐에서 쓰이는 물건, 종묘·사직의 제사 및 사신 접대에 필요한 물품, 말먹이와 땔감까지 모두 이를 통해 해결한다.

① 별공과 진상은 폐지되지 않았다.
② 덕대라는 특허 상인이 등장하는 계기가 되었다.
③ 인징, 족징 등의 폐단을 해결하기 위해 도입되었다.
④ 운영 과정에서 유치미와 상납미가 모두 감소하였다.

11 밑줄 친 '조약'에 대한 설명으로 옳은 것은?

일본 전권 대사 구로다가 일본의 국서를 가지고 강화도에 도착하여, 지난번 일본의 국서를 거절한 점과 운요호에 포격한 사실에 대해 따지면서 예전의 우호 관계를 다지자고 요청하였다. 조정에서는 신헌과 윤지승 등을 보내 강화도에서 구로다와 회담을 갖고 조약을 강구하여 정하도록 하였다.

① 일본 공사관에 일본군 주둔을 허용하였다.
② 일본인에 대한 영사 재판권을 허용하였다.
③ 인천과 부산에 일본 공관을 설치하도록 하였다.
④ 곡물 유출을 제한하는 방곡령 규정을 마련하였다.

10 (가) 신분에 대한 설명으로 옳지 않은 것은?

(가) 이/가 금고(禁錮)를 당하게 된 것은 태종 때부터 시작된 것이니, 예로부터 전해지는 제도는 아니다. 이이가 병조 판서가 되었을 때에 변경에 오랑캐의 침범의 환란이 있어 선조에게 건의하기를, "(가) 로서 납속하는 자는 과거에 응시하도록 허통하자."고 했는데, 이는 실로 일시적으로 변통하려는 정책에서 나온 것이었으나 논의하는 자들이 불가하다 하고 논핵하기에까지 이르렀으니, 모든 일을 변통하기 어려움이 이와 같다. 그러나 임진왜란 이후에 (가) 이/가 허통을 기다리지 않고 과거에 응시하여 벼슬에 오른 자가 많았다.

① 중서라고 불리기도 하였다.
② 문과와 무과 응시가 금지되어 있었다.
③ 한품서용제로 인해 승진에 제한을 받았다.
④ 정조 때 규장각 검서관으로 기용되기도 하였다.

12 다음 유물이 주로 사용된 시대의 생활상에 대한 설명으로 가장 옳은 것을 모두 고른 것은?

㉠ 비파형동검 – 사유 재산이 생기고, 이에 따라 지배와 피지배 관계가 발생하였다.
㉡ 눌러찍기무늬 토기 – 조, 피, 수수 등이 재배되었고 벼농사가 본격적으로 이루어졌다.
㉢ 빗살무늬 토기 – 뼈바늘과 가락바퀴를 활용하여 옷과 그물을 만들어 사용하였다.
㉣ 덧무늬 토기 – 죽은 자를 위하여 고인돌 무덤을 만들었다.

① ㉠, ㉡
② ㉠, ㉢
③ ㉠, ㉡, ㉢
④ ㉡, ㉢, ㉣

13 (가)에 들어갈 역사적 사실로 옳은 것은?

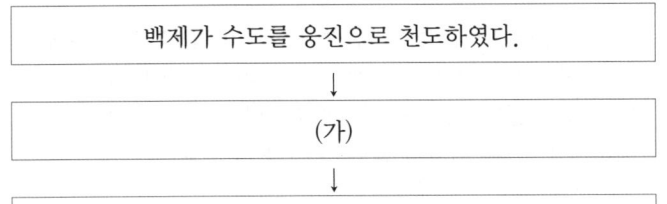

① 신라가 '건원'이라는 연호를 사용하였다.
② 고구려가 왕위의 부자 상속제를 확립하였다.
③ 위홍 등이 향가를 모아 『삼대목』을 편찬하였다.
④ 완도에 청해진이 설치되었다.

14 고려 시대의 농업에 대한 설명으로 옳은 것을 모두 고른 것은?

㉠ 2년 3작의 윤작법이 점차 보급되었다.
㉡ 소를 이용한 깊이갈이가 처음 시작되었다.
㉢ 녹비법과 퇴비법이 발달하여 휴경지가 감소하였다.
㉣ 원에서 목화씨를 가져와 목화 재배에 성공하였다.

① ㉠, ㉡
② ㉠, ㉢, ㉣
③ ㉡, ㉢, ㉣
④ ㉠, ㉡, ㉢, ㉣

15 (가) 나라에 대한 설명으로 옳은 것은?

(가) 은/는 삼한의 종족이며, 지금의 고령에 있었다. 국왕 하지(荷知)는 사신을 보내 남제에 공물을 바쳤다. 이에 남제에서는 국왕 하지에게 "보국장군 본국왕"의 벼슬을 제수하였다.

① 신라 법흥왕에 의하여 멸망하였다.
② 시조는 수로왕이며 구지봉 설화가 있다.
③ 백제를 도와 관산성 전투에 참여하였다.
④ 광개토 대왕의 공격으로 국력이 쇠퇴하였다.

16 다음의 사실들을 시기순으로 바르게 나열한 것은?

㉠ 식량 공출을 강제한 식량 관리령을 제정하였다.
㉡ 호남선 철도를 개통하여 농산물 반출을 확대하였다.
㉢ 미곡 증산을 위해 흥남 질소 비료 공장을 설립하였다.
㉣ 삼림령을 공포하여 조선인들의 삼림 소유에 제한을 가하였다.

① ㉡ - ㉣ - ㉠ - ㉢
② ㉡ - ㉣ - ㉢ - ㉠
③ ㉣ - ㉡ - ㉢ - ㉠
④ ㉣ - ㉢ - ㉡ - ㉠

17 다음 인물에 대한 설명으로 옳은 것은?

○ 남조선 과도 입법 의원에 참여하였다.
○ 『불함철학대전』과 『조선철학』 등을 저술하였다.
○ '신민족주의와 신민주주의'라는 독창적인 이론을 제시하였다.

① 만세보를 창간하였다.
② 한국 민주당 결성을 주도하였다.
③ 조선 건국 준비 위원회에 참여하였다.
④ 대한민국 임시 정부의 주석을 역임하였다.

18 다음 고분 양식에 대한 설명으로 옳은 것은?

지상이나 지하에 시신과 껴묻거리를 넣고 목곽을 짜고 그 위에 냇돌을 쌓은 다음에 흙으로 덮었다.

① 통일 이후의 신라에서 주로 만들어졌다.
② 백제에서는 주로 한성 시기에 이 양식의 고분을 만들었다.
③ 도굴이 어려워 금관, 금팔찌 등의 유물이 많이 발굴되었다.
④ 중국 남조의 영향을 받은 것으로 벽면에 사신도가 그려져 있다.

19 밑줄 친 '그'의 업적으로 옳은 것은?

하륜 등이 청하기를, "정몽주의 난에 만일 그가 없었다면, 큰 일이 거의 이루어지지 못하였을 것이고, 정도전의 난에 만일 그가 없었다면, 또한 어찌 오늘이 있었겠습니까? …… 청하건대, 그를 세자로 삼으소서."라 하였다.

① 사섬서를 설치하였다.
② 진관 체제를 실시하였다.
③ 의흥삼군부를 설치하였다.
④ 의정부 서사제를 실시하였다.

20 밑줄 친 '이곳'에서 전개된 독립운동 활동으로 옳은 것은?

이곳에 있는 우리 동포가 바다를 건넌 것은 1904년 이민 시기로부터 시작하여 그해에 이주한 동포 수가 2,435명이었고, 그 후 만 5년간 그 수가 거의 배에 달하였으니, 1920년도에 시행한 미국의 국세(國勢) 조사에 따르면 그 수가 4,950명이었으며, 재작년도, 즉 1921년 6월 말에 이르러서는 5,327명으로 추산되었다. …… 그러나 근년에는 사진 결혼으로 인하여 이곳으로 건너온 부녀자의 수는 현저히 증가하였다.

① 이근영 등이 숭무 학교를 세웠다.
② 안창호 등이 공립 협회를 조직하였다.
③ 신규식 등이 대동 단결 선언을 발표하였다.
④ 박용만이 대조선 국민 군단을 창설하였다.

05회 핵심 키워드 마무리 체크

☑ 빈칸에 들어갈 알맞은 키워드를 골라 채워보세요.

태종	강화도 조약	서얼	대가야
삼림령	단양 적성비	삼대목	장면 내각
제물포 조약	성종	유형원	정미의병
서유구	제1차 동학 농민 운동	조·일 통상 장정 개정	돌무지덧널무덤

선사~조선 후기

01 _____에는 영토를 점령하는 데 도움을 준 주민 야이차를 포상하였다는 내용이 기록되어 있다.

02 _____는 백제를 도와 관산성 전투에 참여하였다.

03 위홍 등이 향가를 모아 「_____」을 편찬하였다.

04 _____에서는 도굴이 어려워 금관, 금팔찌 등의 유물이 많이 발굴되었다.

05 ___은 사섬서를 설치하였다.

06 조선 ___은 김종직 등의 사림파를 등용하였다.

07 _____은 결부법 대신에 경무법을 사용할 것을 주장하였다.

08 _____는 국가가 경영하는 농장인 둔전을 설치할 것을 주장하였다.

09 ___은 정조 때 규장각 검서관으로 기용되기도 하였다.

근대~현대

10 _____에서는 보국안민의 구호를 걸고 봉기를 일으켰다.

11 _____에서 일본인에 대한 영사 재판권을 허용하였다.

12 _____에서 일본 공사관에 일본군 주둔을 허용하였다.

13 _____에서 곡물 유출을 제한하는 방곡령 규정을 마련하였다.

14 _____은 해산된 군인들이 합류하여 전투력이 강화되었다.

15 일제는 _____을 공포하여 조선인들의 삼림 소유에 제한을 가하였다.

16 _____은 경제 제일주의를 내세워 경제 개발 계획을 수립하였다.

정답 | 01 단양 적성비 02 대가야 03 삼대목 04 돌무지덧널무덤 05 태종 06 성종 07 유형원 08 서유구 09 서얼 10 제1차 동학 농민 운동 11 강화도 조약 12 제물포 조약 13 조·일 통상 장정 개정 14 정미의병 15 삼림령 16 장면 내각

06회 실전동형모의고사

제한시간: 15분 시작 시 분~종료 시 분 점수 확인 개/20개

01 ㉠에 들어갈 신분에 대한 설명으로 옳은 것은?

가상 인물 카드

- 이름: 최○○
- 관등: 중아찬
- 신분: ㉠
- 주요 이력
  1. 경주에서 출생함
  2. 당나라에 건너가 빈공과에서 급제함
  3. 귀국 후에 왕에게 개혁안을 올려 아찬으로 임명됨
  4. 5년 뒤 중위제의 적용을 받아 중아찬으로 승진함

① 득난이라고도 불렸다.
② 진덕 여왕 이후 소멸되었다.
③ 자색의 공복을 입을 수 있었다.
④ 삼국 통일 이후에는 평민화되었다.

02 다음과 같은 풍속이 있었던 나라에 대한 설명으로 옳은 것은?

형벌이 엄하고 각박하여 사형을 당한 사람은 그 집사람을 모두 적몰하여 노비로 삼는다. 도둑질을 하면 12배로 변상해야 하고, 남녀가 음란한 짓을 하면 모두 죽이는데, 투기하는 여자를 더욱 미워하여 죽인 뒤 다시 산 위에다 시체를 버려둔다. …… 장사 지낼 적에는 곽(槨)은 사용하지만 관(棺)은 쓰지 않는다.

① 호랑이를 신으로 여겨 제사를 지냈다.
② 천신을 섬기는 제사장인 천군이 있었다.
③ 명주와 삼베를 짜는 방직 기술이 발달하였다.
④ 형이 죽으면 형수를 아내로 삼는 풍습이 있었다.

03 밑줄 친 '왕'에 대한 설명으로 옳은 것은?

왕은 거란이 일찍이 발해와 지속적으로 화목하다가 갑자기 의심을 일으켜 맹약을 어기고 멸망시켰으니, 이는 매우 무도하여 친선 관계를 맺을 이웃으로 삼을 수는 없다고 생각하였다. 드디어 교빙을 끊고 사신 30인을 섬으로 유배 보냈으며, 낙타는 만부교 아래에 매어두니 모두 굶어 죽었다.

① 광덕, 준풍 등의 연호를 사용하였다.
② 광군을 조직하여 거란의 침략에 대비하였다.
③ 개성부를 경중(京中) 5부와 경기로 구획하였다.
④ 호족을 견제하기 위해 기인 제도를 마련하였다.

04 (가) 인물에 대한 설명으로 옳은 것은?

우리 주상 전하께서 신(臣) (가) 에게 명하여 해동 여러 나라에 대한 조빙으로 왕래한 연고와, 곡식을 주어 예를 갖추어 대접한 규례를 찬술하라 하셨습니다. …… 삼가 보건대 동해의 가운데 자리 잡은 나라가 하나만이 아니나, 그 가운데 일본이 가장 오래되었고 또 큽니다. 그 땅이 흑룡강 북쪽에서 시작하여 우리 제주 남쪽에까지 이르고, 유구와 서로 맞대어 땅의 모양이 매우 깁니다.

①『신찬팔도지리지』를 편찬하였다.
② 성리학 입문서인『입학도설』을 저술하였다.
③ 천거제인 현량과를 실시할 것을 주장하였다.
④ 집현전 출신 학자로, 훈민정음 창제에 참여하였다.

05 고구려의 대외 항쟁과 관련된 사건을 시기순으로 바르게 나열한 것은?

㉠ 말갈 세력과 함께 요서 지방을 선제 공격하였다.
㉡ 모용황의 침입을 받아 수도가 함락되었다.
㉢ 부여성에서 비사성에 이르는 천리장성을 완성하였다.
㉣ 후연을 공격하여 요동 지역을 확보하였다.

① ㉡ - ㉠ - ㉣ - ㉢
② ㉡ - ㉣ - ㉠ - ㉢
③ ㉣ - ㉡ - ㉢ - ㉠
④ ㉣ - ㉢ - ㉡ - ㉠

06 다음 자료에서 비판하고 있는 정치 상황에 대한 설명으로 옳은 것은?

근래에는 사색(四色)이 함께 조정에 나아갔지만, 오직 벼슬만 할 뿐이지 예로부터 지켜오던 의리는 모두 고깔을 씌우듯 숨겨 버렸다. 그러다 보니 왕성한 기운으로 피나게 싸우던 버릇은 예전보다 적어졌지만, 예전의 습속에다 약하고 게으르고 부드럽고 매끄러운 새 병폐가 보태졌다. 그 마음이 실제로는 서로 다르면서, 겉으로 입에 올릴 때에는 모두 두리뭉실한 색이다.

① 정국이 급격하게 전환되는 환국이 일어났다.
② 소수의 가문 출신이 중앙 정치를 주도하였다.
③ 이조 전랑 임명 문제를 계기로 사림이 분당되었다.
④ 온건하고 타협적인 인물을 중심으로 정국이 운영되었다.

07 (가) 인물의 개혁 내용으로 옳은 것을 모두 고른 것은?

(가) 께서 말씀하시기를, "이번 경복궁 중건은 300년 동안 미처 손대지 못한 일이며 막중하고 막대한 공사이다. 지금의 국세와 민정으로 어려움을 어찌 알지 못하겠는가? …… 옛사람들이 이르기를 한 번의 노고가 없으면 오래 편안할 수 없다고 하였으니 어찌 한때의 작은 노력으로 만세의 큰 왕업의 터전을 도모하지 않을 수 있겠는가." 하였다.

㉠ 만동묘를 제외한 서원을 모두 철폐하였다.
㉡ 은결을 색출하고 호포제를 실시하였다.
㉢ 『대전통편』을 편찬하여 법률 체제를 정비하였다.
㉣ 경기, 삼남, 해서 등지에 사창제를 실시하였다.

① ㉠, ㉡
② ㉡, ㉢
③ ㉡, ㉣
④ ㉢, ㉣

08 다음 중 고려의 관학 진흥책으로 옳지 않은 것은?

① 장학 재단인 양현고를 운영하였다.
② 국자감에 전문 강좌인 7재를 설치하였다.
③ 수도에 4학을 세우고 4서 5경을 가르쳤다.
④ 국자감의 교육 과정을 경사 6학으로 정비하였다.

09. 다음 중 조선 후기의 상공업에 대한 설명으로 옳지 않은 것을 모두 고른 것은?

㉠ 상인에게 자금을 미리 받아 제품을 생산하는 선대제가 성행하였다.
㉡ 동전이 유통되면서 환·어음 등의 신용 화폐가 점차 소멸되었다.
㉢ 개성, 의주 등을 중심으로 성장한 상인들이 활발하게 대외 무역을 전개하였다.
㉣ 수공업자들을 공장안에 등록하여 국가에서 엄격하게 관리하였다.

① ㉠, ㉡
② ㉡, ㉢
③ ㉡, ㉣
④ ㉢, ㉣

10. 다음은 고려 후기의 문학 작품이다. 이러한 작품에 대한 설명으로 옳은 것은?

만두집에 만두 사러 갔더니만
회회 아비 내 손목을 쥐었어요
이 소문이 가게 밖에 나며 들며 하면
다로러 거디러 조그마한 새끼 광대 네 말이라 하리라
더러둥성 다리러디러 다리러디러 다로러거디러 다로러

① 사물을 의인화 하여 현실을 풍자하였다.
② 서민의 생활 감정을 자유분방하게 표현하였다.
③ 신진 사대부들이 향가 형식을 계승하여 창작하였다.
④ 대표적인 작품으로는 『파한집』, 『백운소설』 등이 있다.

11. 다음 교서를 내린 왕의 업적으로 옳은 것은?

"공이 있는 사람에게 상을 내리는 것은 옛 성인의 아름다운 규범이요, 죄가 있는 사람을 처벌하는 것은 선왕의 훌륭한 법이다. …… 어찌 상중(喪中)에 도성에서 반란이 일어날 줄 생각이나 하였겠는가! 역적의 우두머리 흠돌·흥원·진공 등은 벼슬이 재능으로 오른 것이 아니요, 실로 은혜로운 특전으로 관직에 오른 것이다."

① 패강 일대에 수자리를 설치하였다.
② 서원소경과 남원소경을 설치하였다.
③ 독서삼품과를 시행하여 관리를 등용하였다.
④ 당의 세력을 몰아내고 삼국 통일을 완수하였다.

12. 다음과 같은 변화를 야기한 일제의 경제 정책에 대한 설명으로 옳은 것은?

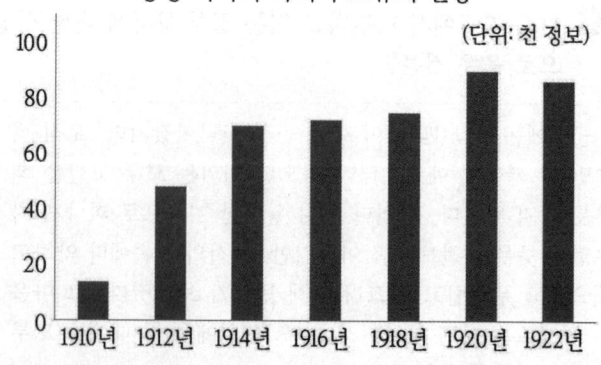

동양 척식 주식회사 소유지 현황

① 농상공부를 주무 기관으로 하였다.
② 농민들이 가지고 있던 관습적 권리를 인정하였다.
③ 소유권 분쟁을 인정하지 않아 분쟁은 발생하지 않았다.
④ 역둔토 등 관청이나 국가 소유의 토지는 총독부의 소유가 되었다.

13 다음은 근대 문물의 수용에 대한 내용이다. 이를 시기 순으로 바르게 나열한 것은?

㉠ 한성 전기 회사가 설립되었다.
㉡ 덕수궁 중명전이 완공되었다.
㉢ 서울과 부산 간 철도가 개통되었다.
㉣ 최초의 서양식 병원인 광혜원이 설립되었다.

① ㉠ - ㉡ - ㉣ - ㉢
② ㉠ - ㉢ - ㉣ - ㉡
③ ㉣ - ㉠ - ㉡ - ㉢
④ ㉣ - ㉠ - ㉢ - ㉡

14 밑줄 친 '왕'의 재위 시기의 사실로 옳은 것은?

왕의 이름은 사마(斯摩)이니 모대왕의 둘째 아들이다. 키가 8척이고 눈썹과 눈이 그림과 같았으며 인자하고 관대하여 민심이 그를 따랐다. …… 재위 12년 4월에 양나라에 사신을 보내 조공하였다. …… 양 고조(高祖)가 조서를 보내 왕을 '영동 대장군'으로 책봉하였다.

① 수도를 사비로 옮기고, 국호를 남부여로 고쳤다.
② 율령을 반포하고 낙랑군·대방군과 공방을 벌였다.
③ 22담로를 설치하여 지방에 대한 통제를 강화하였다.
④ 북위에 사신을 보내 고구려를 공격해 줄 것을 요청하였다.

15 밑줄 친 '그'에 대한 설명으로 옳은 것은?

그는 문도(門徒)들이 매우 많아 퇴계와 영남을 거의 절반씩 나누었다. 그러나 그는 학문을 잘 알지 못하고 그저 처사로서 기개와 절조가 있는 사람이었을 뿐이니, 언론과 풍채가 비록 사람을 놀라게 하는 점이 있기는 하나 문제점도 적지 않았다. 그의 문하에 있었던 자들은 대체로 다 기개를 숭상하고 색다른 것을 좋아하였는데 심한 경우는 정인홍 같은 이가 있었다.

① 『존언』, 『만물일체설』 등을 저술하였다.
② 이황과 사단칠정에 대한 논쟁을 전개하였다.
③ 우주를 영원한 기로 보는 태허설을 제기하였다.
④ 경과 의를 근본으로 하는 실천적 성리학풍을 강조하였다.

16 다음 조약에 대한 설명으로 옳은 것은?

제1조 제3국이 한 쪽 정부에 부당하게 또는 억압적으로 행동할 때에는 다른 한 쪽 정부는 원만한 타결을 위해 주선을 한다.
제14조 조약을 체결한 뒤 본 조약에 부여되지 않은 어떠한 권리나 특혜를 다른 나라에게 허가할 때에는 자동적으로 ○○관민에게도 똑같이 주어진다.

① 청의 알선 없이 독자적으로 체결되었다.
② 조선과 영국의 통상 조약 체결 이후 맺어졌다.
③ 외국 상인의 내지 통상권을 최초로 규정하였다.
④ 조선이 관세를 부과할 수 있는 권한을 명시하였다.

17 (가) 단체에 대한 설명으로 옳은 것을 모두 고른 것은?

(가) 은/는 민족 운동에 필요한 자금을 조달할 목적으로 1919년 11월 독립 공채 조례를 제정·공포하였다. …… 공채의 원금은 광복이 되면 5년에서 30년 이내에 수시 상환하는 것으로 정해졌는데, 이자는 연 5%였다. 미주 동포들은 1,000원짜리 독립 공채를 가장 많이 사들여 (가) 의 재정을 뒷받침하였다.

㉠ 이상설과 이동휘를 정·부통령에 선임하였다.
㉡ 군무부를 설치하여 군사 업무를 관장하였다.
㉢ 비밀 행정 조직으로 연통제를 운영하였다.
㉣ 『진단』이라는 잡지를 발간하였다.

① ㉠, ㉡
② ㉠, ㉣
③ ㉡, ㉢
④ ㉢, ㉣

18 다음 법령이 시행되던 시기에 있었던 사실로 옳은 것은?

제1조 회사의 설립은 조선 총독의 허가를 받아야 한다.
제2조 조선 밖에서 설립된 회사가 한국에 본점이자 지점을 둘 때에도 조선 총독의 허가를 받아야 한다.
제5조 회사가 본령 혹은 본령에 기초해 발표된 명령 및 허가의 조건을 위반하거나 또는 공공의 질서 및 선량한 풍속에 반하는 행위를 했을 때에는 조선 총독은 사업의 정지·금지, 지점의 폐쇄 또는 회사의 해산을 명령할 수 있다.

① 조선 임야 조사령이 제정되었다.
② 조선 사상범 예방 구금령이 제정되었다.
③ 기존의 우측통행 방침이 좌측통행으로 변경되었다.
④ 보통학교의 교육 연한이 4년에서 6년으로 연장되었다.

19 밑줄 친 '이 섬'에 대한 설명으로 옳은 것은?

이승만 정부는 한국 전쟁 중이던 1952년 1월에 '인접해양에 대한 주권에 관한 선언'을 선포하였다. 한국 정부가 이 선언이 "한·일 양국의 평화 유지에 목적이 있다"고 명분을 밝히면서 소위 '평화선 선언'이란 이름으로 불리게 되었다. 이 선언에는 어업 및 어선에 대한 규제뿐만 아니라 평화선에 이 섬까지 포함한다는 내용을 담고 있었기 때문에 일본은 크게 반발하였다.

① 정약전이 『자산어보』를 저술한 곳이다.
② 삼별초가 용장성을 세우고 몽골군에 대항한 곳이다.
③ 남한만의 단독 정부 수립에 반대하는 4·3 사건이 발생하였다.
④ 안용복이 일본으로 건너가 우리나라 영토임을 확인 받고 돌아왔다.

20 밑줄 친 '원칙'의 내용으로 옳지 않은 것은?

조선의 좌우 합작은 미주 독립의 단계요, 남북 통일의 관건인 점에서 3천만 민족의 지상 명령이며 국제 민주화의 필연적 요청이었음에도 불구하고 저간의 복잡다단한 내외 정세로 오랫동안 파란 곡절을 거듭해 오던 바, 드디어 다음과 같은 원칙을 정하였다.

① 미·소 공동 위원회의 속개를 요청하는 공동 성명을 발표한다.
② 토지를 농민에게 유상으로 나누어 주며, 중요 산업을 국유화한다.
③ 친일 민족 반역자를 처리할 조례는 입법 기구로 하여금 결정하게 한다.
④ 전국적으로 언론, 집회, 결사, 출판, 교통 등의 자유는 절대 보장되도록 한다.

06회 핵심 키워드 마무리 체크

☑ 빈칸에 들어갈 알맞은 키워드를 골라 채워보세요.

신문왕	조식	경사 6학	광혜원
흥선 대원군	부여	제2차 조선 교육령	대한 광복군 정부
조·미 수호 통상 조약	연통제	좌·우 합작 7원칙	6두품
기인 제도	신숙주	무령왕	토지 조사 사업

선사~조선 후기

01 ____에서는 형이 죽으면 형수를 아내로 삼는 풍습이 있었다.

02 _____은 득난이라고도 불렸다.

03 _____은 서원소경과 남원소경을 설치하였다.

04 _____ 때는 22담로를 설치하여 지방에 대한 통제를 강화하였다.

05 태조 왕건은 호족을 견제하기 위해 _____를 마련하였다.

06 고려 인종 때 국자감의 교육 과정을 _____으로 정비하였다.

07 _____는 집현전 출신 학자로, 훈민정음 창제에 참여하였다.

08 ____은 경과 의를 근본으로 하는 실천적 성리학풍을 강조하였다.

근대~현대

09 _____은 경기, 삼남, 해서 등지에 사창제를 실시하였다.

10 1885년에는 최초의 서양식 병원인 _____이 설립되었다.

11 _____에서는 조선이 관세를 부과할 수 있는 권한을 명시하였다.

12 _____으로 역둔토 등 관청이나 국가 소유의 토지는 총독부의 소유가 되었다.

13 대한민국 임시 정부에서는 비밀 행정 조직으로 _____를 운영하였다.

14 _____에서는 이상설과 이동휘를 정·부통령에 선임하였다.

15 _____으로 인해 보통학교의 교육 연한이 4년에서 6년으로 연장되었다.

16 _____에는 미·소 공동 위원회의 속개를 요청하는 공동 성명을 발표한다는 내용이 있다.

정답 | 01 부여 02 6두품 03 신문왕 04 무령왕 05 기인 제도 06 경사 6학 07 신숙주 08 조식 09 흥선 대원군 10 광혜원 11 조·미 수호 통상 조약 12 토지 조사 사업 13 연통제 14 대한 광복군 정부 15 제2차 조선 교육령 16 좌·우 합작 7원칙

07회 실전동형모의고사

01 구석기 시대의 생활 모습으로 옳지 않은 것은?

① 주술적 의미가 담긴 예술품을 만들었다.
② 무리를 지어 살면서 공동체 생활을 하였다.
③ 바퀴날 도끼와 홈자귀 등의 석기를 만들어 사용하였다.
④ 대체로 동굴이나 바위 그늘에서 생활하였으며 불을 사용하였다.

02 다음 글을 지은 인물에 대한 설명으로 옳지 않은 것은?

> 황소에게 고한다. …… 그러한즉 비록 백 년의 인생 동안 생사는 기약할 수가 없는 것이나, 만사를 마음으로 판단하여 옳고 그른 것을 분별할 줄 알아야 한다. …… 너는 모름지기 진퇴를 참작하고 잘된 일인가 못된 일인가 분별하라. 배반하여 멸망하기보다 귀순하여 영화롭게 됨이 어찌 훨씬 좋지 않겠는가.

① 불교를 세외교(世外敎)라고 비판하였다.
② 진성 여왕에게 시무책 10여 조를 올렸다.
③ 『제왕연대력』을 지어 신라의 역사를 정리하였다.
④ 『법장화상전』에서 화엄종 승려의 전기를 서술하였다.

03 (가), (나)에 대한 설명으로 옳지 않은 것은?

> 왕이 명하기를, "구리, 철, 자기, 종이, 먹 등을 만드는 (가)이 곳은 공물을 지나치게 많이 거두어 (나)주민들이 어려움을 이기지 못해 도망하고 있다. 이제 해당 관청에서는 그 공물의 양을 다시 정하여 보고하도록 하라."라고 하였다.
> － 『고려사』

① (가) - 재료의 생산지와 가까운 곳에 위치하였다.
② (가) - 국가에서 지방관을 파견하여 통제하였다.
③ (나) - 법적으로 양인에 속하였다.
④ (나) - 거주 이전의 자유가 없었다.

04 다음 가상 신문의 민족 운동에 대한 설명으로 옳은 것은?

> **역사 신문**
> 제△△호   ○○○○년 ○○월 ○○일
> ==
> **민대총회 개회, 460여 명의 대표 참석**
> 오늘 오후 1시부터 종로의 중앙 청년 회관에서 민대총회가 열렸다. 이 총회에서는 사업 계획을 확정하고, '교육은 우리의 진로를 개척함에 있어 유일한 방편이요 수단임이 명료하다. …… 깊은 지식과 오묘한 학문의 이론은 이를 고등 교육에 기대하지 않으면 불가할 것은 설명할 필요도 없거니와 사회 최고의 비판을 구하며 유능·유위의 인물을 양성하려면 최고 학부의 존재가 가장 필요하다.'라는 내용의 발기 취지서를 발표하였다.

① 진주에서 시작되어 전국으로 확대되었다.
② 일부 사회주의자가 자본가 계급을 위한 운동이라고 비판하였다.
③ 동아일보의 주도로 농촌 계몽, 한글 보급 등을 위해 전개되었다.
④ '한민족 1천만이 한 사람이 1원씩'이라는 구호로 모금 운동이 전개되었다.

05 (가), (나) 사이 시기에 일어난 사실로 옳은 것은?

(가) 임금이 말하기를 "그대는 나의 녹을 먹지 않았던가? 녹을 먹으면서 배반하는 것은 이랬다 저랬다 하는 사람이다. 명분으로는 상왕을 복위한다고 하지만 실상은 자신을 위 하려는 것이다."라고 하였다.

(나) 정원이 아뢰기를 "왜노가 명분없는 군사를 들어 장수를 죽이고 성을 무찌르고 변방 고을에 할거하여 조정을 능멸하니, 안팎이 놀라서 통분하지 않는 이가 없습니다. …… 당초 국가에서 삼포에 사는 것을 허락한 것은 부득이한 데서 나온 것입니다. …… 지금 먼저 와서 우리를 침노하였으니, 멸망을 자처하는 때입니다."하였다.

① 『고려사』가 편찬되었다.
② 임꺽정의 난이 일어났다.
③ 김종직이 부관참시 당하였다.
④ 비변사가 상설 기구화 되었다.

06 우리나라의 유네스코 세계 문화유산에 대한 설명으로 옳은 것을 모두 고른 것은?

㉠ 보은 법주사는 금강계단 불사리탑이 있는 삼보 사찰이다.
㉡ 해인사 장경판전은 초조대장경을 보관하기 위해 지어진 건축물이다.
㉢ 종묘는 조선 시대 역대 왕과 왕비의 신주를 모신 사당이다.
㉣ 창덕궁은 임진왜란 이후 가장 오랜 기간 왕들이 거처한 궁궐이다.

① ㉠, ㉡
② ㉠, ㉣
③ ㉡, ㉢
④ ㉢, ㉣

07 다음 글을 쓴 인물에 대한 설명으로 옳은 것은?

하나가 곧 일체이며, 한 작은 티끌 속에 시방이 있는 것이요, 한 찰나가 곧 영원이다. 양에 있어서 셀 수 없이 많은 것이 있지만 그것은 실은 하나이며, 공간은 시방으로 너르게 되어 있지만 그것이 한 작은 티끌 속에 포함되어 있으며, 시간에 있어서 영원한 것도 한 찰나이다.

① 수행법으로 돈오점수를 주장하였다.
② 참회를 중심으로 하는 점찰 법회를 정착시켰다.
③ 『십문화쟁론』을 저술하여 화쟁 사상을 주장하였다.
④ 현세에서 고난을 구제받고자 하는 관음 신앙을 이끌었다.

08 다음 그림을 그린 인물에 대한 설명으로 옳은 것은?

① '묵란도', '세한도' 등의 문인화 작품을 남겼다.
② 서양화 기법을 반영하여 '영통동구도'를 그렸다.
③ 남녀간의 애정을 감각적이고 해학적으로 묘사하였다.
④ 정조의 화성 행차와 관련된 병풍, 행렬도 등을 남겼다.

09 초기 국가에 대한 설명으로 옳은 것을 모두 고른 것은?

㉠ 고구려에는 서옥제라는 혼인 풍속이 있었다.
㉡ 옥저에는 제사장인 천군이 다스리는 소도가 있었다.
㉢ 동예는 씨족 사회의 전통으로 족외혼을 엄격하게 지켰다.
㉣ 삼한에서는 읍락 간의 경계를 중시하는 책화라는 풍습이 있었다.

① ㉠, ㉡
② ㉠, ㉢
③ ㉡, ㉣
④ ㉢, ㉣

10 (가), (나) 사이에 있었던 사실로 옳은 것은?

(가) 민주주의와 민중의 공복이며 중립적 권력체인 관료와 경찰은 민주를 가장한 가부장적 전체 권력의 하수인으로 발벗었다. 민주주의 이념의 최저의 공리인 선거권마저 권력의 마수 앞에 농단되었다. …… 보라! 우리는 캄캄한 밤의 침묵에 자유의 종을 난타하는 타수의 일익임을 자랑한다.
(나) 미국 정부가 한국과 약속했던 1억 5천만 달러 규모의 차관 공여와 더불어 …… 한국의 경제 발전을 돕기 위한 추가 AID 차관을 제공한다.

① 한·일 회담에 반대하여 6·3 항쟁이 전개되었다.
② 평화 통일론을 주장한 진보당의 정당 등록이 취소되었다.
③ 유신 헌법이 공포됨으로써 이른바 유신 체제가 출범하였다.
④ 김대중 등의 재야 인사들이 3·1 민주 구국 선언을 발표하였다.

11 고려 시대의 건축물에 대한 설명으로 옳지 않은 것은?

① 안동 봉정사 극락전은 맞배 지붕 건물이며 기둥은 배흘림 형태이다.
② 화엄사 각황전, 금산사 미륵전 등 다포 양식의 건축물이 조성되었다.
③ 예산 수덕사 대웅전은 주심포 양식의 건축물로, 백제계 사찰의 전통을 이었다.
④ 영주 부석사 무량수전은 주심포 양식과 팔작 지붕이 잘 어우러진 건축물이다.

12 밑줄 친 '왕'의 업적으로 옳은 것은?

왕이 관경을 순수(巡狩)하면서 민심을 ○○하고 노고를 위로하고자 한다. 만일 충성과 신의와 정성이 있고 …… 상(賞)을 더하고 …… 한성을 지나는 길에 올라 …… 돌에 새겨 사(辭)를 기록한다.

① 승려 혜량을 승통으로 삼았다.
② 6촌을 행정적인 6부로 개편하였다.
③ 김씨에 의한 왕위 계승권을 확립하였다.
④ 법령을 반포하고 상대등 제도를 실시하였다.

13. 밑줄 친 사건이 발생한 시기로 옳은 것은?

> 인평 대군의 아들들이 본래 교만하고 억세었는데, 임금이 초년에 자주 병을 앓았으므로 그들이 몰래 못된 생각을 품고 바라서는 안 될 자리를 넘보았다. …… 남인에 붙어서 윤휴와 허목을 스승으로 삼고 …… 그들이 허적의 서자 허견을 보고 말하기를, "임금에게 만약 불행한 일이 생기면 너는 우리를 후사로 삼게 하라. 우리는 너에게 병조 판서를 시킬 것이다."라고 하였다. …… 이 때 김석주가 남몰래 그 기미를 알고 옥사를 일으켰다.

	(가)		(나)		(다)		(라)	
정여립 모반 사건		기해 예송		기사 환국		신임 사화		이인좌의 난

① (가)
② (나)
③ (다)
④ (라)

14. 다음은 조선 시대 토지 제도의 변화 과정이다. ㉠에 대한 설명으로 옳은 것은?

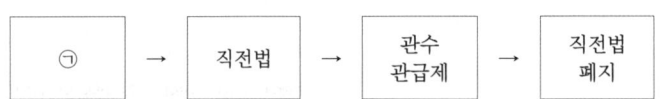

① 현직 관리에게만 수조권이 지급되었다.
② 지주와 소작인 사이에 병작반수제가 허용되었다.
③ 정부에서 직접 조세를 거두어 관리에게 나누어 주었다.
④ 18과에 따라 최고 150결에서 최하 10결까지 지급하였다.

15. 대한민국 임시 정부의 개헌 과정을 순서대로 바르게 나열한 것은?

㉠ 주석 중심의 단일 지도 체제
㉡ 대통령 중심제
㉢ 주석·부주석 지도 체제
㉣ 국무령 중심의 내각 책임제
㉤ 국무위원 집단 지도 체제

① ㉡ - ㉤ - ㉣ - ㉠ - ㉢
② ㉡ - ㉤ - ㉣ - ㉢ - ㉠
③ ㉡ - ㉣ - ㉤ - ㉠ - ㉢
④ ㉡ - ㉣ - ㉤ - ㉢ - ㉠

16. 일제 강점기의 종교계에 대한 설명으로 옳지 않은 것은?

① 대종교는 중광단이라는 항일 무장 단체를 결성하였다.
② 손병희는 동학을 천도교로 개칭하고, 잡지 『경향』을 발간하였다.
③ 기독교는 일제가 신사 참배를 강요하자 거부 운동을 벌이기도 하였다.
④ 한용운은 조선 불교 유신회를 조직하여 일본 불교계의 침투에 대항하였다.

17. 다음 자료와 관련된 민족 운동에 대한 설명으로 옳은 것은?

> 전투 청년 학생 제군! …… 모든 수단과 방법으로 정의와 자유를 위해 투쟁하자!
> ○ 검속된 학생을 탈환하라.
> ○ 교내 학생 자치권을 옹호하라.
> ○ 일제의 식민지 교육에 항거하라.
> ○ 전국 동맹 파교로 모든 요구를 관철하라.
> ○ 일본 제국주의를 타도하라.

① 국내에서 민족 유일당 운동이 전개되는 계기가 되었다.
② 일제는 이 운동을 방해하기 위해 경성 제국 대학을 설립하였다.
③ 이승만 정부 때 이 운동을 기념하기 위하여 학생의 날을 제정하였다.
④ 중국의 5·4 운동, 인도의 비폭력·불복종 운동 등에 영향을 주었다.

18. 밑줄 친 ㉠이 체결되기 이전의 사실로 옳지 않은 것은?

> 짐은 최근 한국과 일본 사이에 체결된 소위 ㉠보호 조약이 총검과 공갈 하에 억지로 된 것이기 때문에 전혀 무효임을 선언한다. 짐은 이에 동의한 일이 없으며, 앞으로도 동의하지 않을 것이니 이 뜻을 미국에 전달하기 바란다.

① 기유각서가 체결되었다.
② 한·일 의정서가 체결되었다.
③ 일본이 러·일 전쟁에서 승리하였다.
④ 일본과 영국 사이에 두 차례의 동맹이 체결되었다.

19. 다음과 관련된 사건에 대한 설명으로 옳은 것은?

> 간사한 신하 김종직은 나쁜 마음을 몰래 품고 그 무리들을 모아 흉악한 계획을 시행하려고 한 지가 오래되었다. 그는 항우가 의제를 죽인 일을 기록하여 세조를 나무라고 헐뜯었다. 이는 하늘에 닿을 만큼 악독한 죄이니 용서할 수 없다.

① 중종 때 발생한 사화이다.
② 윤원형이 조정을 장악하는 배경이 되었다.
③ 훈구 세력이 김일손 등의 사림을 축출하였다.
④ 폐비 윤씨 사사 사건과 관련된 사림들이 피해를 입었다.

20. (가), (나) 시기에 볼 수 있는 모습으로 옳은 것은?

	(가)		(나)	
6·25 전쟁 발발		인천 상륙 작전 전개		소련의 휴전 제안

① (가) - 평양까지 진격하는 국군
② (가) - 흥남에서 구출을 기다리는 피난민
③ (나) - 압록강을 건너 참전하는 중국군
④ (나) - 유엔 안전 보장 이사회에서 유엔군 파견을 결정하는 대표단

07회 핵심 키워드 마무리 체크

☑ 빈칸에 들어갈 알맞은 키워드를 골라 채워보세요.

법흥왕	구석기 시대	최치원	무오사화
서옥제	직전법	수덕사 대웅전	신윤복
대종교	3·1 운동	진보당	물산 장려 운동
3·1 민주 구국 선언	민립 대학 설립 운동	6·3 항쟁	의상

선사~조선 후기

01 _____에는 대체로 동굴이나 바위 그늘에서 생활하였으며 불을 사용하였다.

02 고구려에서는 _____라는 혼인 풍속이 있었다.

03 _____은 법령을 반포하고 상대등 제도를 실시하였다.

04 _____은 현세에서 고난을 구제받고자 하는 관음 신앙을 이끌었다.

05 _____은 진성 여왕에게 시무책 10여 조를 올렸다.

06 예산 _____은 주심포 양식의 건축물로, 백제계 사찰의 전통을 이었다.

07 _____은 현직 관리에게만 수조권이 지급되었다.

08 _____ 때 훈구 세력이 김일손 등의 사림을 축출하였다.

09 _____은 남녀간의 애정을 감각적이고 해학적으로 묘사하였다.

근대~현대

10 _____는 중광단이라는 항일 무장 단체를 결성하였다.

11 _____은 중국의 5·4 운동, 인도의 비폭력·불복종 운동 등에 영향을 주었다.

12 _____은 일부 사회주의자가 자본가 계급을 위한 운동이라고 비판하였다.

13 _____ 때는 '한민족 1천만이 한 사람이 1원씩'이라는 구호로 모금 운동이 전개되었다.

14 평화 통일론을 주장한 _____의 정당 등록이 취소되었다.

15 한·일 회담에 반대하여 _____이 전개되었다.

16 김대중 등의 재야 인사들이 _____을 발표하였다.

정답 | 01 구석기 시대 02 서옥제 03 법흥왕 04 의상 05 최치원 06 수덕사 대웅전 07 직전법 08 무오사화 09 신윤복 10 대종교 11 3·1 운동 12 물산 장려 운동 13 민립 대학 설립 운동 14 진보당 15 6·3 항쟁 16 3·1 민주 구국 선언

08회 실전동형모의고사

01 (가), (나) 도구가 주로 사용된 시대에 대한 설명으로 옳지 않은 것은?

(가)　　　　　(나)

① (가) - 연장자나 경험이 많은 자가 자기 부족을 이끌어 나가는 평등 사회였다.
② (가) - 취사와 난방을 위한 화덕이 중앙에 위치한 움집에서 생활하였다.
③ (나) - 마을에 목책과 환호 등의 방어 시설을 설치하였다.
④ (나) - 빗살무늬 토기와 덧무늬 토기 등을 만들어 사용하였다.

02 밑줄 친 '왕' 재위 시기의 사실로 옳은 것은?

> 왕이 신라를 습격하려고 몸소 보병과 기병 50명을 거느리고 밤에 구천(仇川)에 이르렀다. 신라의 복병이 나타나 그들과 싸우다가 혼전 중에 왕이 병사들에게 살해되었다.

① 일본에 승려 관륵을 파견하였다.
② 신라의 대야성을 비롯한 40여 성을 함락시켰다.
③ 노리사치계를 일본에 파견하여 불교를 전파하였다.
④ 중국의 요서 지방과 일본의 규슈 지방까지 진출하였다.

03 다음 교서를 내린 왕의 업적으로 옳은 것은?

> 양민이 된 노비들은 해가 점차 멀어지면 반드시 그 본래의 주인을 가벼이 보고 업신여기게 된다. 이제 혹시 주인을 대신하여 뱃길로 전쟁터에 나갔거나 혹은 3년 동안 묘소를 지킨 자는 그 공을 헤아려 나이가 40세가 넘은 자라면 비로소 천민의 신분에서 벗어나도록 허락한다. 만약 그 주인을 욕하는 자가 있으면, 다시 천민으로 되돌려 버리게 할 것이다.

① 『정계』와 『계백료서』를 편찬하였다.
② 5도 양계의 지방 제도를 확립하였다.
③ 백관의 공복을 자·단·비·녹색으로 제정하였다.
④ 12목에 지방관을 파견하고 향리 제도를 마련하였다.

04 고려 시대의 화폐 유통에 대한 설명으로 옳은 것은?

① 조세를 화폐로 징수하기 시작하였다.
② 숙종 때 해동통보와 활구 등이 주조되었다.
③ 화폐의 유통이 원활하지 않아 전황 현상이 일어났다.
④ 주로 철전, 동전, 은화가 유통되었으며 지폐는 유통되지 않았다.

05 (가), (나)에 대한 설명으로 옳은 것은?

> 조종조에서 (가) 을/를 설립하신 것은 풍속을 바로 잡고 크게 나쁜 짓을 하는 향리를 규찰하자는 것이고, (나) 을/를 설립한 것은 (가) 와 결탁하여 불의한 일을 하는 것을 단속하자는 것입니다. (가) 에 있는 사람이 사람답지 못하면, 민간에 폐해 끼침이 (나) 보다 심합니다. 그런데 이들이 해가 된다 해서 없애버린다면 나쁜 물이 불결하다 하여 흙으로 막아버리는 것과 같습니다.

① (가) - 약정과 직월 등의 간부가 있었다.
② (나) - 해당 지방 출신의 중앙 관리로 구성되었다.
③ (가) - 여성을 비롯해 양반부터 노비까지 모든 향민들이 편성되었다.
④ (나) - 선조 이후부터는 향청이라고 불렸다.

06 밑줄 친 '이 나라'에 대한 설명으로 옳은 것은?

> 신라 진흥왕이 말하기를, "이 나라의 태조는 백성의 시조로서 왕이 혼돈한 세상을 개벽하고 산과 바닷가에 근거할 터를 잡았다. 이에 허 황후와 함께 나라를 세워 후손에게 전해주니 신묘한 덕화와 위대한 공적이 영원히 빛났다. 이제 그 두 분의 능(陵)이 모두 옛 도읍에 있으니 잡초에 뒤덮이고 제사가 끊어지게 해서는 안 된다."하였다.

① 이사부와 사다함 등의 공격을 받아 멸망하였다.
② 고령의 지산동 고분군을 대표적인 문화유산으로 남겼다.
③ 전성기 때는 소백산맥을 넘어 호남 동부까지 진출하였다.
④ 낙랑군 등과 원거리 교역을 통해 중계 무역을 전개하였다.

07 ㉠~㉢에 대한 설명으로 옳은 것은?

> ○ 신문왕 7년에 (㉠)을 지급하되 차등을 두었다.
> ○ 신문왕 9년에 내외관의 (㉡)을 혁파하고 매년 조(租)를 내리되 차등이 있게 하였다.
> ○ 성덕왕 21년에 처음으로 백성에게 (㉢)을 지급하였다.
> ○ 경덕왕 16년에 여러 내외관의 월봉을 없애고, 다시 (㉡)을 나누어 주었다.

① ㉠ - 조세를 수취할 수 있을 뿐 아니라, 주민을 노역에 동원할 수 있었다.
② ㉡ - 전쟁에서 큰 공을 세운 사람에게 공로의 대가로 지급하였다.
③ ㉢ - 국가에 일정한 역(役)을 담당하는 사람들에게 지급하였다.
④ ㉠, ㉡, ㉢ - 왕권 강화 정책의 일환으로 지급되었다.

08 조선 후기의 천주교 박해에 대한 내용으로 옳은 것을 모두 고른 것은?

> ㉠ 병인박해로 인해 남종삼 등 수천 명의 천주교 신자들이 순교하였다.
> ㉡ 신유박해 때 정약용, 정약전 등이 유배되었다.
> ㉢ 신해박해 때 우리나라 최초의 신부인 김대건이 처형되었다.
> ㉣ 진산 사건을 계기로 기해박해가 일어났다.

① ㉠, ㉡
② ㉡, ㉢
③ ㉡, ㉣
④ ㉢, ㉣

09 (가) 왕의 업적으로 옳은 것은?

　　　(가)　이/가 지정(至正) 연호의 사용을 중지하고 교서를 내려 말하기를, "기철 등이 군주의 위세를 빙자하여 나라의 법도를 뒤흔들었다. 자신의 기분에 따라 관리를 마음대로 임명하여 정부의 명령이 원칙 없이 바뀌었다. …… 이제 다행스럽게도 조종의 영령에 기대어 기철 등을 처단할 수 있었다."라고 하였다.

① 정동행성 이문소를 폐지하였다.
② 도병마사를 도평의사사로 개편하였다.
③ 최무선의 건의로 화통도감을 설치하였다.
④ 박위를 파견하여 쓰시마 섬을 정벌하였다.

11 다음과 같은 상황이 나타난 시기의 문화 양상으로 옳지 않은 것은?

　　우리나라의 자녀들이 뽑혀서 서쪽으로 들어가기를 거른 해가 없었다. 비록 왕실 친족같이 귀한 신분이라도 자식을 숨길 수 없고, 어미와 자식이 한 번 이별하면 아득하게 만날 기약이 없었다. 슬픔이 골수에 사무치고 심지어 병들어 죽는 이도 한둘이 아니었으니, 천하에 지극히 원통한 일로 이보다 더한 것이 어디 있겠는가?

① 경천사지 10층 석탑이 건립되었다.
② 서예에서 구양순체가 주류를 이루었다.
③ 혜허의 관음보살도 등의 불화가 그려졌다.
④ 족두리, 연지 등이 지배층을 중심으로 유행하였다.

10 ㉠ 교육 기관에 대한 설명으로 옳은 것은?

　　나라에서 각도 주(州)·부(府)·군(郡)·현(縣)에 　㉠　을/를 설치한다. 　㉠　의 생도 수는, 유수관에는 50명, 목과 도호부에는 40명, 군에는 30명, 현에는 15명으로 하며, 제전(祭田)·학전(學田)과 노비를 주는데, 각기 차이를 둔다. 도호부 이상은 모두 교수관을 두고, 군과 현에는 혹은 교수관, 혹은 교도를 둔다.

① 문묘가 없는 순수 교육 기관이다.
② 양인뿐만 아니라 천민도 입학이 허가되었다.
③ 성적이 우수한 자는 문과 복시에 바로 응시할 수 있었다.
④ 학업 중 군역이 면제되었으나 성적 미달자는 군역을 지도록 하였다.

12 다음 사건이 일어난 시기로 옳은 것은?

　　웅천주 도독 헌창이 그의 아버지 주원이 왕이 되지 못한 것을 이유로 반란을 일으켜 나라 이름을 장안(長安)이라 하고 연호를 세워 경운(慶雲) 원년이라고 하였다. 무진·완산·청주·사벌의 네 주 도독과 국원경·서원경·금관경의 사신과 여러 군현 수령을 위협하여 자기 소속으로 삼으려 하였다.

	(가)	(나)	(다)	(라)	
신문왕 즉위		원성왕 즉위		청해진 설치	『삼대목』 편찬	적고적의 난 발발

① (가)　　　　　　② (나)
③ (다)　　　　　　④ (라)

13 다음 자료에 나타난 시기의 사회 모습으로 옳지 않은 것은?

> 이 섬에 먹을 수 있는 풀뿌리가 있는데, …… 일본어로 고귀마(고코이모)라 하는 이것은 …… 생으로 먹을 수도 있고 구워서도 먹으며 삶아서 먹을 수도 있다. …… 우리나라에 널리 퍼뜨리기를 문익점이 목화를 퍼뜨리듯이 한다면 어찌 우리 백성에게 큰 도움이 아니겠는가.

① 양반이 증가하여 양반 중심의 신분 체제가 동요하였다.
② 『정감록』 등 비기·도참에 따른 예언 사상이 유행하였다.
③ 사회 불안이 계속되는 상황에서 최시형이 동학을 창시하였다.
④ 역관이 외래문화의 수용에 있어서 선구적 역할을 수행하였다.

14 밑줄 친 '이 나라'에 대한 설명으로 옳은 것은?

> 현재 이 나라가 우리 대한을 향하여 절영도를 요구하고 있습니다. …… 그 신하된 자가 만약 조그마한 땅이라도 타국인에게 주면 황제 폐하의 역신이며 역대 임금의 죄인이며, 우리 대한 2천만 동포 형제의 원수입니다.

① 운산 금광 채굴권을 차지하였다.
② 용암포를 강제 점령하고 조차를 요구하였다.
③ 경인선과 경부선 등의 철도 부설권을 차지하였다.
④ 『조선책략』에서는 이 나라와 수교할 것을 주장하였다.

15 (가)~(라)에 들어갈 설명으로 옳지 않은 것은?

〈탐구 보고서〉
- 탐구 목표: 1910년대 국외에서 전개된 독립운동 단체의 활동에 대해 알아본다.
- 탐구 절차: 국외 지역 선정 → 독립운동 단체 선정 → 관련 자료 수집 → 보고서 작성·발표
- 탐구 내용

지역	독립운동 단체의 활동
서간도	(가)
북간도	(나)
연해주	(다)
상하이	(라)

① (가) - 신민회가 독립군 양성을 위해 신흥 무관 학교를 설립하였다.
② (나) - 대한인 국민회에서 신한민보를 발행하였다.
③ (다) - 권업회가 한민 학교를 설립하였다.
④ (라) - 신한청년당이 김규식을 파리 강화 회의에 파견하였다.

16 다음 조약이 체결된 결과로 옳은 것은?

> 제1조 한국 황제 폐하는 한국 전부에 관한 모든 통치권을 완전 또는 영구히 일본국 황제 폐하에게 양여한다.
> 제7조 일본국 정부는 성의로써 충실하게 신제도를 존중하는 한국인으로서 상당한 자격을 가진 자를 사정이 허락하는 범위에서 한국에 있는 일본국 관리로 등용한다.

① 각 부에 일본인 차관이 임명되었다.
② 이토 히로부미가 초대 통감으로 부임하였다.
③ 미국인 스티븐스가 외교 고문으로 파견되었다.
④ 대한 제국이 조선으로 개칭되고 총독부가 설치되었다.

17 다음 글을 작성한 인물에 대한 설명으로 옳은 것을 모두 고른 것은?

> 국가의 역사는 민족의 흥망성쇠를 서술하는 것이다. 민족을 빼면 역사가 없을 것이며, 역사를 알지 못한다면 그 민족의 애국심이 사라질 것이니, 역사가의 책임이 얼마나 큰가? …… 역사를 쓰는 사람은 먼저 민족의 형성 과정을 적고, 정치는 어떻게 번영하고 어떻게 쇠퇴하였는지, 산업은 어떻게 융성하고 쇠퇴하였는지, 무공(武功)은 어떻게 나아가고 물러갔으며, 그 문화는 어떻게 변화하였으며, 다른 민족과의 관계는 어떠하였는지를 서술해야 한다. 만일 민족을 주체로 한 역사 서술이 이루어지지 않는다면 이는 무정신의 역사라.

> ㉠ 『조선상고사감』을 저술하였다.
> ㉡ 단생(丹生), 단재(丹齋) 등의 별칭을 사용하였다.
> ㉢ 대한민국 임시 정부의 제2대 대통령을 역임하였다.
> ㉣ 『을지문덕전』과 『이순신전』 등의 위인 전기를 저술하였다.

① ㉠, ㉡
② ㉡, ㉢
③ ㉡, ㉣
④ ㉢, ㉣

18 다음 중 폐정 개혁안 12개조의 내용으로 옳지 않은 것은?

① 탐관오리는 죄상을 조사하여 엄징한다.
② 관리의 채용에는 지벌을 타파하고 인재를 등용한다.
③ 청에 의존하는 생각을 버리고 자주 독립의 기초를 세운다.
④ 7종 천인의 대우를 개선하고 백정이 쓰는 평량갓은 벗겨 버린다.

19 박정희 정부 시기의 주요 사건을 시기순으로 바르게 나열한 것은?

> ㉠ 경부 고속 국도 개통
> ㉡ 부·마 항쟁
> ㉢ 김종필·오히라 회담
> ㉣ 7·4 남북 공동 성명 발표

① ㉡ - ㉠ - ㉢ - ㉣
② ㉡ - ㉢ - ㉣ - ㉠
③ ㉢ - ㉡ - ㉠ - ㉣
④ ㉢ - ㉠ - ㉣ - ㉡

20 다음 자료를 발표한 인물에 대한 설명으로 옳지 않은 것은?

> 한국이 있고야 한국 사람이 있고, 한국 사람이 있고서야 민주주의도 공산주의도 또 무슨 단체도 있을 수 있는 것이다. 그러면 우리의 자주 독립적 통일 정부를 수립하여야 하는 이 때에 있어서 어찌 개인이나 자기 집단의 사리사욕을 탐하여 국가 민족의 백년대계를 그르칠 자가 있으랴. …… 마음 속의 38도선이 무너지고야 땅 위의 38도선도 철폐될 수 있다.

① 신탁 통치 반대 운동을 주도하였다.
② 경교장에서 안두희에게 암살당하였다.
③ 민족 자주 연맹의 위원장을 역임하였다.
④ 국민 대표 회의의 해산을 명하는 내무부령을 공포하였다.

08회 핵심 키워드 마무리 체크

☑ 빈칸에 들어갈 알맞은 키워드를 골라 채워보세요.

숙종	성종	신한청년당	정전
제1차 한·일 협약	병인박해	성왕	공민왕
신채호	대한인 국민회	한·일 병합 조약	미국
러시아	김구	경재소	금관가야

선사~조선 후기

01 _____는 낙랑군 등과 원거리 교역을 통해 중계 무역을 전개하였다.

02 백제 ____은 노리사치계를 일본에 파견하여 불교를 전파하였다.

03 ____은 국가에 일정한 역(役)을 담당하는 사람들에게 지급하였다.

04 고려 ____은 12목에 지방관을 파견하고 향리 제도를 마련하였다.

05 고려 ____ 때 해동통보와 활구 등이 주조되었다.

06 ____은 정동행성 이문소를 폐지하였다.

07 _____는 해당 지방 출신의 중앙 관리로 구성되었다.

08 _____로 인해 남종삼 등 수천 명의 천주교 신자들이 순교하였다.

근대~현대

09 ____은 운산 금광 채굴권을 차지하였다.

10 _____는 용암포를 강제 점령하고 조차를 요구하였다.

11 _____의 결과 미국인 스티븐스가 외교 고문으로 파견되었다.

12 _____의 결과 대한 제국이 조선으로 개칭되고 총독부가 설치되었다.

13 미주에 조직된 _____에서는 신한민보를 발행하였다.

14 상하이에서는 _____이 김규식을 파리 강화 회의에 파견하였다.

15 ____는 『을지문덕전』과 『이순신전』 등의 위인 전기를 저술하였다.

16 ____는 국민 대표 회의의 해산을 명하는 내무부령을 공포하였다.

정답 | 01 금관가야 02 성왕 03 정전 04 성종 05 숙종 06 공민왕 07 경재소 08 병인박해 09 미국 10 러시아 11 제1차 한·일 협약 12 한·일 병합 조약 13 대한인 국민회 14 신한청년당 15 신채호 16 김구

09회 실전동형모의고사

제한시간 : 15분 시작   시   분 ~ 종료   시   분 점수 확인   개/ 20개

01 밑줄 친 '왕'의 재위 시기의 사실로 옳은 것은?

> ○ 왕 원년 2월에 명하기를 "6품 이하 7품 이상의 관리로서 뒤를 이을 자손이 없는 자의 처에게는 구분전 8결을 지급하고, 8품 이하 관리와 전사한 군인의 처에게는 구분전 5결을 일률적으로 지급한다."라고 하였다.
> ○ 왕 3년 5월에 공음 전시법을 제정하였다. 1품은 문하시랑평장사 이상으로 전지 25결, 시지 15결이다. …… 5품은 전지 15결, 시지 5결이다.

① 한양을 남경으로 승격시켰다.
② 초조대장경의 조판을 시작하였다.
③ 균여를 귀법사의 초대 주지로 삼았다.
④ 지방관이 없는 속군에 감무를 파견하기 시작하였다.

02 밑줄 친 '이 시대'의 유적으로 옳은 것은?

> 이 시대에는 모든 자연물과 자연현상에 영혼이 깃들어 있다고 믿는 애니미즘, 특정 동물을 씨족이나 부족의 신으로 섬기는 토테미즘, 인간과 영혼을 이어주는 매개체인 무당의 존재를 인정하는 샤머니즘 등의 원시 신앙이 등장하였다.

① 창원 다호리 유적
② 대전 용호동 유적
③ 부산 동삼동 유적
④ 연천 전곡리 유적

03 밑줄 친 '왕'에 대한 설명으로 옳은 것은?

> 왕이 김춘추를 당에 보내 조공하였다. …… 춘추가 당 태종에게 아뢰기를 "신(臣)의 나라는 멀리 바다 모퉁이에 치우쳐 있으면서도 천자의 조정을 섬긴 지 이미 여러 해 되었습니다. 그런데 백제는 강하고 교활하여 여러 차례 침략을 마음대로 하고 있으며 …… 만약 폐하께서 대국의 병사를 빌려주어 흉악한 적들을 없애지 않는다면, 우리나라 백성은 모두 포로가 될 것이며 산과 바다를 거쳐서 조공을 드리는 일도 다시는 바랄 수 없을 것입니다." 당 태종이 매우 옳다고 여겨 병사의 파견을 허락하였다.

① 신라 최초의 여왕이다.
② 사치금지령을 반포하였다.
③ 국학의 명칭을 태학감으로 변경하였다.
④ 당의 황제에게 오언태평송을 지어 바쳤다.

04 (가) ~ (라) 내용과 관련된 정부의 통일 정책으로 옳은 것은?

> (가) 남북한 당국이 개성 공단의 건설에 합의하였다.
> (나) 미국의 요청에 따라 베트남 전쟁에 한국군을 파병하였다.
> (다) 북방 외교 정책을 추진하여 중국과 외교 관계를 수립하였다.
> (라) 칠레와 자유 무역 협정(FTA)을 체결하였다.

① (가) - 남북 조절 위원회를 설치하였다.
② (나) - 4·27 판문점 선언을 발표하였다.
③ (다) - 한반도 비핵화 공동 선언을 채택하였다.
④ (라) - 분단 이후 최초로 남북 이산가족의 상봉을 개최하였다.

05 다음 사건을 시기순으로 바르게 나열한 것은?

㉠ 이성계가 황산에서 아지발도를 물리쳤다.
㉡ 양규가 흥화진에서 적의 공격을 막아내었다.
㉢ 방호별감인 김윤후가 충주성에서 적을 물리쳤다.
㉣ 정지가 관음포에서 적선 17척을 침몰시켰다.

① ㉡ - ㉢ - ㉠ - ㉣
② ㉡ - ㉢ - ㉣ - ㉠
③ ㉢ - ㉠ - ㉡ - ㉣
④ ㉢ - ㉣ - ㉡ - ㉠

06 (가) 교육 기관에 대한 설명으로 옳은 것은?

무릇 (가) 이란 명칭은 옛날에는 없었습니다. 일찍이 남당 시대에 백록동에 학궁을 창립하였으니, 이것이 (가) 의 유래입니다. …… 임금께 아뢰 주신다면, 곧 송나라 때의 고사에 의거하여 서적을 내려 주시고 편액을 내려 주시며 겸하여 토지와 노비를 지급하여 재력을 넉넉하게 하시고, 또 감사와 군수로 하여금 다만 그 진흥하고 배양하는 방법과 공급해 주는 물품만 감독하게 하고 가혹한 법령과 번거로운 조목으로 구속하지 못하게 해 주실 것을 청하고자 합니다.

① 지방의 군현에 있던 유일한 관학이다.
② 입학 자격은 생원, 진사를 원칙으로 하였다.
③ 중종 때 풍기 군수 주세붕이 처음 건립하였다.
④ 선비와 평민의 자제에게 『천자문』 등을 가르쳤다.

07 (가), (나)에 대한 설명으로 옳은 것은?

심의겸의 집은 서쪽에 있었으므로 심의겸과 교제하는 자를 (가) 이라 부르고, 김효원의 집은 동쪽에 있었으므로 김효원과 잘 지내는 자를 (나) 이라 하여 한 시대의 사론(士論)이 각각 나뉘어져서 분분한 논의가 지금까지도 그치지 않고 있다. …… 각각 갈라서 사대부의 마음을 현혹시켰으니, 이는 오늘날 당면한 깊은 근심거리인 것이다.

① (가) - 인조반정으로 몰락하였다.
② (나) - 대체로 이이와 성혼의 학맥을 이었다.
③ (가) - 예송 논쟁에서 신권보다 왕권을 강조하였다.
④ (나) - 척신 정치의 잔재 청산 문제에 적극적이었다.

08 밑줄 친 '이곳'에 대한 설명으로 옳은 것은?

성여완은 정몽주, 이색과 더불어 도의(道義)의 사귐을 맺었고, 일찍이 고려의 운명이 다하여 천명이 귀의할 곳을 알았습니다. 그런데도 스스로 지조를 지키려는 의리를 마음에 맹세하였는데, 정몽주가 인(仁)을 이루려는 뜻을 서로 고하고자 성여완의 집으로 가려고 하는데 집에 이르기 전에 이곳에 있는 선죽교에서 죽고 말았습니다.

① 6·25 전쟁의 휴전 회담이 처음 시작된 곳이다.
② 신립이 배수의 진을 치고 왜군에 항전한 곳이다.
③ 청나라와 대외 무역을 전개한 만상의 근거지였다.
④ 풍산 류씨가 대대로 살아온 하회 마을이 남아있다.

09 밑줄 친 '계획'의 실행 결과로 옳은 것은?

[관보] 조선 총독부, 농업 생산성 향상을 위한 계획 발표

조선 총독부가 향후 추진할 경제 정책을 공식 발표했다. 이 계획은 지난번 일본에서 발생한 '쌀 소동' 사태와 심각한 식량난을 해결하기 위한 대책의 일환으로 마련되었다. 총독은 "일본 내 쌀 부족 문제 해결과 조선의 농업 생산성 향상을 동시에 추구하는 정책"이라고 설명했다. 계획에 따르면 막대한 예산을 투입해 대규모 수리시설을 확충하고 일본식 품종 보급과 농법 개선을 추진할 예정이다. 총독부는 이달 말부터 각 도별로 설명회를 개최하고 본격적인 사업에 착수할 계획이다.

① 농민의 대부분이 자작농이 되어 지주제가 폐지되었다.
② 한국인의 1인당 연간 쌀 소비량이 이전보다 증가하였다.
③ 농민의 해외 도망이 늘고 소작 쟁의가 빈발하게 일어났다.
④ 상품 작물 개발과 밭농사 중심으로 경작 구조가 변화하였다.

10 (가), (나)를 주장한 인물에 대한 설명으로 옳은 것은?

(가) 1여의 토지는 여민이 함께 농사하고 경계를 나누지 않는다. 여장은 여민의 노동량을 기록했다가 가을에 수확물을 분배한다. 이때 국가에 바칠 세와 여장의 봉급을 제하며, 그 나머지를 가지고 노동 일수에 따라 여민에게 분배하도록 한다.

(나) 중국은 서양에 대해서 경도의 차이가 180도에 이르는데, 중국인은 중국을 중심으로 삼고 서양을 변두리로 삼으며, 서양인은 서양을 중심으로 삼고 중국을 변두리로 삼는다. 그러나 실제는 하늘을 이고 땅을 밟는 사람은 지역에 따라서 모두 그러한 것이니, 중심도 변두리도 없이 모두가 중심이다.

① (가) - 『동국지리지』에서 삼한의 위치를 고증하였다.
② (나) - 지전설을 주장하며 『역학도해』를 저술하였다.
③ (가) - 요하네스 테렌츠의 『기기도설』을 참고하여 거중기를 제작하였다.
④ (나) - 중국과 일본의 자료를 참고하여 『해동역사』를 저술하였다.

11 (가) 단체에 대한 설명으로 옳은 것은?

1. 본사는 [(가)](이)라 칭함
1. 주주는 본국인만으로 허용할 것
1. 주가는 1주에 50원으로 정하고, 5년간에 걸쳐 5원씩 총 10회에 나누어 낼 것
1. 본사는 토지 개간·관개 사무와 산림천택·식양채벌 등의 사무 외에 금·은·동·철·연·매·운모·석유 등 각종 광물 채굴 등의 사무를 담당하여 종사할 것.

① 종로의 백목전 상인들이 만든 직조 회사였다.
② 역둔토를 약탈하기 위해 일본이 세운 국책 회사였다.
③ 황무지 개간권 요구에 대응하여 설립된 특허 회사였다.
④ 상권 수호 운동 전개를 위하여 시전 상인들이 만든 회사였다.

12 (가) 나라에 대한 설명으로 옳은 것은?

[(가)]의 무관으로 대모달이 있는데, 당나라의 위장군에 비견되며 일명 막하라수지라고 하고, 일명 대당주라고 하는데, 조의두대형 이상으로 이를 삼는다. 다음으로 말약이 있는데, 당나라의 중랑장에 비견되며, 일명 군두라고 한다. 대형 이상으로 임명하며 1000명을 거느리도록 한다. 이하의 무관 역시 각기 등급이 있다.

① 정사암 회의를 통해 재상을 선발하였다.
② 박·석·김씨가 왕위를 교대로 계승하였다.
③ 백성들을 구휼하기 위한 진대법을 실시하였다.
④ 시조는 아유타국에서 온 공주와 혼인을 하였다고 전한다.

13 다음 결정을 내린 회의에 대한 설명으로 옳지 않은 것은?

> 조선 임시 정부 조직에 협력하며 이에 적응한 방책들을 예비 작성하기 위하여 남조선 미군 사령부 대표들과 북조선 소련군 사령부 대표들로써 공동 위원회를 조직한다. 위원회는 자기의 제안을 작성할 때에 조선의 민주주의 정당들, 사회 단체들과 반드시 협의할 것이다.

① 광복 이후 모스크바에서 개최되었다.
② 최초로 한국의 독립을 국제적으로 보장하였다.
③ 미국, 영국, 소련 세 나라의 외무 장관이 참석하였다.
④ 좌익과 우익이 신탁 통치 문제로 대립하는 계기가 되었다.

14 밑줄 친 '그'에 대한 설명으로 옳은 것은?

> 그는 을사늑약이 체결되자 1906년에 제자인 임병찬 등과 함께 의병을 일으켰다. …… 적들이 매우 두려운 마음에 많은 군대를 파견하여 돌격하니 탄환이 빗발쳤다. 그는 태연한 기색으로 앞장서 나와 말하기를 "너희들이 얻고자 하는 것은 나의 머리이니 우리 양민은 해치지 마라."라고 하고는, 임병찬 등과 함께 앞으로 나와 붙잡혔다. 그는 대마도로 보내졌는데, 일본인이 주는 음식을 거부하며 말하기를 "너희의 곡식은 먹지 않겠다."라고 하였고, 다음해 대마도에서 죽었다.

① 「독사신론」을 발표하였다.
② 왜양 일체론을 주장하며 개항에 반대하였다.
③ 대동강으로 침입한 제너럴셔먼호를 불태웠다.
④ 『화서아언』에서 프랑스와의 통상을 반대하였다.

15 다음 소설이 작성된 시기의 경제 상황으로 옳지 않은 것은?

> 곧 안성의 한 주막에 자리 잡고 밤·대추·감·귤 등 온갖 과일을 모두 곱절로 값을 치르며 사들였다. 그렇게 허생이 과일을 매입하자 온 나라가 제사나 잔치를 치르지 못할 지경에 이르렀고 과일 값은 폭등하였다. 그제서야 허생은 열 곱절의 값으로 되팔았다. 이어서 허생은 그 돈으로 다시 호미·삼베·명주 등을 사서 제주로 들어가 팔고는 또 말총을 모두 사들였다. 말총은 망건의 재료이니 얼마 되지 않아 그 값이 10배나 올랐다. 이렇게 하여 그는 50만 냥을 벌었다.

① 이앙법이 널리 보급되면서 광작이 성행하였다.
② 일부 지방에서 도조법으로 지대를 납부하였다.
③ 인삼, 담배 등의 상품 작물이 널리 재배되었다.
④ 조공의 피해를 줄이기 위해 금·은광 개발을 금지하였다.

16 다음 법령이 제정된 이후의 사실로 옳지 않은 것은?

> 제1조 본 법은 전시에 국방 목적 달성을 위해 국가의 전력을 가장 유효하게 발휘하도록 인적·물적 자원을 통제·운용하는 것을 목표로 한다.
> 제2조 본 법에서 총동원 물자란 다음을 말한다.
>   1. 병기, 함정, 탄약, 기타 군용 물자
>   2. 전시에 필요한 피복, 식량, 음료 및 사료
>   3. 전시에 필요한 의약품, 의료 기계 기구, 기타 위생용 물자 및 가축 위생용 물자

① 금속류 회수령이 제정되었다.
② 여자 정신 근로령이 발표되었다.
③ 일본 상품에 대한 관세가 폐지되었다.
④ 초등 교육 기관의 명칭이 국민학교로 바뀌었다.

17 다음 경축사를 발표한 정부 시기에 있었던 사실로 옳은 것은?

> 온 국민의 힘과 정성을 모아 준비해 온 서울 올림픽은 한 달 뒤로 다가왔습니다. 잠실벌에 타오를 서울 올림픽의 성화는 동서의 세계가 한데 모여 인류의 화합을 다지는 사상 최대의 축제를 찬연하게 밝힐 것입니다. 불과 한 세대 전, 세계의 젊은이들이 이념을 사이에 두고 치열한 전쟁을 벌였던 이 동아시아의 분쟁지는 평화를 기약하는 땅이 될 것입니다.

① 조선 총독부 건물이 철거되었다.
② 민주화 추진 협의회가 조직되었다.
③ 거대 여당인 민주 자유당이 창당되었다.
④ 천주교 정의 구현 전국 사제단이 조직되었다.

18 밑줄 친 '회의'가 개최된 시기를 연표에서 옳게 고른 것은?

> 이에 회의에 참석한 백정 박성춘이 일어나 말하기를, "이 사람은 대한에서 가장 천한 사람이고 매우 무식합니다. 그러나 임금께 충성하고 나라를 사랑하는 뜻은 대강 알고 있습니다. 이제 나라를 이롭게 하고 백성을 편리하게 하는 방도는 관리와 백성이 마음을 합한 뒤에야 가능하다고 생각합니다. …… 관리와 백성이 마음을 합하여 우리 대황제 폐하의 훌륭한 덕에 보답하고 국운이 영원토록 무궁하게 합시다."라고 하자, 관리와 백성들이 모두 박수를 보냈다.

	(가)	(나)	(다)	(라)	
강화도 조약 체결		톈진 조약 체결		을미 사변	포츠머스 조약 체결	경술 국치

① (가)   ② (나)
③ (다)   ④ (라)

19 (가) 인물에 대한 설명으로 옳은 것은?

> (가) 의 처음 이름은 안유였는데 홍주 사람이었다. 어려서부터 학문을 좋아하였고, 과거에 급제한 뒤 교서랑에 보임되었으며, 직한림원으로 옮겨 내시에 소속되었다. ……
> (가) 은/는 늘그막에 주자의 초상화를 걸어놓고 우러러보았으며, 자신의 호(號)를 회헌이라 하였다.

① 시화집인 『역옹패설』을 저술하였다.
② '동방 이학의 조(祖)'라는 칭호로 불렸다.
③ 9재 학당을 설립하여 유학 교육을 실시하였다.
④ 원 간섭기에 성리학을 고려에 처음 소개하였다.

20 (가) 단체에 대한 설명으로 옳은 것은?

> 왜정의 탄압은 날이 갈수록 심해져 하루 바삐 조선말 사전을 내놓고야 말겠다는 조급한 생각으로 원고의 일부를 대동인쇄소에 넘겼고, 백여 페이지의 조판·교정까지 되었을 때에 (가) 에는 악마의 손이 뻗히어 간부 및 편찬원 전부와, 회원 및 관계자 대부분이 함경남도 홍원 경찰서로 잡혀 가게 되었다.

① 기관지로 『진단학보』를 발행하였다.
② 한글 기념일인 '가갸날'을 제정하였다.
③ 한글 맞춤법 통일안과 표준어를 제정하였다.
④ 한글 연구를 목적으로 학부 아래에 설립되었다.

09회 핵심 키워드 마무리 체크

☑ 빈칸에 들어갈 알맞은 키워드를 골라 채워보세요.

최익현	조선어 학회	광작	안향
문종	감무	진덕 여왕	노태우
고구려	전두환	이항로	산미 증식 계획
서원	정약용	이성계	진단 학회

선사~조선 후기

01 _____에서는 백성들을 구휼하기 위한 진대법을 실시하였다.

02 _____은 당의 황제에게 오언태평송을 지어 바쳤다.

03 고려 ____ 때 한양을 남경으로 승격시켰다.

04 고려 예종 때 지방관이 없는 속군에 ____를 파견하기 시작하였다.

05 ____은 원 간섭기에 성리학을 고려에 처음 소개하였다.

06 _____가 황산에서 아지발도를 물리쳤다.

07 ____은 중종 때 풍기 군수 주세붕이 처음 건립하였다.

08 _____은 요하네스 테렌츠의 『기기도설』을 참고하여 거중기를 제작하였다.

09 조선 후기에는 이앙법이 널리 보급되면서 ____이 성행하였다.

근대~현대

10 _____는 『화서아언』에서 프랑스와의 통상을 반대하였다.

11 _____은 왜양 일체론을 주장하며 개항에 반대하였다.

12 _____의 결과 농민의 해외 도망이 늘고 소작 쟁의가 빈발하게 일어났다.

13 _____는 기관지로 『진단학보』를 발행하였다.

14 _____는 한글 맞춤법 통일안과 표준어를 제정하였다.

15 _____ 정부 때는 분단 이후 최초로 남북 이산가족의 상봉을 개최하였다.

16 _____ 정부 때는 한반도 비핵화 공동 선언을 채택하였다.

정답 | 01 고구려 02 진덕 여왕 03 문종 04 감무 05 안향 06 이성계 07 서원 08 정약용 09 광작 10 이항로 11 최익현 12 산미 증식 계획 13 진단 학회 14 조선어 학회 15 전두환 16 노태우

10회 실전동형모의고사

제한시간 : 15분 시작 시 분 ~ 종료 시 분 점수 확인 개/ 20개

01 (가) 인물이 건국한 나라에 대한 설명으로 옳은 것은?

> (가) 이/가 미륵불을 자칭하였다. 머리에 금책(金幘)을 쓰고 몸에는 가사를 걸쳤으며 큰아들을 청광보살, 막내 아들을 신광보살이라고 불렀다.

① 국경 지대에 병마사를 파견하였다.
② 중국의 오월 및 후당에 사신을 보내 통교하였다.
③ 9관등제를 실시하고 광평성과 같은 관서를 두었다.
④ 천통, 건흥과 같은 연호를 사용하면서 황제국 체제를 지향하였다.

02 밑줄 친 '나'에 대한 설명으로 옳은 것은?

> 나는 도(道)를 구하는 데 뜻을 두어 덕이 높은 스승을 두루 찾아 다녔다. 그러다가 진수대법사 문하에서 교관(敎觀)을 대강 배웠다. 법사께서는 강의하다가 쉬는 시간에도 늘 "관(觀)도 배우지 않을 수 없고, 경(經)도 배우지 않을 수 없다."라고 제자들에게 훈시하였다. 내가 교관에 마음을 다 쏟는 까닭은 이 말에 깊이 감복하였기 때문이다.

① 국청사의 주지가 되어 해동 천태종을 개창하였다.
② 천태지관을 강조하는 백련 결사 운동을 전개하였다.
③ 교장도감을 설치하고 불교 경전 주석서를 편찬하였다.
④ 『대승기신론소』, 『금강삼매경론』 등의 서적을 저술하였다.

03 (가)에 들어갈 단체에 대한 설명으로 옳은 것을 모두 고른 것은?

> 당시 정세로 말하자면, …… 새로운 국면을 타개할 필요가 있었다. 그래서 우리 임시 정부에서 회의한 결과 (가) 을/를 조직하여 암살과 파괴 공작을 하되, 돈이나 사람이나 내가 전담하고, 다만 그 결과를 정부에 보고하도록 위임을 받았다.

㉠ 만주에서 조직되어 식민 기관 파괴 활동을 전개하였다.
㉡ 만보산 사건 이후 침체된 독립운동의 활성화를 위해 조직하였다.
㉢ 단원 일부가 황푸 군관 학교에 입학해 군사 훈련을 받았다.
㉣ 단원인 이봉창이 도쿄에서 일본 국왕을 향해 폭탄을 투척하였다.

① ㉠, ㉡
② ㉡, ㉢
③ ㉡, ㉣
④ ㉢, ㉣

04 (가) 인물에 대한 설명으로 옳은 것은?

인물 QUIZ	
힌트 1	조위총의 난을 평정하는데 공을 세워 등용되다.
힌트 2	무신 정권 최고 권력자를 제거하고 왕에게 봉사 10조를 올리다.
힌트 3	진주 지방의 식읍을 받고 진강후에 책봉되다.
* 힌트를 모두 다 보셨습니다.	
정답	(가)

① 정방을 설치하여 인사권을 장악하였다.
② 치안 유지를 위해 야별초를 조직하였다.
③ 교정도감이라는 기구를 처음 설치하였다.
④ 보현원에서 정변을 일으켜 정권을 장악하였다.

05 (가), (나) 제도가 시행된 나라의 지방 행정 제도에 대한 설명으로 옳은 것은?

(가) 응양군. 1령으로 군에는 정3품의 상장군 1인과 종3품의 대장군 1인을 두었으며, …… 정8품 산원 3인, 정9품의 위 20인, 대정은 40인을 두었다.

(나) 군사에 보인을 지급하는 데 차등이 있다. 장정 2인을 1보로 하고, 갑사에게는 2보를 지급한다. 기병, 수군은 1보 1정을 준다. 보병, 봉수군은 1보를 준다. 보인으로서 취재에 합격하면 군사가 될 수 있다.

① (가) - 모든 군현에 수령을 파견하였다.
② (가) - 국방상 요충지에 진을 설치하였다.
③ (나) - 각 군현에 경재소를 두어 유향소를 통제하였다.
④ (나) - 수령에게는 행정·사법권만이 있었고 군사권은 영장이 보유하였다.

06 다음 자료에 해당하는 나라에 대한 설명으로 옳은 것은?

항상 5월이면 씨 뿌리기를 마치고 귀신에게 제사를 지낸다. 떼를 지어 모여서 노래와 춤을 즐기며 술 마시고 노는데 밤낮을 가리지 않는다. 그 춤은 수십 명이 모두 일어나서 뒤를 따라가며 땅을 밟고 구부렸다 치켜들었다 하면서 손과 발로 서로 장단을 맞추는데, 그 가락과 율동은 중국의 탁무(鐸舞)와 유사하다.

① 벼농사의 발달로 저수지가 축조되었다.
② 10월에 무천이라는 제천 행사를 열었다.
③ 삼로라 불린 우두머리가 읍락을 다스렸다.
④ 특산물로 단궁, 과하마, 반어피가 유명하였다.

07 밑줄 친 '그림'이 그려진 시기의 문학에 대한 설명으로 옳지 않은 것은?

나는 궁궐에 몸을 기탁하여 밤낮으로 일에 몰두하고 있는 터에 어찌하여 산림에 이르는 꿈을 꾸었단 말인가? 그리고 또 어떻게 도원에까지 이를 수 있었단 말인가? …… 이에 가도(可度)로 하여금 그림을 그리게 하였다. 옛날부터 일컬어지는 도원이 진정 이와 같았을까? 뒷날 이 그림을 보는 사람들이 옛날 그림을 구하여 나의 꿈과 비교하게 되면 무슨 말이 있을 것이다. 꿈을 꾼 지 사흘째에 그림이 다 되었는지라 비해당의 매죽헌에서 이 글을 쓰노라.

① 『호산외기』와 같은 인물 전기집이 지어졌다.
② 최초의 한문 소설인 『금오신화』가 저술되었다.
③ 석가의 공덕을 찬양한 『월인천강지곡』이 편찬되었다.
④ 『필원잡기』, 『용재총화』와 같은 설화 문학이 유행하였다.

08 밑줄 친 '방책'에 해당하는 정책으로 옳은 것을 모두 고른 것은?

요즘 조선인 가운데 청년들이 일반적으로 광폭한 운동의 효과가 없음을 자각하고 점차 실력을 양성하여 일본의 속박에서 벗어나 독립을 회복하고자 힘쓰고 있는 것 같다. 그들이 근래 향학적 경향이 현저해져 가는 것, 또 지방 도처에 청년회가 설립되는 것, 이 같은 것이 이의 증거이다. …… 우리는 어떤 방책으로 이 경향을 이용해 오히려 이를 일선 병합의 대정신, 대이상인 일선동화로 돌아오게 할 수 있다.
— 사이토 마코토

㉠ 도 평의회와 부·면 협의회를 설치하였다.
㉡ 문관이 조선 총독부의 총독으로 부임하였다.
㉢ 언론, 집회, 결사의 자유를 제한적으로 허용하였다.
㉣ 헌병이 경찰을 지휘하며 일반 경찰 업무까지 간여하였다.

① ㉠, ㉢
② ㉠, ㉣
③ ㉡, ㉣
④ ㉢, ㉣

09 다음 ㉠~㉢에 들어갈 말을 바르게 나열한 것은?

삼국은 관등제를 실시하여 종래의 족장적 성격을 띤 다양한 세력 집단을 왕 아래에 하나의 체계로 조직함으로써 상하 관계를 이루었다. 고구려는 수상인 (㉠) 이하 10여 관등을 두었으며, 백제는 (㉡) 때에 왕 아래 좌평을 비롯한 16관등제를 정비하고 관리의 복색을 제정하였다. 한편 신라는 법흥왕 때 1등급 (㉢)에서 17등급 조위까지의 17관등제를 정비하였다.

	㉠	㉡	㉢
①	대대로	근초고왕	아찬
②	대대로	고이왕	이벌찬
③	대사자	근초고왕	이벌찬
④	대사자	고이왕	아찬

10 다음의 상황이 전개된 시기로 옳은 것은?

방금 남연군방의 차지중사가 아뢴 바를 들으니, 덕산의 묘지에 서양놈들이 침입하여 무덤을 훼손한 변고가 있었다고 하니 아주 놀랍고 황송한 일이다. 조정에서 임기응변의 계책을 세웠다가 도신의 장계가 올라오기를 기다려 논의하도록 하라.

(가)	(나)	(다)	(라)
고종 즉위	병인 박해	제너럴 셔먼호 사건	신미 양요	고종 친정 시작

① (가) ② (나)
③ (다) ④ (라)

11 다음과 같이 주장한 붕당에 대한 설명으로 옳은 것은?

소현이 세상을 일찍 뜨고 효종이 인조의 제2장자로서 종묘를 이었으니, 대왕대비께서 효종을 위하여 재최 3년을 입어야 할 것은 예제로 보아 의심할 것이 없는데, 지금 강등을 하여 기년복제로 한 것입니다. …… 지금 효종으로 말하면 대왕대비에게는 이미 적자이고 또 조계(祖階)를 밟아 왕위에 올라 존엄한 정체인데, 그의 복제에 있어서는 체이부정(體而不正)으로 3년을 입을 수 없는 자와 동등하게 되었으니, 어디에 근거를 둔 일인지 신으로서는 모를 일입니다.

① 이황의 학통을 계승하였다.
② 경신환국으로 정국을 주도하였다.
③ 갑인예송 때 9개월 설을 주장하였다.
④ 환국을 거치면서 노론과 소론으로 분열하였다.

12 다음 수취 제도가 만들어질 당시의 경제 생활로 옳은 것은?

각 도의 수전(水田), 한전(旱田)의 소출 다소를 자세히 알 수가 없으니, 공법(貢法)에서의 수세액을 규정하기가 어렵습니다. 지금부터는 전척(田尺)으로 측량한 매 1결에 대하여, 상상(上上)의 수전에는 몇 석을 파종하고 한전에서는 무슨 곡종 몇 두를 파종하여, 상상년에는 수전은 몇 석, 한전은 몇 두를 수확하며, 하하년에는 수전은 몇 석, 한전은 몇 석을 수확하는지, …… 각 관의 관둔전에서도 과거 5년간의 파종 및 수확의 다소를 위와 같이 조사하여 보고하도록 합니다.

① 시전에서 남초를 거래하였다.
② 훈련도감의 군인들이 난전에 가담하였다.
③ 일부 지역에서 벼와 보리의 이모작이 가능해졌다.
④ 밭을 논으로 바꾸는 현상이 활발하게 진행되었다.

13 (가)에 대한 설명으로 옳은 것은?

이동인이 와서 말하기를 "우리 정부는 열흘쯤 전에 중국의 제도를 모방하여 (가) 을/를 설치하였으며, 교린, 통상 등의 사(司)를 두고 영의정이 이를 통할한다. 당상(堂上) 몇 명이 각 과를 나누어 맡으며 관리 몇 명이 이에 종사한다."고 하였습니다. …… (가) 의 안에 사대·교린·군무·변정·기연·통상·이용·기계·군물·선함·전선·어학 등으로 12사(司)를 나눈 것과 주관하는 당상 12명과 당하관 24명 모두 그 이름을 들을 수 있었습니다.

① 14개조 혁신 정강을 공포하였다.
② 김홍집이 총재관으로 임명되었다.
③ 임오군란 직후 흥선 대원군에 의해 폐지되었다.
④ 전주 화약 이후 자주적 개혁을 추진하기 위해 설치되었다.

14 다음은 각 시대별 군사 제도와 관련된 내용이다. 시대 순으로 바르게 나열한 것은?

㉠ 지방군을 육군과 수군으로 나누어 영과 진에 배치하였다.
㉡ 중앙군으로 수도의 치안을 담당하는 금오위와 궁성의 문을 지키는 감문위 등이 있었다.
㉢ 방성에는 달솔의 관등을 가진 방령이 700~1,200명의 군대를 통솔하였다.
㉣ 황금서당은 고구려민으로, 흑금서당은 말갈민으로 구성하였다.

① ㉠ - ㉣ - ㉡ - ㉢
② ㉡ - ㉢ - ㉠ - ㉣
③ ㉢ - ㉣ - ㉡ - ㉠
④ ㉢ - ㉡ - ㉣ - ㉠

15 밑줄 친 '왕'의 재위 기간에 있었던 사실로 옳은 것은?

왕이 5월에 조서를 내리기를 "개경 내의 사람들이 역질에 걸렸으니 마땅히 구제도감을 설치하여 이들을 치료하고, 또한 시신과 유골은 거두어 묻어서 비바람에 드러나지 않게 할 것이며, 신하를 보내어 동북도와 서남도의 굶주린 백성을 진휼하라."라고 하였다.

① 이성계가 황산에서 왜구를 섬멸하였다.
② 국자감에 7재라는 전문 강좌를 개설하였다.
③ 문·무 관리에게 문산계를 처음 지급하였다.
④ 쌍기의 건의를 받아들여 과거제가 시행되었다.

16 밑줄 친 '이 단체'에 대한 설명으로 옳은 것은?

일제가 만주를 점령하여 만주에서 독립운동이 어려워지자 많은 독립군이 중국 관내로 이동하였다. 여러 독립운동가가 관내로 모이면서 독립운동의 방법과 사상 측면에서 갈등이 일어나 역량이 하나로 모이지 못하자 통일된 항일 전선을 만들려는 노력이 나타났고, 그 결과 1935년에 난징에서 이 단체가 결성되었다.

① 삼균주의를 바탕으로 한 강령을 발표하였다.
② 지청천, 조소앙의 독주로 김원봉이 탈퇴하였다.
③ 동북 항일 연군을 산하의 군사 조직으로 두었다.
④ 중·일 전쟁 발발 이후 조선 민족 전선 연맹으로 통합되었다.

17 시기별 남북한의 통일 외교 정책과 교류에 대한 설명으로 옳은 것은?

① 1970년대 - 남북 예술단 교환 공연이 이루어졌다.
② 1980년대 - 한민족 공동체 통일 방안이 제안되었다.
③ 1990년대 - 정부가 7·7 선언을 발표하였다.
④ 2000년대 - 정주영 현대그룹 회장이 소 떼를 이끌고 방북하였다.

18 다음 구호가 제시된 선거에 대한 설명으로 옳지 않은 것은?

○ 못살겠다. 갈아보자
○ 갈아봐도 소용없다, 구관이 명관이다.

① 무소속인 조봉암이 대통령 후보로 출마하였다.
② 대통령에 이승만, 부통령에 이기붕이 당선되었다.
③ 초대 대통령의 중임 제한이 철폐된 이후 치러진 선거였다.
④ 국민이 직접 선거에 참여하는 직접 선거의 방식으로 실시되었다.

19 다음 상황이 일어난 왕 대의 사실로 옳은 것은?

최명길이 마침내 국서를 가지고 비변사에서 다시 수정하였다. 예조판서 김상헌이 밖에서 들어와 그 글을 보고는 통곡하면서 찢어 버리고, 왕께 아뢰기를 "명분이 일단 정해진 뒤에는 적이 반드시 우리에게 군신의 의리를 요구할 것이니 성을 나가는 일을 면하지 못할 것입니다. …… 깊이 생각하소서."라고 하였다.

① 창덕궁 후원에 대보단을 설치하였다.
② 기유약조를 맺고 일본과의 무역을 허용하였다.
③ 공로 평가에 불만을 품은 이괄이 난을 일으켰다.
④ 청의 요구에 따라 조총 부대를 영고탑으로 파견하였다.

20 다음 강령을 내세운 단체에 대한 설명으로 옳지 않은 것은?

○ 우리는 완전한 독립 국가의 건설을 기함
○ 우리는 전 민족의 정치적, 경제적, 사회적 기본 요구를 실현할 수 있는 민주주의적 정권의 수립을 기함
○ 우리는 일시적 과도기에 있어서 국내 질서를 자주적으로 유지하며 대중 생활의 확보를 기함

① 여운형이 위원장으로 활동하였다.
② 미 군정청의 적극적인 지원 아래 조직되었다.
③ 광복 직전 조직된 조선 건국 동맹이 모태가 되었다.
④ 각지에 인민 위원회를 조직하여 자치적으로 행정과 치안을 담당하였다.

10회 핵심 키워드 마무리 체크

☑ 빈칸에 들어갈 알맞은 키워드를 골라 채워보세요.

최충헌	동예	한인 애국단	서인
쌍기	의열단	금오신화	후고구려
통리기무아문	인조	조봉암	예종
효종	군국기무처	조선 건국 준비 위원회	문화 통치

선사~조선 후기

01 ____는 10월에 무천이라는 제천 행사를 열었다.

02 _____는 9관등제를 실시하고 광평성과 같은 관서를 두었다.

03 광종 때는 ____의 건의를 받아들여 과거제가 시행되었다.

04 고려 ____ 때는 국자감에 7재라는 전문 강좌를 개설하였다.

05 _____은 교정도감이라는 기구를 처음 설치하였다.

06 조선 전기에는 최초의 한문 소설인 「_____」가 저술되었다.

07 ____은 갑인예송 때 9개월 설을 주장하였다.

08 ____ 때는 공로 평가에 불만을 품은 이괄이 난을 일으켰다.

09 ____ 때는 청의 요구에 따라 조총 부대를 영고탑으로 파견하였다.

근대~현대

10 _____은 임오군란 직후 흥선 대원군에 의해 폐지되었다.

11 _____는 김홍집이 총재관으로 임명되었다.

12 _____ 시기에는 도 평의회와 부·면 협의회를 설치하였다.

13 _____은 단원 일부가 황푸 군관 학교에 입학해 군사 훈련을 받았다.

14 _____의 단원인 이봉창이 도쿄에서 일본 국왕을 향해 폭탄을 투척하였다.

15 _____는 광복 직전 조직된 조선 건국 동맹이 모태가 되었다.

16 제3대 대통령 선거에서는 무소속인 _____이 대통령 후보로 출마하였다.

정답 | 01 동예 02 후고구려 03 쌍기 04 예종 05 최충헌 06 금오신화 07 서인 08 인조 09 효종 10 통리기무아문 11 군국기무처 12 문화 통치 13 의열단 14 한인 애국단 15 조선 건국 준비 위원회 16 조봉암

11회 실전동형모의고사

제한시간 : 15분 시작 시 분 ~ 종료 시 분 점수 확인 개/ 20개

01 다음은 대한민국 헌법의 주요 내용이다. (가)~(다)를 제정된 시기순으로 바르게 나열한 것은?

> (가) 대통령은 국민의 보통·평등·직접·비밀 선거에 의하여 선출하되, 최고 득표자가 2인 이상일 경우 국회의 재적 의원 과반수가 출석한 공개 회의에서 다수표를 얻은 자를 당선자로 하며, 임기는 5년으로 중임할 수 없다.
> (나) 대통령은 천재지변 또는 중대한 재정·경제상의 위기에 처하거나, 국가의 안전 보장 또는 공공의 안녕·질서가 중대한 위협을 받거나 받을 우려가 있어 신속한 조치를 할 필요가 있다고 판단할 경우 긴급 조치를 할 수 있다.
> (다) 대통령은 대통령 선거인단에서 무기명 투표로 선거한다. 대통령 선거인단은 보통·평등·직접·비밀 선거에 의하여 선출된 대통령 선거인으로 구성하되, 5,000인 이상으로 한다. …… 대통령의 임기는 7년으로 하며, 중임할 수 없다.

① (가) – (나) – (다)
② (나) – (가) – (다)
③ (나) – (다) – (가)
④ (다) – (나) – (가)

02 조선 후기 설치된 5군영에 대한 설명으로 옳지 않은 것은?

① 총융청은 서울과 경기 지역을 방어하기 위하여 설치되었다.
② 수어청은 남한산성을 중심으로 경기 남부 지역을 방어하였다.
③ 훈련도감은 급료를 지급받는 일종의 직업 군인으로 구성되었다.
④ 어영청은 정초군과 훈련별대로 구성되었으며 국왕을 호위하였다.

03 고려의 형률 제도에 대한 설명으로 옳은 것을 모두 고른 것은?

> ㉠ 반역죄와 불효죄는 중죄로 처벌하였다.
> ㉡ 행정과 사법이 명확하게 분리되어 있었다.
> ㉢ 대부분의 형벌에는 『대명률』을 적용하였다.
> ㉣ 재산을 바쳐 형벌을 대신하거나 감면을 받을 수 있었다.

① ㉠, ㉡
② ㉠, ㉣
③ ㉡, ㉢
④ ㉢, ㉣

04 다음 자료와 관련된 나라에 대한 설명으로 옳은 것은?

> 서로 죽이면 그때에 곧 죽인다. 서로 상하게 하면 곡식으로 배상하게 한다. 도둑질을 한 자는 남자는 그 집의 가노(家奴)로 삼고 여자는 비(婢)로 삼는다. 노비에서 벗어나기를 원하는 자는 50만 전을 내야 한다.

① 왕 밑에 상, 대부, 장군 등의 관직을 두었다.
② 일종의 매매혼인 민며느리제의 혼인 풍속이 있었다.
③ 다른 부족의 영역을 침범하면 노비나 소, 말로 변상하였다.
④ 아이가 태어나면 돌로 머리를 눌러 납작하게 하는 풍습이 있었다.

05 (가)와 (나) 시기 사이에 일어난 사실로 옳은 것은?

(가) 태왕 전하께서 덕수궁 함녕전에서 승하하셨다. 다음날 복(復)을 행하였다. 왕세자가 동경에서 돌아와 상복을 입고 머리를 풀었으며, 이후 국장을 행하였다. 묘호는 고종, 신종, 경종 중 첫 번째 것으로 올렸으며 3일간 전국의 가무와 음곡은 정지하고, 장례를 행하는 당일에는 조회를 멈추었다.

(나) 왕 전하의 환후가 위중하여 왕세자 부부와 덕혜 옹주가 유럽 방문을 멈추고 경성으로 돌아왔다. 이강 공과 후작 박영효 등이 곁에서 함께 모시며 병세를 돌보았다. 25일 창덕궁 대조전에서 승하하셨는데, 장관이 묘호의 후보로 순종, 경종, 성종 등을 올리니 그중에 첫째를 올리게 하였다.

① 창씨개명을 시행하였다.
② 치안 유지법이 제정되었다.
③ 조선식산은행이 설립되었다.
④ 통리기무아문을 설치하였다.

06 밑줄 친 '그'에 대한 설명으로 옳은 것은?

그는 불교 이외의 학문에도 해박하였으며, 향가 형식의 보현십원가를 지어 일반 백성들이 공덕을 닦을 수 있도록 대중 교화에 힘을 쏟았다.

① 성상융회를 주창하였다.
② 유불 일치설을 주장하였다.
③ 법안종을 중심으로 선종을 정리하였다.
④ 원나라에서 임제종을 들여와 전파시켰다.

07 ㉠~㉣ 인물에 대한 설명으로 옳은 것은?

고종 21년 10월, 서광범을 협판교섭사무로 승진케 하였다. ㉠김옥균은 혜상공국 당상에 호조 참판으로 삼고, 판서를 대신하게 하였다. 홍영식은 의정부 우의정에 좌우영사로, ㉡박영효는 전후영사로 삼고, ㉢김홍집은 한성부 판윤으로, ㉣김윤식은 예조 판서로, 윤웅렬을 형조 판서로 삼았다.

① ㉠ - 동도서기론을 주장하였다.
② ㉡ - 아관 파천을 주도하였다.
③ ㉢ - 일본에서 『조선책략』을 들여왔다.
④ ㉣ - 우정총국의 초대 총판을 역임하였다.

08 다음 사건 이후에 있었던 사실로 옳지 않은 것은?

왕이 보현원에 행차하였다. 어가가 보현원에 이르렀을 때 이고가 이의방과 함께 순검군을 이끌고 임종식, 이복기, 한뢰 등을 죽였다. 상장군 정중부가 사태를 지휘하여 왕을 환궁시켰으나, 얼마 뒤에 왕을 폐위한 뒤 거제현으로 유배하고, 익양공을 옹립하더니 마침내 정권을 장악하고 국사를 전횡하였다.

① 서경에 대화궁이 건립되었다.
② 망이·망소이의 난이 일어났다.
③ 사회 개혁안인 봉사 10조가 제시되었다.
④ 『상정고금예문』이 금속 활자로 인쇄되었다.

09 다음 사건이 일어난 정부 시기의 경제 정책으로 옳은 것은?

판문점 공동 경비 구역 안에서 미루나무 벌채 작업을 하고 있던 한국인 노동자와 유엔군에게 북한군들은 작업을 중지할 것을 경고하였다. 그러나 벌채 작업이 지속되자 북한군은 유엔군을 공격하였고, 이 과정에서 미군 장교 2명이 사망하였고, 한국군 장교 1명과 사병 4명, 미군 사병 4명이 부상을 당하였다.

① 금 모으기 운동을 전개하였다.
② 한·미 경제 조정 협정을 체결하였다.
③ 제분, 제당, 면방직의 삼백 산업을 육성하였다.
④ 마산과 익산을 수출 자유 무역 지역으로 선정하였다.

10 밑줄 친 '이 기구'에 대한 설명으로 옳은 것은?

이 기구는 시정을 논하여 바르게 이끌고, 모든 관원을 살피며, 풍속을 바로잡고, 원통하고 억울한 일을 밝히며, 건방지고 거짓된 행위를 금하는 등의 일을 맡는다. - 「경국대전」

① 옥당이라 불리기도 하였다.
② 국왕 직속의 사법 기구였다.
③ 기구의 수장은 정3품 대사간이었다.
④ 고려의 어사대와 유사한 임무를 맡았다.

11 (가) 왕에 대한 설명으로 옳은 것은?

(가) 은/는 노회한 고명대신들이 어린 임금을 멸시하며 정사를 좌우한다는 명분으로 정변을 일으켜 영의정 황보인, 좌의정 김종서, 우의정 정분 등을 모두 참살하였다. 이후 (가) 은/는 스스로 영의정이 되고 이조와 병조의 판서를 겸하여 정권을 장악하였고, 끝내는 조카에게 양위를 받아 왕위에 올랐다.

① 신문고를 처음 설치하였다.
② 6조 직계제를 실시하였다.
③ 성균관에 존경각을 설치하였다.
④ 연분 9등법과 전분 6등법을 제정하였다.

12 다음 선언을 계기로 설립된 단체에 대한 설명으로 옳은 것은?

민족주의적 세력에 대해서는 그 부르주아 민주주의적 성질을 명백하게 인식하는 한편 우리와 과정적 동맹을 맺을 수 있음을 충분히 인정하여, 그것이 타락한 형태로 나타나지 않는 것을 전제로 해서 적극적으로 제휴하여 대중의 개량적인 이익을 위해서도 이전의 소극적인 태도를 버리고 분연히 싸워야 할 것이다.

㉠ 3·1 운동을 전국으로 확산시켰다.
㉡ 최저 임금제의 실시를 요구하였다.
㉢ 기회주의를 부인하고, 정치적·경제적 각성을 촉진하였다.
㉣ 브나로드 운동이라는 농촌 계몽 운동을 전개하였다.

① ㉠, ㉡
② ㉠, ㉢
③ ㉡, ㉢
④ ㉡, ㉣

13 (가) 나라에 대한 설명으로 옳은 것은?

　　(가) 은/는 사람을 쓸 때 으레 종실의 일가붙이를 우선으로 세웠다. 왕가의 사람들은 스스로 제1골과 제2골이라 하여 다른 이들과 구별 지었는데, 결혼을 할 때면 모두 같은 집안의 여인을 아내로 들였다. 그리하여 왕족인 제1골은 아내도 역시 제1골이며, 사이에 자식을 낳으면 역시 제1골이 된다. …… 관직으로는 재상 아래로 17개 등급을 두었다.

① 10위의 중앙군이 수도를 경비하였다.
② 중앙 관청을 22개 부서로 정비하였다.
③ 상대등이 주관하는 회의 기구가 있었다.
④ 정당성의 장관인 대내상이 국정을 총괄하였다.

14 (가) 사절단에 대한 설명으로 옳은 것은?

S#20 경복궁 내전

고종: (가) 이/가 돌아왔구나. 그대들이 보고 들은 경험담을 듣고 싶구나
민영익: 예, 폐하. 우선 조선에 공사를 파견한 것에 대한 답례 서신은 그 나라의 지도자에게 전달하였습니다. 이후 그들의 발전된 철도와 산업 시설을 보고 많은 것을 배웠습니다.
유길준: 맞습니다. 저희는 보스턴 만국 박람회에 참관하여 조선의 발전에 큰 도움이 될만한 신문물을 보고 왔으며, 그들의 군사력과 경제력을 직접 눈으로 확인하고 왔습니다.

① 귀국 후에 기기창의 설립에 기여하였다.
②『조선책략』을 들여와 국내에 소개하였다.
③ 보고 들은 내용을『해동제국기』로 남겼다.
④ 조선에서 서양 국가에 파견한 최초의 사절단이다.

15 다음 주장을 한 인물에 대한 설명으로 옳은 것은?

　　땅이 많은 자는 빼앗아 줄이지 않고 모자라는 자도 더 주지 않는다. 돈이 있어 사고자 하는 자는 비록 1,000결이라도 허락해 준다. …… 오직 영업전 몇 부 안에서 사고파는 것만을 철저히 살핀다. …… 사는 자는 다른 사람의 영업전을 빼앗은 죄로 다스리고, 판매한 자 역시 몰래 판 것을 다스리며, 구입한 자는 값을 따지지 않고 그 땅을 다시 돌려준다.

① 화폐의 사용을 중지하자는 폐전론을 주장하였다.
② 농촌 생활 백과사전인『임원경제지』를 저술하였다.
③『북학의』에서 소비를 권장하여 생산을 촉진하자고 주장하였다.
④『기언』을 통해 왕과 6조의 기능을 강화해야 한다고 주장하였다.

16 밑줄 친 '대장경'에 대한 설명으로 옳은 것을 모두 고른 것은?

　　왕이 강화 도성 서문 밖의 대장경판당에 행차하여 백관을 거느리고 분향하였다. 현종 때의 대장경 판본은 임진년에 적군에 의해 불타버렸으므로 왕과 신하들이 다시 발원하여 도감을 세웠는데, 16년에 걸친 대장경 조판의 공역을 이때에 마쳤다.

㉠ 대구 부인사에 보관되었다.
㉡ 최우 집권기에 제작되기 시작하였다.
㉢ 유네스코 세계 기록유산으로 등재되었다.
㉣ 거란의 침입을 물리치기 위해 제작되었다.

① ㉠, ㉡
② ㉠, ㉣
③ ㉡, ㉢
④ ㉢, ㉣

17 (가) 왕의 업적으로 옳은 것은?

> [(가)] 이/가 군사 3만 명을 이끌고 한성을 포위하였다. 왕은 성문을 닫고 나가 싸우지 않았다. 고구려인이 군사를 네 방향으로 나누어 협공하였고, 또한 바람을 타고 불을 놓아 성문을 불태웠다. 성내의 백성들이 불안해하며 나가서 항복하려는 자도 있었다. 왕은 곤궁하여 어찌할 바를 모르다가, 기병 수십을 거느리고 성문을 나가 서쪽으로 도망쳤다. 고구려인이 쫓아가 왕을 살해하였다.

① 태학을 설립하였다.
② 낙랑군을 점령하였다.
③ 평양으로 수도를 옮겼다.
④ 영락이라는 연호를 사용하였다.

18 다음 조약이 체결된 이후에 일어난 사실로 옳은 것은?

> 제1조 한국 정부는 시정 개선에 관하여 통감의 지도를 받을 것.
> 제4조 한국 고등 관리의 임면은 통감의 동의로써 이를 행할 것.
> 제5조 한국 정부는 통감이 추천하는 일본인을 한국 관리에 고용할 것.

① 고종이 강제로 퇴위되었다.
② 경의선 철도가 개통되었다.
③ 화폐 정리 사업이 시작되었다.
④ 남한 대토벌 작전이 전개되었다.

19 (가)~(라)를 시기순으로 바르게 나열한 것은?

> (가) 지청천이 쌍성보 전투에서 일본군을 격퇴하였다.
> (나) 임병찬은 고종의 밀지를 받아 독립 의군부를 조직하였다.
> (다) 대한 독립 군단이 일제의 탄압을 피해 러시아령 자유시로 이동하였다.
> (라) 대한민국 임시 정부가 대일 선전 포고문을 발표하였다.

① (가) - (나) - (다) - (라)
② (가) - (다) - (라) - (나)
③ (나) - (다) - (가) - (라)
④ (나) - (가) - (다) - (라)

20 (가)에 대한 설명으로 옳은 것은?

> 모스크바 삼상 회의에서 결정한 사항에 따라 조선 임시 민주 정부 조직을 준비하기 위해 구성된 [(가)] 이/가 덕수궁 석조전에서 출범하였다. 조선의 진로를 좌우하는 중대한 관건을 쥐고 있는 만큼 조선의 민중들에게 큰 주목을 받고 있다.

① 여운형과 김규식 등을 중심으로 결성되었다.
② 반공을 국시로 내건 혁명 공약을 발표하였다.
③ 국외 거주 동포에게 독립 공채를 발행하였다.
④ 임시 정부 수립을 위한 협의 대상을 선정하는 문제로 논쟁하였다.

11회 핵심 키워드 마무리 체크

☑ 빈칸에 들어갈 알맞은 키워드를 골라 채워보세요.

고조선	세조	신간회	독립 의군부
이익	평양	균여	금 모으기 운동
신라	쌍성보 전투	수어청	보빙사
김홍집	박정희 정부	훈련도감	사헌부

선사~조선 후기

01 _____에서는 왕 밑에 상, 대부, 장군 등의 관직을 두었다.

02 장수왕은 ____으로 수도를 옮겼다.

03 ____에는 상대등이 주관하는 회의 기구가 있었다.

04 ____는 성상융회를 주창하였다.

05 ____는 6조 직계제를 실시하였다.

06 _____는 고려의 어사대와 유사한 임무를 맡았다.

07 _____은 급료를 지급받는 일종의 직업 군인으로 구성되었다.

08 _____은 남한산성을 중심으로 경기 남부 지역을 방어하였다.

09 ____은 화폐의 사용을 중지하자는 폐전론을 주장하였다.

근대~현대

10 _____은 일본에서 『조선책략』을 들여왔다.

11 _____는 조선에서 서양 국가에 파견한 최초의 사절단이다.

12 임병찬은 고종의 밀지를 받아 _____를 조직하였다.

13 _____는 기회주의를 부인하고, 정치적·경제적 각성을 촉진하였다.

14 지청천이 _____에서 일본군을 격퇴하였다.

15 _____ 때 마산과 익산을 수출 자유 무역 지역으로 선정하였다.

16 김대중 정부 때 _____을 전개하였다.

정답 | 01 고조선 02 평양 03 신라 04 균여 05 세조 06 사헌부 07 훈련도감 08 수어청 09 이익 10 김홍집 11 보빙사 12 독립 의군부 13 신간회 14 쌍성보 전투 15 박정희 정부 16 금 모으기 운동

12회 실전동형모의고사

01 (가) 지역에 대한 탐구 주제로 옳은 것은?

■ USER: (가) 지역의 명칭 변화 주요 유적들을 간략하게 설명해줘
■ AI:
1. (가) 지역의 명칭 변화는 다음과 같습니다.
(가) 은/는 삼한 시대에는 마한의 영토였으며, 백제가 영유하면서 완산이라고 불렸습니다. 신라가 통일한 이후에는 신문왕 때 완산주로 설치되었으며 경덕왕 때 주군현의 명칭이 바뀔 때 현재의 명칭인 (가) (으)로 바뀌었습니다.
2. 다음은 (가) 지역의 주요 유적들입니다.
▶ 동고산성: 후백제 견훤이 사용한 왕도의 궁성·방어성
▶ 경기전: 조선 태조 이성계의 초상화를 모신 곳
▶ 전동 성당: 일제 강점기에 준공된 천주교 성당

① 고구려 멸망 이후 보덕국이 세워진 곳을 파악한다.
② 유계춘이 백낙신의 수탈에 맞서 봉기한 지역을 검색한다.
③ 방호별감을 역임하고 있던 김윤후의 몽골군 격퇴 과정을 알아본다.
④ 동학 농민 운동 당시 정부와 농민군이 화약을 체결한 곳을 알아본다.

02 밑줄 친 '이 나라'의 경제에 대한 설명으로 옳지 않은 것은?

이 나라는 영주에서 동쪽으로 2천 리 밖에 위치하며 …… 동쪽은 멀리 바다에 닿았고, 서쪽으로는 거란이 있었다. …… 귀하게 여기는 것에는 태백산의 토끼, 남해부의 곤포(다시마), 책성부의 된장, 솔빈부의 말, 위성의 철, 미타호의 붕어 등이 있다.

① 콩, 보리 등을 재배하는 밭농사 중심이었다.
② 모피, 인삼, 불상, 자기 등을 당에 수출하였다.
③ 금속 가공업과 직물업, 도자기업 등이 발달하였다.
④ 일본과는 서경 압록부를 통해 여러 차례 사신들이 왕래하였다.

03 밑줄 친 '왕' 재위 시기의 사실로 옳은 것은?

왕이 말하기를, "그렇다면 짐을 위해 백성을 편안히 다스릴 노래를 지어주시오."라고 하니, 승려 충담이 즉시 칙명을 받들어 안민가라는 노래를 지었다. 왕이 그를 아름답게 여겨 왕사로 봉하니, 승려는 두 번 절하고 굳이 사양하며 받지 않았다.

① 영묘사를 창건하였다.
② 달구벌로 천도를 시도하였다.
③ 『백관잠』을 지어 관리들에게 제시하였다.
④ 중앙 관서의 관직명을 중국식으로 바꾸었다.

04 다음 중 유네스코 세계 기록유산에 등재된 문화재로 바르게 연결된 것은?

① 『삼국사기』-『직지심체요절』- 한국의 유교 책판
② 『승정원일기』-『난중일기』- 4·19 혁명 기록물
③ 『의궤』-『목민심서』- 동학 농민 운동 기록물
④ 『조선왕조실록』-『비변사등록』- 조선 왕실의 어보와 어책

05 밑줄 친 '이 석탑'이 건립된 왕 대의 사실로 옳은 것은?

국보로 지정된 이 석탑은 현존하는 신라 석탑 중 가장 오래되었다. 이 석탑에는 인왕상·석사자 등이 새겨져 있으며, 현재는 일부 층만 남아 있으나 원래는 7층 혹은 9층이었을 것으로 추측된다.

① 황룡사를 창건하였다.
② 상원사 동종을 주조하였다.
③ 첨성대를 건립하여 천체를 관측하였다.
④ 김대성의 발원으로 석굴암이 건립되었다.

06 밑줄 친 '왕'의 업적으로 옳은 것을 모두 고른 것은?

권신이 대상(大相) 준홍(俊弘)과 좌승(佐丞) 왕동(王同) 등이 반역을 꾀한다고 참소하자 이들을 내쫓았다. …… 시기함이 날로 심해져 왕실 종족도 많이 보호받지 못하였으며, 비록 왕의 외아들이라도 의심을 받아 왕을 가까이하지 못하였다.

㉠ 호족 세력을 약화시키기 위해 노비안검법을 시행하였다.
㉡ 불법을 배우는 사람들을 위해 광학보를 설치하였다.
㉢ 국가 수입의 증대를 위해 주현공부법을 실시하였다.
㉣ 지방에 경학 박사와 의학 박사를 파견하였다.

① ㉠, ㉡
② ㉠, ㉢
③ ㉡, ㉢
④ ㉢, ㉣

07 조선 전기의 가족 제도에 대한 설명으로 옳은 것을 모두 고른 것은?

㉠ 제도적으로 적서 차별을 규정하였다.
㉡ 제사로 윤회 봉사, 외손 봉사 등이 행해졌다.
㉢ 동성 마을이 많아지고 부계 중심의 족보가 편찬되었다.
㉣ 혼인 후 남자 집에서 생활하는 친영 제도가 일반화되었다.

① ㉠, ㉡
② ㉠, ㉢
③ ㉡, ㉣
④ ㉢, ㉣

08 고려 시대의 역사서에 대한 설명으로 옳지 않은 것은?

① 박인량이 편찬한 『고금록』은 현존하는 가장 오래된 역사서이다.
② 김관의는 『편년통록』을 편찬하여 태조 왕건의 가계를 서술하였다.
③ 국가 주도 하에 『고려실록』이 편찬되었으나 현존하지 않는다.
④ 각훈은 『해동고승전』을 지어 삼국 시대 이래의 승려들의 전기를 정리하였다.

09 다음 법령이 시행된 시기에 일제가 시행한 정책으로 옳은 것을 모두 고른 것은?

> 제1조 3개월 이하의 징역 또는 구류에 처해야 하는 자는 상황에 따라 태형에 처할 수 있다.
> 제2조 100원 이하의 벌금 또는 과료에 처해야 하는 자가 다음 각 호의 하나에 해당하는 경우에는 상황에 따라 태형에 처할 수 있다.
> ……
> 제13조 이 영은 조선인에게만 적용한다.

> ㉠ 광산 개발을 통제하기 위해서 조선 광업령을 공포하였다.
> ㉡ 조선일보와 동아일보 등의 우리말 신문을 폐간하였다.
> ㉢ 농촌 사회를 통제하기 위해 농촌 진흥 운동을 전개하였다.
> ㉣ 관리는 물론 교사도 제복을 입고 칼을 차게 하였다.

① ㉠, ㉢
② ㉠, ㉣
③ ㉡, ㉢
④ ㉢, ㉣

10 (가), (나) 자료와 관련된 설명으로 옳지 않은 것은?

> (가) 신은 아직도 오늘날 화친하려는 일이 그르다고 생각하지 않습니다. 화친을 맺어 국가를 보존하는 것보다 차라리 의를 지켜 망하는 것이 옳다고 하였으나, 이것은 신하가 절개를 지키는 데 쓰이는 말입니다.
> (나) 화의가 나라를 망친 것은 어제 오늘의 일이 아닙니다. 옛날부터 그러하였으나, 오늘날처럼 심한 적은 없었습니다. 명은 우리나라에는 부모의 나라입니다. (신하 된 자로서) 부모의 원수와 형제의 의를 맺고 부모의 은혜를 저버릴 수 있겠습니까?

① 청이 조선에 군신 관계를 요구한 것에 대한 논의이다.
② 조선에서 (나)의 주장이 우세해지자 청이 조선에 침입하였다.
③ (가)의 주장에 동조한 이들은 복수설치(復讐雪恥)를 주장하였다.
④ (나)를 주장한 삼학사(三學士)는 소현 세자와 함께 심양으로 잡혀갔다.

11 다음 사건의 영향을 받아 일어난 역사적 사실로 옳은 것은?

> 경연에서 정철이 먼저, "세자를 세워야 한다."는 의논을 꺼내자 임금이 크게 노하니, 영상 이산해는 벙어리처럼 아무 말 없이 움츠리었고, 유성룡도 한 마디 말도 하지 않았는데, 다만 부제학 이성중과 대사간 이해수가 아뢰기를, "이 일은 정철만이 홀로 하는 말이 아니라 신 등도 모두 같이 의논한 것입니다." 하였다. 정철은 이때부터 선조에게 미움을 크게 받았다.

① 사화(士禍)가 발생하였다.
② 인조반정으로 서인이 집권하였다.
③ 동인이 남인과 북인으로 분당되었다.
④ 사림이 동인과 서인으로 분화되었다.

12 다음 조약 체결에 반발하여 일어난 의병에 대한 설명으로 옳은 것은?

> 제1조 일본국 정부는 도쿄에 있는 외무성을 통하여 금후 한국의 외국과의 관계 및 사무를 관리감독·지휘하고, 일본국의 외교 대표자 및 영사는 외국에 있는 한국의 신민 및 그 이익을 보호한다.
> 제2조 일본국 정부는 한국과 타국 사이에 현존하는 조약의 실행을 완수하는 책임을 지며 한국 정부는 금후 일본국 정부의 중개를 거치지 않고서는 국제적 성질을 가진 어떠한 조약이나 약속을 하지 않을 것을 약속한다.

① 전직 관리인 민종식이 홍주성을 점령하였다.
② 고종의 해산 권고 조칙으로 인해 자진 해산하였다.
③ 각국 영사관에 교전 단체로 인정해 줄 것을 요구하였다.
④ 유인석, 이소응 등 위정척사 사상을 가진 유생들이 주도하였다.

13 (가)~(라) 시기에 있었던 사실로 옳은 것은?

	(가)		(나)		(다)		(라)	
임오군란		청·일 전쟁 발발		아관파천		러·일 전쟁 발발		국권 피탈

① (가) - 국내 자본에 의해 한성은행이 설립되었다.
② (나) - 함경도 관찰사 조병식이 곡물 수출을 막는 방곡령을 내렸다.
③ (다) - 종로의 백목전 상인들과 관료들이 합작하여 종로 직조사를 설립하였다.
④ (라) - 보부상들을 보호할 목적으로 혜상공국이 설치되었다.

14 다음 주장을 한 인물에 대한 설명으로 옳은 것은?

> 지금 우리나라에는 금이나 은을 가지고 가게에 들어가도 떡조차 살 수 없다. 이것은 검소한 풍속 때문인가? 아니다. 물건을 이용하는 방법을 모르기 때문이다. 이용할 줄 모르니 생산할 줄 모르고, 생산할 줄 모르니 백성들이 나날이 궁핍해지는 것이다.

① 『청장관전서』를 편찬하여 문화 인식의 폭을 확장시켰다.
② 『우서』에서 사농공상의 직업적 평등과 전문화를 주장하였다.
③ 청나라와의 통상을 강화하기 위해 무역선을 활용할 것을 건의하였다.
④ 『아방강역고』를 통해 백제의 첫 도읍지가 서울이라는 것을 고증하였다.

15 (가) 조약이 체결된 이후의 사실로 옳은 것은?

> (가) 을/를 좋은 기회로 만주의 관료들이 독립군 체포에 전력하게 되었으니 독립군은 물론이고 일반 농민들까지 안심하고 살 수가 없었다. …… 만주 관료들 중에는 때때로 죄 없는 백의민족 농민을 잡아다가 목을 잘라 독립군을 잡아 왔다고 보상금을 받는 참극도 있었다.

① 간도 참변이 일어났다.
② 중광단이 북로 군정서군으로 개편되었다.
③ 김지섭이 도쿄 궁성 이중교에 폭탄을 투척하였다.
④ 일제가 만주 사변을 일으키고 만주국을 수립하였다.

16 미 군정기에 발생한 사실로 옳은 것을 모두 고른 것은?

> ㉠ 부족한 경찰력을 지원하기 위해 남조선 국방 경비대가 창설되었다.
> ㉡ 한국은행의 설립과 운영에 관한 법률인 한국은행법이 제정되었다.
> ㉢ 소작료가 총 수확물의 1/3을 넘을 수 없도록 하는 법령을 공포하였다.
> ㉣ 친일 혐의를 받은 박흥식, 노덕술, 이광수 등에게 구속 영장을 발부하였다.

① ㉠, ㉢
② ㉡, ㉣
③ ㉠, ㉣
④ ㉡, ㉢

17. 밑줄 친 '왕'의 업적으로 옳은 것은?

> 동옥저를 정벌하여 그 땅을 취하고 성읍을 만들며 국경을 개척하였는데, 동으로는 창해(동해)에 이르고 남으로는 살수에 이르렀다. …… 왕이 군사를 일으켜 요동 서안평을 습격하고, 대방령을 죽이고 낙랑 태수의 처자를 잡아 왔다.

① 수도를 졸본에서 국내성으로 옮겼다.
② 숙신과 비려를 정벌하여 만주 일대를 차지하였다.
③ 계루부 고씨가 왕위를 독점적으로 세습하도록 하였다.
④ 부족적 전통을 지닌 5부를 행정적 성격으로 개편하였다.

18. 다음은 우리나라가 일본과 맺은 조약의 내용이다. 순서대로 바르게 나열한 것은?

> ㉠ 조선의 항구에 거주하는 일본인은 쌀과 잡곡을 수출할 수 있으며, 일본 정부에 소속된 선박들은 항세를 내지 않는다.
> ㉡ 일본국 국민이 조선국 항구에서 죄를 지었거나 조선국 인민에게 관계되는 사건은 모두 일본국 관원이 심판한다.
> ㉢ 부산·원산·인천 각 항의 간행이정을 사방 50리로 확장하고, 2년 후 다시 각 100리로 할 것.
> ㉣ 일본 상인에 대한 최혜국 대우를 인정한다.

① ㉠ - ㉡ - ㉢ - ㉣
② ㉠ - ㉢ - ㉡ - ㉣
③ ㉡ - ㉠ - ㉢ - ㉣
④ ㉡ - ㉠ - ㉣ - ㉢

19. 밑줄 친 '정부' 시기의 경제 상황으로 옳은 것은?

> 오늘 우리는 그렇게도 애타게 바라던 문민 민주주의의 시대를 열기 위하여 이 자리에 모였습니다. 오늘을 맞이하기 위해 30년의 세월을 기다려야 했습니다. 마침내 국민에 의한, 국민의 정부를 이 땅에 세웠습니다. 오늘 탄생되는 정부는 민주주의에 대한 국민의 불타는 열망과 거룩한 희생으로 이루어졌습니다.

① 수출 100억 달러를 달성하였다.
② 포항에 제철 공업 단지를 조성하였다.
③ 저금리, 저유가, 저달러의 3저 호황이 있었다.
④ 경제 개발 협력 기구(OECD) 회원국으로 가입하였다.

20. 대한민국 정부 수립 이전에 일어난 사건으로 옳은 것을 모두 고른 것은?

> ㉠ 제주 4·3 사건
> ㉡ 국민 방위군 사건
> ㉢ 중앙 토지 행정처 설립
> ㉣ 여수·순천 10·19 사건

① ㉠, ㉡
② ㉠, ㉢
③ ㉡, ㉣
④ ㉢, ㉣

12회 핵심 키워드 마무리 체크

☑ 빈칸에 들어갈 알맞은 키워드를 골라 채워보세요.

광종	선덕 여왕	을사의병	태조왕
유수원	종로 직조사	조선 광업령	해동고승전
농촌 진흥 운동	혜상공국	유리왕	을미의병
박제가	미 군정기	김영삼	경덕왕

선사~조선 후기

01 _____은 수도를 졸본에서 국내성으로 옮겼다.

02 _____은 계루부 고씨가 왕위를 독점적으로 세습하도록 하였다.

03 _____ 때 첨성대를 건립하여 천체를 관측하였다.

04 _____ 때 중앙 관서의 관직명을 중국식으로 바꾸었다.

05 _____은 호족 세력을 약화시키기 위해 노비안검법을 시행하였다.

06 각훈은 「_____」을 지어 삼국 시대 이래의 승려들의 전기를 정리하였다.

07 _____은 『우서』에서 사농공상의 직업적 평등과 전문화를 주장하였다.

08 _____는 청나라와의 통상을 강화하기 위해 무역선을 활용할 것을 건의하였다.

근대~현대

09 보부상들을 보호할 목적으로 _____이 설치되었다.

10 _____ 때 전직 관리인 민종식이 홍주성을 점령하였다.

11 종로의 백목전 상인들과 관료들이 합작하여 _____를 설립하였다.

12 _____은 고종의 해산 권고 조칙으로 인해 자진 해산하였다.

13 일제는 1915년에 광산 개발을 통제하기 위해서 _____을 공포하였다.

14 일제는 농촌 사회를 통제하기 위해 _____을 전개하였다.

15 _____에 부족한 경찰력을 지원하기 위해 남조선 국방 경비대가 창설되었다.

16 _____ 정부 시기에 경제 개발 협력 기구(OECD) 회원국으로 가입하였다.

13회 실전동형모의고사

제한시간: 15분 시작 시 분~종료 시 분 점수 확인 개/ 20개

01 다음 유적이 형성된 시대에 대한 설명으로 옳은 것은?

- 의주 미송리 동굴 유적
- 울산 검단리 유적
- 강화 부근리 유적

① 농경이 시작되어 조와 기장 등을 경작하였다.
② 명도전, 반량전 등의 중국 화폐를 사용하였다.
③ 반달 돌칼을 사용하여 벼의 이삭을 수확하였다.
④ 동물의 뼈로 만든 도구와 뗀석기를 사용하였다.

02 밑줄 친 '제도'에 대한 설명으로 옳은 것은?

질문: 오늘 이렇게 관직을 그만두신 특별한 이유가 무엇입니까?
답변: 저는 당나라에서 18세의 나이로 빈공과를 합격했을 정도로 뛰어난 능력과 학문을 갖추었음에도 불구하고, 현재 신라에서는 제 잠재력을 온전히 발휘할 수 없었습니다.
질문: 좀 더 자세히 말씀해 주시겠습니까?
답변: 신라는 이 제도가 실시되고 있기 때문에 개인의 능력보다 출신 성분을 더 중요하게 여깁니다. 이에 저는 결국 차별적인 제도의 한계에 부딪혔습니다.
질문: 앞으로의 계획은 무엇입니까?
답변: 저는 더 이상 이 제도 안에서 제 능력을 펼칠 수 없다고 판단하였습니다. 앞으로는 관직을 떠나 학문에 전념하고, 제 글과 사상을 통해 사회에 기여하고자 합니다.

① 원화(源花)에 기원을 두고 있다.
② 삼국 통일 이후에는 실시되지 않았다.
③ 부족장을 중앙 귀족에 편입하는 과정에서 성립되었다.
④ 관등 승진을 제외한 일상 생활에서는 별도의 규제가 없었다.

03 다음은 고려의 대외 관계와 관련된 주요 사건이다. (가) 시기의 사실로 옳지 않은 것은?

서희의 활약으로 강동 6주를 획득하였다.
↓
(가)
↓
동북 지방 일대에 9성을 축조하였다.

① 고려의 국왕이 나주로 피난하였다.
② 금의 군신 관계 요구를 수용하였다.
③ 개경 주변에 나성을 쌓기 시작하였다.
④ 강감찬이 귀주에서 거란군을 크게 무찔렀다.

04 (가), (나) 발표 사이에 있었던 사실로 옳은 것을 모두 고른 것은?

(가) 울릉도를 울도라고 개칭하여 강원도에 부속하고 도감을 군수로 개정하여 관제 중에 편입하고 군의 등급은 5등으로 할 것.
(나) 일·청 양국 정부는 도문강을 청국과 한국의 국경으로 하고, 강의 발원지는 정계비를 기점으로 하여 석을수를 두 나라의 경계로 할 것을 성명한다.

㉠ 한·청 통상 조약이 체결되었다.
㉡ 토지 가옥 증명 규칙이 제정되었다.
㉢ 신민회가 105인 사건으로 해산되었다.
㉣ 일제가 동양 척식 주식회사를 설립하였다.

① ㉠, ㉡ ② ㉡, ㉢
③ ㉡, ㉣ ④ ㉢, ㉣

05 조선의 중앙 정치 기구에 대한 설명으로 옳지 않은 것은?

① 승문원은 임금의 교지를 작성하거나 사초를 작성하였다.
② 승정원은 은대·대언사 등으로 불렸으며 왕명 출납을 담당하였다.
③ 교서관은 경적의 간행과 제사 때 사용하는 향과 축문을 관장하였다.
④ 홍문관은 학술 연구 등을 담당하였으며 장(長)은 정2품의 대제학이었다.

06 삼국 통일 과정에서 나타난 사건을 순서대로 바르게 나열한 것은?

㉠ 신라가 사비에 소부리주를 설치하였다.
㉡ 백제와 왜의 연합군이 백강 전투에서 패배하였다.
㉢ 안승이 문무왕에 의해 보덕국 왕으로 봉해졌다.
㉣ 당이 백제의 영토에 웅진 도독부를 설치하였다.

① ㉠ - ㉣ - ㉢ - ㉡
② ㉠ - ㉣ - ㉡ - ㉢
③ ㉣ - ㉡ - ㉠ - ㉢
④ ㉣ - ㉠ - ㉢ - ㉡

07 밑줄 친 '그'에 대한 설명으로 옳은 것은?

> 그의 성씨는 설씨이다. 현장 삼장과 지은의 문하를 흠모하여 당나라에 들어가려 했으나, 그 인연이 차질이 생겨서 갈 생각을 그만두고 여기저기 돌아다녔다. 소(疏)를 지어 화엄경을 강론하기도 하고 혹은 거문고를 어루만지며 사당에서 즐기기도 하였으며, 혹은 여염집에 기숙하기도 하는 등 마음 내키는 대로 하여 도무지 일정한 법식이 없었다.

① 김제 금산사를 중심으로 미륵 신앙을 전파하였다.
② 화엄 사상을 연구하여 『화엄일승법계도』를 작성하였다.
③ 대국통에 임명되어 출가자의 규범과 계율을 주관하였다.
④ 모든 것이 한마음에서 나온다는 일심 사상을 제시하였다.

08 조선 후기에 편찬된 서적에 대한 설명으로 옳은 것을 모두 고른 것은?

㉠ 『발해고』: 남북국 시대라는 용어를 처음으로 사용하였다.
㉡ 『금석과안록』: 북한산비가 진흥왕 순수비임을 고증하였다.
㉢ 『동사회강』: 마한을 정통으로 인정하지 않고 삼국을 무통으로 보았다.
㉣ 『연려실기술』: 한치윤이 단군 조선부터 고려 시대까지의 역사를 서술하였다.

① ㉠, ㉡
② ㉢, ㉣
③ ㉠, ㉡, ㉢
④ ㉠, ㉡, ㉢, ㉣

09 밑줄 친 '전시과'에 대한 설명으로 옳은 것을 모두 고른 것은?

목종 원년 12월에 문무 양반 및 군인의 전시과를 정하였다. 제1과, 전지 100결, 시지 70결. 제2과, 전지 95결, 시지 65결. …… 이 한계에 미치지 못하는 자는 모두 전지 17결을 지급하는 것을 통상의 규칙으로 한다.

㉠ 실직자뿐 아니라 산직자에게도 전시를 지급하였다.
㉡ 토지 지급량이 감소하여 16과 이하에는 시지를 지급하지 않았다.
㉢ 문반, 무반, 잡업 계층으로 구분하여 전시를 지급하였다.
㉣ 무산계 전시와 별사 전시의 별정 전시과를 마련하였다.

① ㉠, ㉡
② ㉠, ㉣
③ ㉡, ㉢
④ ㉢, ㉣

10 (가) 지역에 대한 설명으로 옳은 것은?

(가) 은/는 본래 신라의 고타야군으로, 경덕왕 때 고창군으로 고쳤다. 930년에는 고려 태조가 견훤과 전투를 벌여 패배시켰다. …… 홍건적의 침입을 피해 공민왕이 피난하여 (가) 에 머물렀을 때 고을 사람들이 정성껏 도와주었으므로, 대도호부로 승격되었다.

① 『직지심체요절』이 금속 활자로 간행된 곳이다.
② 동학 농민 운동 당시에 남접과 북접이 집결한 곳이다.
③ 일제 강점기 최대 규모의 노동 쟁의가 일어난 곳이다.
④ 우리나라에서 현존하는 가장 오래된 목조 건축물이 남아있다.

11 다음 내용이 수록된 역사서에 대한 설명으로 옳은 것은?

무릇 옛날 성인들이 바야흐로 예와 악으로 나라를 일으키고 인과 의로 교화를 펼치고자 할 때면, 괴이한 일과 완력, 어지러운 일과 귀신에 대해서는 말하지 않았다. 그러하지만 제왕이 일어날 때는, 제왕이 되라는 하늘의 명을 받고 예언서를 받게 된다는 점에서 반드시 일반 사람과는 다른 일이 있는 법이다. …… 그러한 즉 삼국의 시조가 모두 다 신비스럽고 기이한 데에서 나온 것을 어찌 괴이하다 하겠는가? 이것이 기이편을 모든 편의 첫머리로 삼는 까닭이며, 그 의도도 바로 여기에 있다.

① 불교 승려의 전기를 수록한 고승전이다.
② 유교적 사관에 기초하여 기전체로 서술하였다.
③ 신라 역사를 상고·중고·하고로 나누어 인식하였다.
④ 중국과 우리나라의 역사를 운율시 형식으로 서술하였다.

12 (가) 왕에 대한 설명으로 옳은 것은?

소정방이 당의 내주에서 출발하니 많은 배가 천리에 이어져서 흐름을 따라 동쪽으로 내려왔다. 대왕이 태자 법민을 보내 병선 100척을 거느리고 덕물도에서 소정방을 맞이하였다. 소정방이 법민에게 말하기를, "나는 백제의 남쪽에 이르러 대왕의 군대와 만나서 (가) 의 도성을 깨뜨리고자 한다."고 하였다.

① 탐라국을 복속하고 중국의 남제와 수교하였다.
② 고흥으로 하여금 역사서인 『서기』를 편찬하게 하였다.
③ 신라와 연합하여 일시적으로 한강 하류 지역을 수복하였다.
④ 윤충을 파견하여 대야성을 함락시키고 성주인 품석을 죽였다.

13 밑줄 친 '이 기구'에 대한 설명으로 옳지 않은 것은?

> 변방의 일은 병조가 주관하는 것입니다. …… 그런데 근래 변방 일을 위해 이 기구를 설치했고, 변방에 관계되는 모든 일을 실제로 다 장악하고 있습니다. …… 혹 병조판서가 참여하는 경우가 있기는 하지만 도리어 지엽적인 입장이 되어 버렸고, 참판 이하의 당상관은 전혀 일의 내용을 모르고 있습니다. …… 청컨대 혁파하소서.

① 비국(備局)·주사(籌司)라고도 불렸다.
② 삼포왜란을 계기로 상설 기구가 되었다.
③ 흥선 대원군 집권 시기에 사실상 폐지되었다.
④ 현직의 3정승이 우두머리인 도제조를 겸임하기도 하였다.

14 (가) 인물에 대한 설명으로 옳은 것은?

> 대한 제국 황제 폐하의 특명에 의해 헤이그 평화 회의 대표로 파견된 (가) , 이준, 이위종은 일본의 강압에 의하여 회의에 참석할 수 없다는 사실이 몹시 통탄스럽습니다. …… 헤이그 평화 회의에 참석하여 일본인들의 수단과 방법을 폭로함으로써 우리나라의 권리를 수호할 수 있도록 대표 여러분들의 호의적인 중재를 허용해 주실 것을 간청하는 바입니다.

① 국민 대표 회의에서 개조파로 활동하였다.
② 민족 교육 기관인 서전서숙을 설립하였다.
③ 이토 히로부미를 하얼빈역에서 사살하였다.
④ 대한민국 임시 정부의 초대 국무총리를 역임하였다.

15 다음과 같은 통치 이념이 적용된 시기에 일제의 정책으로 옳지 않은 것은?

> 내선일체는 반도 통치에서의 최고 지도 목표입니다. …… 내가 항상 역설하는 바는, 내선일체는 서로 손을 잡는다든가 형상이 융합한다든가 하는 미지근한 것이 아닙니다. 잡은 손은 놓으면 떨어져 버리고 맙니다. 물과 기름도 무리하게 뒤섞으면 융합된 형태가 되지만 그 정도로는 안 됩니다. 형상도 마음도 피도 육체도 모두 일체가 되지 않으면 안 됩니다.

① 마을에 애국반을 편성하여 일상생활을 통제하였다.
② 개량 서당을 탄압하기 위해 서당 규칙을 발표하였다.
③ 여성에게 작업복인 '몸뻬'라는 바지의 착용을 강요하였다.
④ 아침마다 천황이 사는 궁을 향해 절하는 궁성 요배를 강요하였다.

16 밑줄 친 '전쟁'에 대한 설명으로 옳은 것은?

> 조선 국왕이 프랑스 주교 2인과 선교사 9인 그리고 조선인 신도 다수를 살해하였다고 한다. 이러한 자폭은 패망을 자초하는 것이다. 조선 국왕이 프랑스 신부를 살해하는 날은 곧 조선국 최후 멸망의 날이 될 것이다. 수일 내로 조선 정복을 위해 출정할 것이다. 조선을 정복하여 국왕을 책립하는 문제는 프랑스 황제의 명령에 따라 시행할 것이다. …… 이후부터 본국과 조선이 전쟁을 벌이더라도 간섭하지 않기를 선언한다.

① 어재연이 광성보에서 결사 항전하였다.
② 황사영이 외국 군대의 출병을 요청하는 원인이 되었다.
③ 우리나라 최초의 근대적 조약이 체결되는 계기가 되었다.
④ 외규장각에 보관 중이던 서적, 문화재 등을 약탈 당하였다.

17 ㉠ 부대에 대한 설명으로 옳은 것은?

조국의 독립을 쟁취하기 위하여 우선 조선 민족 전선 연맹의 기치 하에 한결같이 단합하여 또한 위대한 동방 항일 최고 수령 위원장의 통솔 하에 ㉠ 을/를 조직하였으며 마침 중국 국경 기념일인 27돌 쌍십절(雙十節)에 정식으로 성립을 선고하였다.

① 사도하자 전투에서 일본군에게 승리하였다.
② 흥경성 전투에서 일본군을 물리쳤다.
③ 일부 대원이 한국광복군에 편입되었다.
④ 초기에는 중국 군사 위원회의 지휘와 간섭을 받았다.

18 다음 자료에 대한 설명으로 옳은 것은?

제1조 대한국은 세계 만국이 공인한 자주 독립 제국이다.
제2조 대한 제국의 정치는 만세 불변의 전제 정치이다.
제5조 대한국 대황제께서는 국내 육해군을 통솔하고 편제를 정하며 계엄과 해엄을 명한다.

① '주권재민'의 원칙을 실현하려 하였다.
② 민생 안정을 위한 조세 제도 개혁안을 제시하였다.
③ 재정은 모두 탁지부에서 전담하여 맡을 것을 규정하였다.
④ 황제에게 조약 체결권과 사신 임면권이 있음을 명시하였다.

19 밑줄 친 '조약'을 체결한 정부의 통일 노력으로 옳은 것은?

대한민국과 일본국은 양국 국민 관계의 역사적 배경을 고려하며, 선린 관계 및 주권 상호 존중 원칙에 입각한 양국 관계의 정상화를 상호 희망함을 고려하고, 양국의 공동 복지 및 공동 이익을 증진하고 국제 평화 및 안전을 유지하는 데 …… 본 기본 관계에 관한 조약을 체결하기로 결정하였다.

① 10·4 남북 공동 선언을 발표하였다.
② 북한과 함께 유엔에 동시 가입하였다.
③ 민족 화합 민주 통일 방안을 발표하였다.
④ 6·23 평화 통일 외교 정책 선언을 발표하였다.

20 다음 민주화 운동에 대한 설명으로 옳은 것은?

껍데기 과도 정부와 계엄 당국은 민주의 피맺힌 이 소리를 들으라! …… 모든 광주 시민과 학생들은 처음부터 끝까지 평화적이고 질서정연한 투쟁을 전개하려고 노력해 왔다. 그러나 계엄 당국은 무차별한 사격을 가하여 남녀노소를 불문하고 1천여 명에 이르는 사망자가 발생하였고, 부상자 및 연행자는 추계가 불가능한 실정이다.

① 시위 도중 대학생 이한열이 희생되었다.
② 3·15 부정 선거가 원인이 되어 전개되었다.
③ 호헌 철폐와 독재 타도 등의 구호를 내세웠다.
④ 관련 기록물이 유네스코 세계 기록유산으로 등재되었다.

13회 핵심 키워드 마무리 체크

☑ 빈칸에 들어갈 알맞은 키워드를 골라 채워보세요.

화랑도	병인양요	개정 전시과	청동기 시대
박정희	5·18 민주화 운동	발해고	비변사
조선 의용대	원효	대한국 국제	의자왕
애국반	삼국유사	승정원	이상설

선사~조선 후기

01 _____에는 반달 돌칼을 사용하여 벼의 이삭을 수확하였다.

02 _____은 윤충을 파견하여 대야성을 함락시키고 성주인 품석을 죽였다.

03 _____는 원화(源花)에 기원을 두고 있다.

04 ____는 모든 것이 한마음에서 나온다는 일심 사상을 제시하였다.

05 _____에서는 토지 지급량이 감소하여 16과 이하에는 시지를 지급하지 않았다.

06 「_____」에서는 신라 역사를 상고·중고·하고로 구분하였다.

07 _____은 은대·대언사 등으로 불렸으며 왕명 출납을 담당하였다.

08 「_____」에서 남북국 시대라는 용어를 처음으로 사용하였다.

09 _____는 비국(備局)·주사(籌司)라고도 불렸다.

근대~현대

10 _____ 때 외규장각에 보관 중이던 서적, 문화재 등을 약탈 당하였다.

11 _____에서는 황제에게 조약 체결권과 사신 임면권이 있음을 명시하였다.

12 _____은 민족 교육 기관인 서전서숙을 설립하였다.

13 _____는 일부 대원이 한국광복군에 편입되었다.

14 민족 말살 통치 시기에는 마을에 _____을 편성하여 일상생활을 통제하였다.

15 _____ 정부 시기에 6·23 평화 통일 외교 정책 선언을 발표하였다.

16 _____ 관련 기록물이 유네스코 세계기록유산으로 등재되었다.

정답 | 01 청동기 시대 02 의자왕 03 화랑도 04 원효 05 개정 전시과 06 삼국사기 07 승정원 08 발해고 09 비변사 10 병인양요 11 대한국 국제 12 이상설 13 조선 의용대 14 애국반 15 박정희 16 5·18 민주화 운동

14회 실전동형모의고사

01 (가) 나라의 통치 체제에 대한 설명으로 옳은 것은?

〈　(가)　 중대성이 일본국 태정관에게 보내는 첩(牒)〉
　귀국에 가서 알현할 사신 정당성 좌윤 하복연과 그 일행 105명을 파견합니다. …… 일본 땅은 동쪽으로 멀리 있고, 요양은 서쪽으로 멀리 있으니, 양국이 서로 떨어져 있는 거리가 1만 리나 되고도 남음이 있습니다.

① 사정부를 두어 관리를 감찰하였다.
② 대막리지가 집정 대신으로서 국정을 총괄하였다.
③ 지방 행정의 중심부에 15부를 두고 도독을 파견하였다.
④ 군사적, 행정적 요충지에 특별 행정 구역인 5소경을 두었다.

02 다음과 같이 주장한 인물에 대한 설명으로 옳은 것은?

　제가 보건대 서경 임원역의 땅은 풍수지리를 하는 사람들이 말하는 아주 좋은 땅입니다. 만약 이곳에 궁궐을 짓고 전하께서 옮겨 앉으시면 천하를 다스릴 수 있습니다. 또한 금나라가 선물을 바치고 스스로 항복할 것이고 주변의 36나라가 모두 머리를 조아릴 것입니다.

① 전민변정도감 설치를 건의하였다.
② 개경 중심의 문벌 귀족 세력의 대표였다.
③ 대위국이라는 나라를 세우고, 연호를 천개라 하였다.
④ 명종을 폐하고 신종, 희종, 강종, 고종을 차례로 세웠다.

03 (가), (나)를 저술한 인물에 대한 설명으로 옳은 것은?

(가) 대개 국교·국학·국어·국문·국사는 혼(魂)에 속하는 것이요, 전곡·성지·함선·기계 등은 백(魄)에 속하는 것으로 혼의 됨됨은 백에 따라서 죽고 사는 것이 아니다. 그러므로 국교와 국사가 망하지 않으면 그 나라도 망하지 않는 것이다. 오호라! 한국의 백은 이미 죽었으나 소위 혼은 남아있는 것인가?
(나) 우리 조선의 역사적 발전의 전 과정은 다소의 차이가 인정되더라도, 외관적인 소위 특수성은 다른 문화 민족의 역사적 발전 법칙과 구별되어야 하는 것은 아니며 세계사적 보편성에 따라 전개되어 왔다.

① (가) - 조선사 편수회에 참여하였다.
② (가) - 상하이에서 『안중근전』을 저술하였다.
③ (나) - 진단 학회의 발기인으로 활동하였다.
④ (나) - 민족 정신을 '낭가' 사상으로 설명하였다.

04 다음 강령을 발표한 단체에 대한 설명으로 옳은 것은?

1. 일반 부호로부터 기부를 받는 한편 일본인이 불법으로 징수한 세금을 압수하여 이로써 무장을 준비한다.
2. 남북 만주에 사관 학교를 설치하고 인재를 길러 무관으로 채용한다.
6. 행형부를 조직하여 일본인 고등관과 우리 한인 중 반역분자를 때와 장소에 상관없이 총살한다.
7. 무력이 완비되는 대로 일본인 섬멸전을 단행하여 최후 목적 완성을 기한다.

① 공화정체의 국가 건설을 지향하였다.
② 월보를 간행하고 지회를 설치하였다.
③ 고종의 밀지를 받아 결성된 비밀 단체이다.
④ 이시영 등이 시회(詩會)를 가장하여 조직하였다.

05 (가)와 (나) 조약 체결 사이에 발생한 사실로 옳은 것은?

> (가) 제2조 러시아 정부는 일본국이 한국에서 정치·군사·경제 상의 탁월한 이익을 갖는다는 것을 인정하고 일본 정부가 한국에서 필요하다고 인정하는 지도·보호·감리의 조처를 함에 있어 이를 방해하거나 간섭하지 않을 것을 약정한다.
>
> (나) 제1조 한국의 사법과 감옥 사무가 완비되었다고 인정될 때까지 한국 정부는 사법과 감옥 사무를 일본국 정부에 위탁한다.

① 회사령이 제정되었다.
② 신민회가 결성되었다.
③ 지계아문이 설립되었다.
④ 대한 제국 정부가 국외 중립을 선언하였다.

06 신석기 시대의 생활상에 대한 설명으로 옳지 않은 것은?

① 조개 껍데기 가면과 치레걸이 등의 장식품을 제작하였다.
② 가락바퀴와 뼈바늘을 이용하여 의복이나 그물을 만들었다.
③ 움집이 주거용 이외에 창고, 작업장 등의 용도로 사용되었다.
④ 간석기와 조리나 식량 저장에 사용할 수 있는 토기를 만들었다.

07 다음 임진왜란의 주요 사건을 시기순으로 바르게 나열한 것은?

> ㉠ 선조가 의주로 피난하였다.
> ㉡ 이순신이 한산도에서 왜군을 크게 무찔렀다.
> ㉢ 조·명 연합군이 평양성을 탈환하였다.
> ㉣ 권율이 행주산성에서 대승을 거두었다.

① ㉠ - ㉡ - ㉢ - ㉣
② ㉠ - ㉡ - ㉣ - ㉢
③ ㉣ - ㉠ - ㉡ - ㉢
④ ㉣ - ㉠ - ㉢ - ㉡

08 밑줄 친 '상왕'이 재위하던 시기의 사실로 옳은 것은?

> 상왕이 만권당을 연경에 설치하고 이제현으로 하여금 원나라의 유학자인 염복과 도수, 조맹부, 우집 등을 초청하였다. …… 경서와 역사를 연구할 때 염복 등이 이제현의 저술을 보고서 모두 칭찬해 마지않았다.

① 사림원을 설치하였다.
② 요동 정벌을 단행하였다.
③ 이제현에 의해 『사략』이 편찬되었다.
④ 홍자번이 18조목의 상소를 지어 올렸다.

09 (가)~(라) 시기에 해당하는 고구려 역사에 대한 설명으로 옳은 것은?

(가)	(나)	(다)	(라)
을파소 등용	고국원왕 전사	평양 천도	살수 대첩	고구려 멸망

① (가) - 역사서인 『신집』 5권이 편찬되었다.
② (나) - 관구검의 침입으로 환도성이 함락되었다.
③ (다) - 부여를 복속하여 고구려 최대 영토를 확보하였다.
④ (라) - 지두우를 분할 점령하여 흥안령 일대를 차지하였다.

10 다음 자료에 대한 설명으로 옳지 않은 것은?

> 본 고을 사해점촌은 넓이가 5,725보이다. 모두 11호(戸)이며, 사람 수는 147명이다. 호는 중하(中下)호가 4, 하상(下上)호가 2, 하하(下下)호가 5이다. …… 남자 어른은 29명(사내종 1명), …… 어린아이는 10명이다.

① 호(戸)는 사람의 많고 적음에 따라 9등급으로 나누었다.
② 촌주가 변동 사항을 매년 조사하여 3년마다 다시 작성하였다.
③ 연수유전답, 관모전답과 같은 토지 면적의 증감을 기록하였다.
④ 서원경 부근 4개 촌락 주민의 성별, 나이와 노비의 수를 기재하였다.

11 다음 자료에 나타난 사건에 대한 설명으로 옳지 않은 것은?

> 삼남 지방의 읍민들이 소요를 일으켜 관원을 협박하고 아전을 해쳤으며, 심지어 함흥의 백성들은 관찰사의 정당을 범하기까지 하였습니다. 왕이 영남에 안핵사와 선무사를 나누어 보냈으며, 호남 난민의 주모자를 참형에 처하였고 지방의 관리들을 처벌하였습니다.

① 서북민에 대한 차별에 반발하여 시작되었다.
② 몰락 양반 출신 유계춘을 중심으로 진주에서 봉기하였다.
③ 삼정의 폐단과 경상 우병사 백낙신의 수탈을 계기로 발생하였다.
④ 사건 이후 정부는 삼정이정청을 설치하여 세제 개혁을 약속하였다.

12 조선 시대 관리 등용 제도에 관한 설명으로 옳은 것을 모두 고른 것은?

> ㉠ 정기 시험인 식년시를 3년마다 실시하여 관리를 등용하였다.
> ㉡ 권력의 집중과 부정을 막기 위해 상피제를 마련하였다.
> ㉢ 무과에서는 초시-복시의 절차를 거쳐 무관을 선발하였다.
> ㉣ 문과 시험 업무는 이조에서 주관하였다.

① ㉠, ㉡
② ㉠, ㉣
③ ㉡, ㉢
④ ㉢, ㉣

13 ㉠ 단체에 대한 설명으로 옳지 않은 것은?

> 황제는 ㉠ 의 세력이 날로 강대해짐을 걱정하여 이것을 없앨 책략으로 어느 유력한 단체 조직이 필요함을 느끼고, 법부의 민사국장인 이기동에게 황국협회라는 것을 조직하게 했습니다. 그것은 성립된 지는 얼마 되지 않았지만 비밀스럽게 내탕금을 주어 보부상을 매수했기 때문에 무뢰한이 점차 참가하는 일이 많아졌습니다.

① 혜상공국의 폐지를 주장하였다.
② 정기적으로 강연회와 토론회를 개최하였다.
③ 자유 민권 운동과 국민 참정권 운동을 전개하였다.
④ 중추원을 서구식 의회 형태로 개편할 것을 정부에 건의하였다.

14 (가)에 들어갈 문화 유산으로 옳은 것은?

선생님: 오늘은 고려 시대에 만들어진 문화유산 중 옆의 화면에 띄워진 (가) 에 대해 조사하여 발표하기로 하였습니다. 준비된 학생부터 발표를 해볼까요?
학생 1: 주심포 양식과 맞배 지붕, 배흘림 기둥 양식으로 지어진 목조 건축물입니다.
학생 2: 1972년 보수 공사 과정에서 공민왕 때 중수하였다는 글이 발견되었습니다.
학생 3: 우리나라에서 현존하는 가장 오래된 목조 건축물이라는 평가를 받고 있습니다.

① 안변 석왕사 응진전
② 안동 봉정사 극락전
③ 영주 부석사 무량수전
④ 사리원 성불사 응진전

15 밑줄 친 '난리'의 결과로 옳은 것은?

> 난군(亂軍)이 궐을 침범하였다는 소식을 들었다. 이때에 나라 재정이 고갈되어 각 영이 군인에게 지급할 봉급을 몇 개월 동안 지급하지 못하였다. 영에 소속된 군인이 어느 날 밤에 부대를 조직하고 갑자기 궐내로 진입하여 멋대로 난리를 일으켰다. 중전의 국상(國喪)이 공포되자 선생은 가평 관아로 달려가 망곡례를 행하였다.

① 청과 일본 사이에 톈진 조약이 체결되었다.
② 묄렌도르프가 고문으로 조선에 파견되었다.
③ 조선 내에서 한반도 중립화론이 대두되었다.
④ 흥선 대원군이 재집권하여 의정부와 5군영을 부활시켰다.

16 밑줄 친 사건 이후에 전개된 국외 독립운동에 대한 설명으로 옳지 않은 것은?

> 일제는 제1차 세계 대전 이후 수출 시장이 줄어들고, 대공황까지 겹치면서 경제적으로 어려움을 겪기 시작하였다. 이를 해결하기 위해 일제는 전쟁을 통해 군수 공업을 육성하고, 일본·조선·만주를 하나의 경제 블록으로 만들기 위해 만주를 침략하였다.

① 동북 항일 연군 내 한인들이 조국 광복회를 조직하였다.
② 김구와 이동녕 등을 중심으로 한국 국민당이 창당되었다.
③ 참의부, 정의부, 신민부가 국민부와 혁신 의회로 통합되었다.
④ 윤봉길이 일본군 사령관과 다수의 일본인 고관을 폭살하였다.

17. (가), (나) 내용이 발표된 회담에 대한 설명으로 옳은 것은?

> (가) 위 동맹국의 목적은 일본이 탈취 또는 점령한 태평양의 도서 일체를 빼앗고, 일본이 청국으로부터 빼앗은 지역 일체를 중화민국에 반환함에 있다. …… 앞의 3대국은 한국민의 노예 상태에 유의하여 적당한 시기(in due course)에 한국을 자주 독립시킬 결의를 한다.
> (나) 루즈벨트는 신탁 통치의 유일한 경험이 필리핀의 경우였는데 필리핀인은 자치 준비에 50년이 걸렸지만, 조선은 불과 20~30년 밖에 필요치 않을 것이라고 덧붙였다.

① (가) - 회담 당사국은 미국, 영국, 소련이었다.
② (가) - 독일 항복 이후, 전후 처리 문제를 협의하기 위해 개최되었다.
③ (나) - 4개국에 의한 최장 5개년의 한반도 신탁 통치를 결정하였다.
④ (나) - 소련이 일본과의 전쟁에 참전할 것을 약속하였다.

18. (가), (나) 사이 시기에 있었던 사실로 옳은 것을 모두 고른 것은?

> (가) 왕건이 고려를 건국하였다.
> (나) 고려가 고창 전투에서 후백제에 승리하였다.

> ㉠ 견훤이 고려에 투항하였다.
> ㉡ 포석정에서 신라의 경애왕이 살해되었다.
> ㉢ 후백제가 공산 전투에서 고려군에 승리하였다.
> ㉣ 고려가 일리천 전투에서 후백제군을 격퇴하였다.

① ㉠, ㉡ ② ㉠, ㉢
③ ㉡, ㉢ ④ ㉢, ㉣

19. 다음과 같이 주장한 인물에 대한 설명으로 옳은 것은?

> 달은 하나이며 물은 수만이다. 물이 달을 받으므로 앞 시내에도 달이요, 뒤 시내에도 달이다. 달의 수는 시내의 수와 같은데 시내가 만 개에 이르더라도 그렇다. 그 이유는 하늘에 있는 달이 본디 하나이기 때문이다. 달은 본래 천연으로 밝은 빛을 발하며, 아래로 내려와서는 물을 만나 빛을 낸다. 물은 세상 사람이며, 비추어 드러나는 것은 사람들의 상이다. 달은 태극이며, 태극은 바로 나다.

① 신문고를 부활시켰다.
② 초계문신제를 시행하였다.
③ 공노비 6만여 명을 해방하였다.
④ 『동문선』과 『악학궤범』 등을 편찬하였다.

20. 밑줄 친 '나'에 대한 설명으로 옳은 것은?

> 조선 민족의 해방의 날이 왔습니다. 어제 엔도가 <u>나</u>를 불러 …… <u>나</u>는 다섯 가지 조건을 요구하였습니다. 그리하여 총독부로부터 치안권과 행정권을 이양 받았습니다. 이제 우리 민족은 새 역사의 일보를 내딛게 되었습니다. 우리는 지난날의 아프고 쓰라린 것을 다 잊어버리고, 이 땅에 합리적이고, 이상적인 낙원을 건설하여야 합니다. 개인의 영웅주의는 단연 없애고, 끝까지 일사 분란한 단결로 나아갑시다.

① 좌·우 합작 위원회에 참여하였다.
② 미 군정의 민정 장관을 역임하였다.
③ 김구와 함께 남북 협상을 추진하였다.
④ 하바로프스크에서 한인 사회당을 결성하였다.

14회 핵심 키워드 마무리 체크

☑ 빈칸에 들어갈 알맞은 키워드를 골라 채워보세요.

여운형	신라 촌락 문서	묘청	신석기 시대
대한 광복회	발해	정조	박은식
충선왕	얄타 회담	이동휘	톈진 조약
순조	독립 협회	권율	한국 국민당

선사~조선 후기

01 _____에는 가락바퀴와 뼈바늘을 이용하여 의복이나 그물을 만들었다.

02 _____에서 호(戶)는 사람의 많고 적음에 따라 9등급으로 나누었다.

03 ____는 지방 행정의 중심부에 15부를 두고 도독을 파견하였다.

04 ____은 대위국이라는 나라를 세우고, 연호를 천개라 하였다.

05 _____ 때 사림원을 설치하였다.

06 임진왜란 때 ____이 행주산성에서 대승을 거두었다.

07 ____는 초계문신제를 시행하였다.

08 ____는 공노비 6만여 명을 해방하였다.

근대~현대

09 갑신정변의 결과 청과 일본 사이에 _____이 체결되었다.

10 _____는 자유 민권 운동과 국민 참정권 운동을 전개하였다.

11 _____는 공화정체의 국가 건설을 지향하였다.

12 _____은 상하이에서 『안중근전』을 저술하였다.

13 _____는 하바로프스크에서 한인 사회당을 결성하였다.

14 김구와 이동녕 등을 중심으로 _____이 창당되었다.

15 _____에서는 소련이 일본과의 전쟁에 참전할 것을 약속하였다.

16 _____은 좌·우 합작 위원회에 참여하였다.

정답 | 01 신석기 시대 02 신라 촌락 문서 03 발해 04 묘청 05 충선왕 06 권율 07 정조 08 순조 09 톈진 조약 10 독립 협회 11 대한 광복회 12 박은식 13 이동휘 14 한국 국민당 15 얄타 회담 16 여운형

15회 실전동형모의고사

제한시간: 15분 시작 시 분~ 종료 시 분 점수 확인 개/ 20개

01 다음 자료에서 설명하는 유적지로 옳은 것은?

> 이곳에서는 흥수 아이라 불리는 어린아이의 뼈가 출토되었다. 얼굴뿐 아니라 온몸의 뼈가 거의 온전한 형태로 발굴된 흥수 아이는 키가 110~120cm 가량으로, 5~6세 정도로 추정된다.

① 함북 웅기 굴포리 유적
② 충북 청원 두루봉 동굴 유적
③ 평남 덕천 승리산 동굴 유적
④ 충북 단양 상시리 바위 그늘 유적

02 다음 유언을 남긴 왕의 업적으로 옳은 것은?

> 과인은 나라의 운이 어지럽고 전란의 시기를 맞이하여, 서쪽을 정벌하고 북쪽을 토벌하여 영토를 안정시켰고 배반하는 자들을 치고 협조하는 자들을 불러 마침내 멀고 가까운 곳을 평안하게 하였다. …… 죽고 나서 10일 뒤에 곧 고문(庫門) 바깥의 뜰에서 서국(西國)의 의식에 따라 화장을 하라. 상복의 경중은 정해진 규정이 있으니, 장례를 될 수 있는 대로 검소하고 간략하게 하라.

① 위화부를 설치하였다.
② 백성에게 처음으로 정전을 지급하였다.
③ 김흠돌의 반란을 진압하고 왕권을 강화하였다.
④ 지방관을 감찰하기 위해 외사정을 처음 파견하였다.

03 (가) 왕 대의 사실로 옳지 않은 것은?

> 문하부는 모든 관청의 여러 업무를 관장하였다. …… 건국 초기에는 내의성이라 불렀으며 성종 원년에 내사문하성이라고 고쳤고, 문종 15년에는 중서문하성이라고 고쳤다. (가) 원년에는 상서성과 중서문하성을 합쳐서 첨의부를 설치하였다. …… 공민왕 5년에 다시 중서문하성으로 고치고 상서성은 따로 설치하였다. 11년에 또다시 도첨의부라 하였다가 18년에 문하부로 고쳤다.

① 정동행성이 설치되었다.
② 동녕부 지역이 반환되었다.
③ 각염법을 처음으로 시행하였다.
④ 장학 기금인 섬학전을 설치하였다.

04 밑줄 친 ㉠~㉢에 대한 설명으로 옳지 않은 것은?

> 고려 시대에는 양안과 호적을 작성하여 이를 기준으로 백성들에게 조세, 공물, 요역을 징수하였다. ㉠조세는 토지에서 생산물의 일부를 수취하였고, ㉡공물은 지방의 특산물을 현물로 거두었으며, ㉢역은 국가에서 백성의 노동력을 수취한 것이다.

① ㉠ - 토지를 비옥도에 따라 3등급으로 나누어 부과하였다.
② ㉠ - 토지 소유자는 수확량의 10분의 1을 납부하였다.
③ ㉡ - 재산의 많고 적음에 따라 차등 있게 부과하였다.
④ ㉢ - 16세 남자부터 국역에 복무하게 하였고, 60세가 되면 면해주었다.

05 밑줄 친 '선생'에 대한 설명으로 옳은 것은?

> 기대승이 "천명도의 사단 칠정을 이(理)와 기(氣)에 분속시킨 것은 너무나 심하게 분리시킨 것이고, '이와 기는 갈라져서 두 물(物)이 되며, 칠정은 이에서 나오지 아니하고, 사단은 기를 타지 않는다.'라고 한 말은 뜻에 병폐가 없지 않다."고 편지를 보내와 변론하였다. 선생이 회답하였는데, "사단은 정(情)이요, 칠정도 역시 정입니다. 다 같이 정이면서 어째서 사단과 칠정이란 다른 이름이 있겠습니까. ……."

① 해주 향약을 보급하였다.
② 『전습록논변』, 『주자서절요』 등을 저술하였다.
③ 성리학을 중심에 두면서도 양명학의 심성론을 인정하였다.
④ 16세기 후반의 조선 사회를 중쇠기(中衰期)라고 인식하였다.

06 밑줄 친 '이 나라'에 대한 설명으로 옳은 것은?

> 일본이 이 나라에 국서를 보냈다. 삼가 고려 국왕에게 문안 인사를 드립니다. …… 보내신 글을 보니 날짜 아래 관품과 이름을 쓰지 않았고 글의 말미에는 천손이라는 칭호를 써 놓았습니다.

① 지방 세력 견제를 위해 상수리 제도를 실시하였다.
② 2성 6부제를 중심으로 하는 중앙 관제를 마련하였다.
③ 중앙의 주요 관서에 각각 복수(複數)의 장관을 임명하였다.
④ 도서와 문서를 관리하고 축문 등을 작성하는 문적원을 두었다.

07 다음 사건을 일어난 순서대로 바르게 나열한 것은?

> ㉠ 홍범도가 이끄는 대한 독립군이 봉오동 전투에서 승리하였다.
> ㉡ 김좌진이 이끄는 북로 군정서군이 백운평 전투에서 대승을 거두었다.
> ㉢ 일제와 만주 지역의 군벌이 독립군을 탄압하는 내용의 협정을 체결하였다.
> ㉣ 일제가 중국 마적단을 매수하여 훈춘의 일본 영사관을 공격하는 조작 사건을 일으켰다.

① ㉠ - ㉣ - ㉡ - ㉢
② ㉠ - ㉣ - ㉢ - ㉡
③ ㉣ - ㉡ - ㉠ - ㉢
④ ㉣ - ㉠ - ㉢ - ㉡

08 다음 사건에 대한 설명으로 옳지 않은 것은?

> 정주 목사 김진이 아뢰기를, "금나라 군대가 이미 선천·정주의 중간에 육박하였으니 장차 얼마 후에 안주에 도착할 것입니다." 하였다. 임금께서 묻기를, "이들이 명나라 장수 모문룡을 잡아가려고 온 것인가, 아니면 전적으로 우리나라를 침략하기 위하여 온 것인가?" 하니, 장만이 아뢰기를, "듣건대 홍태시란 자가 매번 우리나라를 침략하고자 했다고 합니다." 하였다.

① 정봉수와 이립이 의병을 이끌고 항전하였다.
② 친명 배금 정책을 전개하던 인조 때 발생하였다.
③ 남한산성으로 피난한 왕이 삼전도에서 항복하였다.
④ 조선과 후금 사이에 정묘약조가 체결되는 계기가 되었다.

09 고려 시대의 사회 정책에 대한 설명으로 옳은 것을 모두 고른 것은?

㉠ 개경, 서경 및 12목에 물가 조절 기구인 상평창을 설치하였다.
㉡ 서민의 진료와 약재 판매를 담당하는 혜민서를 설치하였다.
㉢ 재난 입은 백성을 구제하기 위해 예종 때 구급도감을 설치하였다.
㉣ 일정 기금을 만들어 그 이자로 빈민을 구제하는 기구인 제위보를 설치하였다.

① ㉠, ㉢
② ㉠, ㉣
③ ㉠, ㉢, ㉣
④ ㉡, ㉢, ㉣

10 밑줄 친 '개헌안'에 대한 설명으로 옳은 것은?

전일 부결을 선포한 국회 부의장은 "당시는 정족수 계산에 착오를 일으켜 부결을 선포한 것이고 135는 203의 2/3가 된다는 것을 알게 되었으므로 전일 부결 선포를 취소한다."라고 발언하였고 그 순간 국회는 난장판이 되었다. …… 이틀 후에 국회는 여당인 자유당 의원들만 참석한 가운데 개헌안 가결을 선포하였다.

① 임시 수도인 부산에서 통과되었다.
② 통일 주체 국민회의 설치를 규정하였다.
③ 초대 대통령에 한하여 중임 제한을 철폐하였다.
④ 대통령이 국회의원의 3분의 1을 추천할 수 있었다.

11 (가) 군사 조직에 대한 설명으로 옳은 것은?

<○○학술회 답사 계획서>
- 주제: (가) , 외적의 침입에 맞서 자유를 꿈꾸다.
- 일자: ○○○○년 ○○월 ○○일 ~ ○○월 ○○일
- 경로: 강화 고려궁지 → 진도 용장성 행궁지 → 항파두리 항몽유적
- 조별 답사 주제
 A조: (가) 군사 조직의 구성
 B조: 승화후 온 옹립 과정
 C조: 개경 환도 후 (가) 의 저항 모습

① 신기군, 신보군, 항마군으로 구성되었다.
② 쌍성총관부 수복에 주도적인 역할을 하였다.
③ 일본에 외교 문서를 보내 연합을 제의하였다.
④ 두 차례 실시된 원의 일본 원정에 강제로 동원되었다.

12 (가) 인물에 대한 설명으로 옳은 것은?

(가) 은/는 청해진에 있으면서 군진을 지키고 있었는데, 왕이 약속을 어긴 것을 원망하여 반란을 모의하려 하였다. 이때 장군 염장이 이 말을 듣고 아뢰기를, " (가) 이/가 장차 충성스럽지 않은 일을 하려 하니 소신이 청하건대 없애겠습니다."라고 하니, 왕이 기뻐하여 이를 허락하였다.

① 기훤, 양길의 휘하에서 세력을 키웠다.
② 완산주를 근거지로 후백제를 건국하였다.
③ 산둥 반도 적산촌에 법화원이라는 사찰을 건립하였다.
④ 금관가야의 왕족 출신으로 비담·염종의 난을 진압하였다.

13 우리나라의 의서에 대한 설명으로 옳지 않은 것은?

① 『마과회통』 - 이제마가 사상의학에 관한 이론과 치료법을 수록한 의서이다.
② 『태산요록』 - 임산부의 대응법과 어린아이의 질병 치료법을 소개한 의서이다.
③ 『향약구급방』 - 고려 고종 때 편찬된 현존하는 우리나라 최고(最古)의 의서이다.
④ 『의방유취』 - 중국과 국내의 의서를 참고하여 동양 의학을 집대성한 의학 백과사전이다.

14 (가), (나) 시기 사이에 있었던 사실로 옳은 것은?

> (가) 선봉 이학승이 황룡 강가에 집결하여 장터에서 점심을 먹고 있던 농민군을 공격함으로써 전투가 시작되었다. 엉겁결에 공격을 받은 농민군은 곧바로 삼봉에 올라가 전투태세를 갖추었다. 이에 농민군과 경군의 대접전이 시작되었다.
> (나) 농민군이 방향을 우금치에서 두리봉 쪽으로 바꾸어 공격하니 성하영의 군사들이 지탱할 수 없게 되었다. 이에 일본군이 군사를 나누어 우금치와 견준봉 사이에서 진을 치고 사격을 하니 농민군의 시체가 온 산에 가득하였다.

① 농민군이 황토현에서 전라 감영군을 격파하였다.
② 조선 정부와 농민군이 전주에서 화약을 체결하였다.
③ 안핵사 이용태가 농민을 동학도로 몰아 처벌하였다.
④ 고부 군수 조병갑이 만석보를 쌓아 수세를 강제로 거두었다.

15 밑줄 친 '왕'에 대한 설명으로 옳은 것은?

> 왕 13년에 우산국이 항복하여 해마다 토산물을 바쳤다. …… 이사부가 하슬라주 군주가 되어 …… 해안에 이르러 거짓으로 말하기를, "너희가 만약 항복하지 않으면 이 사나운 짐승을 풀어 밟아 죽이겠다."라고 하니, 우산국 사람들이 두려워하며 곧 항복하였다.

① 사방에 우역을 설치하였다.
② 경주에 서시전과 남시전을 설치하였다.
③ 개국, 대창, 홍제라는 연호를 사용하였다.
④ 농업 노동력 확보를 위해 순장을 금지하였다.

16 (가) 기구에서 추진한 개혁 내용으로 옳은 것은?

> 대원군의 입궐을 전후하여 유길준 등 10명 정도가 입궐하였지만, 궁궐 내의 혼잡과 조선 관리의 결단성 부족으로 인해 결행한 일은 겨우 개혁과 십여 명의 임명에 지나지 않습니다. 영의정 김홍집을 총재로 하는 (가) 을/를 열어 의결한 것을 대원군을 거쳐, 국왕의 재가를 받아 즉시 시행하는 수속을 받게 되었음을 말씀드리고자 합니다.

① '건양'이라는 연호를 제정하였다.
② 종래의 6조를 8아문으로 개편하였다.
③ 양전 사업을 실시하여 지계를 발급하였다.
④ 재판소를 설치하여 사법권과 행정권을 분리시켰다.

17 일제 강점기 우리나라 역사학자들의 연구 활동에 대한 설명으로 옳은 것을 모두 고른 것은?

㉠ 이병도는 「유교구신론」을 써서 유교의 개혁을 주장하였다.
㉡ 정인보는 「5천 년간 조선의 얼」이라는 글을 동아일보에 연재하였다.
㉢ 신채호는 신민족주의에 입각하여 「조선민족사개론」을 저술하였다.
㉣ 백남운은 유물 사관에 입각하여 식민 사관의 정체성론을 비판하였다.

① ㉠, ㉡
② ㉠, ㉢
③ ㉡, ㉣
④ ㉢, ㉣

18 다음 조치에 대한 설명으로 옳지 않은 것은?

상태가 매우 좋은 갑종 백동화는 개당 2전 5리의 가격으로 새 돈으로 바꾸어 주고, 상태가 좋지 않은 을종 백동화는 개당 1전의 가격으로 정부에서 사들이며, 팔기를 원치 않는 자에 대해서는 정부가 절단하여 돌려준다. 다만 모양과 질이 조잡하여 화폐로 인정하기 어려운 병종 백동화는 사들이지 않는다.

① 재정 고문 메가타의 주도로 시행되었다.
② 은화를 발행하여 본위화로 삼고자 하였다.
③ 한국 상인들이 경제적으로 큰 타격을 받았다.
④ 일본 제일은행이 중앙은행의 역할을 하게 되었다.

19 밑줄 친 '그'가 재위한 시기에 있었던 사실로 옳은 것은?

그는 영창 대군을 몹시 시기하고 모후(母后)를 원수처럼 여겨 그 시기와 의심이 날로 쌓였다. 적신 이이첨과 정인홍 등이 또 그의 악행을 종용하여 임해군과 영창 대군을 섬에 안치하여 죽이고 김제남을 멸족하는 등 여러 차례 큰 옥사를 일으켜 무고한 사람들을 살육하였다.

① 설점수세제를 처음 실시하였다.
② 「신증동국여지승람」을 편찬하였다.
③ 양주 백정 출신인 임꺽정이 난을 일으켰다.
④ 경기도에서 대동법을 처음으로 시행하였다.

20 조선 시대의 지도에 대한 설명으로 옳지 않은 것은?

① 조선방역지도는 각 군현을 도별로 색을 다르게 하였다.
② 혼일강리역대국도지도는 유럽과 아메리카 대륙까지 묘사하였다.
③ 정상기의 동국지도는 최초로 100리 척을 사용한 과학적인 지도이다.
④ 대동여지도는 산맥, 하천 등을 정밀하게 표시하고 10리마다 눈금을 표시하였다.

15회 핵심 키워드 마무리 체크

☑ 빈칸에 들어갈 알맞은 키워드를 골라 채워보세요.

정묘호란	삼별초	제1차 갑오개혁	장보고
발해	정인보	충렬왕	백남운
메가타	광해군	사사오입	봉오동 전투
이황	외사정	상평창	황토현

선사~조선 후기

01 ___는 도서와 문서를 관리하고 축문 등을 작성하는 문적원을 두었다.

02 문무왕은 지방관을 감찰하기 위해 ___을 처음 파견하였다.

03 ___는 산둥 반도 적산촌에 법화원이라는 사찰을 건립하였다.

04 ___는 일본에 외교 문서를 보내 연합을 제의하였다.

05 ___ 때 장학 기금인 섬학전을 설치하였다.

06 고려 시대에는 개경, 서경 및 12목에 물가 조절 기구인 ___을 설치하였다.

07 ___은 『전습록논변』, 『주자서절요』 등을 저술하였다.

08 ___ 때는 경기도에서 대동법을 처음으로 시행하였다.

09 ___ 때 정봉수와 이립이 의병을 이끌고 항전하였다.

근대~현대

10 제1차 동학 농민 운동 때 농민군이 ___에서 전라 감영군을 격파하였다.

11 ___ 때 종래의 6조를 8아문으로 개편하였다.

12 화폐 정리 사업은 재정 고문 ___의 주도로 시행되었다.

13 홍범도가 이끄는 대한 독립군이 ___에서 승리하였다.

14 ___는 「5천 년간 조선의 얼」이라는 글을 동아일보에 연재하였다.

15 ___은 유물 사관에 입각하여 식민 사관의 정체성론을 비판하였다.

16 ___ 개헌안은 초대 대통령에 한하여 중임 제한을 철폐하였다.

정답 | 01 발해 02 외사정 03 장보고 04 삼별초 05 충렬왕 06 상평창 07 이황 08 광해군 09 정묘호란 10 황토현 11 제1차 갑오개혁 12 메가타 13 봉오동 전투 14 정인보 15 백남운 16 사사오입

16회 실전동형모의고사

01 다음 상황 이후에 전개된 사실로 옳은 것은?

> 니계상 참이 사람을 시켜 조선왕 우거를 죽이고 항복해 왔지만, 왕험성은 함락되지 않았다. 죽은 우거왕의 대신(大臣) 성기(成巳)가 또한 한나라에 반란을 일으키고 다시 공격하였다. 좌장군은 우거왕의 아들 장항(長降)과 조선상 노인의 아들 최(最)로 하여금 그 백성을 달래고 성기를 주살하였다.

① 한나라가 창해군을 설치하였다.
② 법 조항이 60여 조로 증가하였다.
③ 준왕이 진국으로 남하하여 한왕을 자처하였다.
④ 연나라 장수 진개의 침략으로 요동 지역을 상실하였다.

02 밑줄 친 '그'가 재위하던 시기의 사실로 옳은 것은?

> 그는 신라 왕의 셋째 공주인 선화가 아름답기 짝이 없다는 말을 듣고 머리를 깎고 [신라의] 서울로 갔다. 마을 동네 아이들에게 먹이니 아이들이 친해져 그를 따르게 되었다. 이에 노래를 지어 여러 아이들을 꾀어서 부르게 하니 그것은 이러하다. "선화 공주님은 남몰래 사귀어 두고 서동방을 밤에 몰래 안고 간다." 동요가 서울에 가득 퍼져서 대궐 안에까지 들리자 백관들이 임금에게 극력 간하여 공주를 먼 곳으로 귀양보내게 했다.

① 금마저로 천도를 추진하였다.
② 계백이 황산벌 전투에서 패배하였다.
③ 신라가 한강 유역에 신주를 설치하였다.
④ 겸익이 인도에서 율장을 가지고 돌아왔다.

03 밑줄 친 '사건' 이후의 사실로 옳은 것은?

> ○○신문
> 권위주의 정권 아래, 노동자들의 절규
>
> 여성 노동자들의 하루 12시간 이상의 장시간 노동과 저임금을 통해 급성장한 가발 수출 업체가 경영난을 이유로 갑작스럽게 폐업을 발표하였습니다. 이에 분노한 여성 노동자 187명은 생존권 보장을 요구하며 신민당 당사로 몰려갔습니다. 그들은 임금 체불 문제 해결과 폐업 철회를 간절히 호소하며 농성에 돌입했습니다. 그러나 경찰은 1,000여 명의 병력을 동원해 강경 진압에 나섰고, 이 과정에서 노동자가 사망하는 비극이 발생했습니다. 이 사건은 정부의 노동 탄압과 부조리를 여실히 보여주는 사례로 사회 전반에 큰 충격을 주고 있습니다.

① 부·마 항쟁이 전개되었다.
② 잡지 『사상계』가 창간되었다.
③ 국가 재건 최고 회의가 조직되었다.
④ 근로 기준법 준수를 요구하며 전태일이 분신 자살 하였다.

04 밑줄 친 '황상'에 대한 설명으로 옳은 것을 모두 고른 것은?

> 공주는 대흥 56년 여름 6월 9일 임진일에 사망하니, 나이는 36세였다. 이에 시호를 정효라 하였다. 이해 겨울 11월 28일 기묘일에 염곡의 서쪽 언덕에 배장하였으니, 이것은 예의에 맞는 것이다. 황상은 조회를 파하고 크게 슬퍼하며, 침소에 들어가지 않고 음악도 중지시켰다.

㉠ 수도를 중경에서 상경으로 옮겼다.
㉡ 5경 15부 62주의 지방 제도를 완비하였다.
㉢ 전륜성왕을 자처하였으며 당과 친선 관계를 유지하였다.
㉣ 대부분의 말갈족을 복속시키고 요동 지역으로 진출하였다.

① ㉠, ㉡
② ㉠, ㉢
③ ㉡, ㉢
④ ㉢, ㉣

05 다음 선언문이 발표된 민주화 운동에 대한 설명으로 옳은 것은?

오늘 우리는 전 세계 이목이 주시하는 가운데 40년 독재 정치를 청산하고 희망찬 민주 국가를 건설하기 위한 거보를 전 국민과 함께 내딛는다. 국가의 미래요 소망인 꽃다운 젊은이를 야만적인 고문으로 죽여 놓고 그것도 모자라 뻔뻔스럽게 국민을 속이려 했던 현 정권에게 국민의 분노가 무엇인지를 분명히 보여 주고, 국민적 여망인 개헌을 일방적으로 파기한 4·13 폭거를 철회시키기 위한 민주 장정을 시작한다.

① 대통령이 하야하는 결과를 가져왔다.
② 계엄령 철폐와 김대중 석방 등을 요구하였다.
③ 5년 단임의 대통령 직선제 개헌을 이끌어냈다.
④ 김주열의 시신이 발견되면서 시위가 전국적으로 확산되었다.

06 조선 시대의 조운 제도에 대한 설명으로 옳은 것을 모두 고른 것은?

㉠ 풍저창의 곡식은 관리의 녹봉으로 지급되었다.
㉡ 조창에 모은 조세는 강이나 바다를 통해 경창으로 옮겼다.
㉢ 조선 후기에는 경강 상인이 조운 업무를 담당하기도 하였다.
㉣ 평안도와 함경도는 조세를 현지에서 군사비 등으로 사용하였다.

① ㉠, ㉡
② ㉡, ㉢
③ ㉠, ㉡, ㉣
④ ㉡, ㉢, ㉣

07 다음 자료를 통해 알 수 있는 시기의 사실로 옳은 것은?

• 경기 지방의 토지는 조상 때부터 내려오던 구분전을 제외하고 나머지는 모두 녹과전으로 만든 지 거의 50년이 지났는데, 최근에는 권세가들이 거의 모두 빼앗아 가졌습니다. 만약 이를 혁파한다면 기뻐하는 자는 많을 것이요, 기뻐하지 않을 자는 권세가 수십에 불과할 것입니다.
• 근세에 이르러서는 계림의 익재 이제현과 같은 뛰어난 유학자가 나와서 처음으로 고문(古文)의 학설을 제창하였으며 오늘날에는 목은 이색 선생이 일찍이 중원에서 유학하여 성명(性命)과 도덕의 설을 깊게 연구하였다. 그리고 동방으로 돌아와서는 여러 학생을 교육하였다.

① 발해 유민들이 유입되었다.
② 중방이 국정을 주도하였다.
③ 왜구의 침입이 크게 늘어났다.
④ 삼국 부흥 운동이 전개되었다.

08 다음 사건에 대한 설명으로 옳은 것은?

라이징 선 석유 회사에서 일본인 현장 감독이 한국인 노동자를 구타하자 이에 분노한 노동자들이 일본인 감독의 파면, 열악한 노동 조건의 개선 등을 요구하면서 파업을 시작하였다. 회사 측에서는 노동자들의 요구 조건을 받아들이겠다고 하였으나, 몇 달이 지나도 약속을 지키지 않았고 오히려 노동자들을 탄압하였다. 이에 격분한 원산 지역의 노동자들은 대규모 총파업을 전개하였다.

① 조선 형평사의 주도로 전개되었다.
② 국외 노동 단체의 지지를 받았다.
③ 신간회가 결성되는 계기가 되었다.
④ 조선 노동 공제회 창립의 계기가 되었다.

09 고려 시대의 수공업에 대한 내용으로 옳은 것을 모두 고른 것은?

> ㉠ 초기에는 관영 수공업보다 민간 수공업과 사원 수공업이 유행하였다.
> ㉡ 관영 수공업자들은 공장안에 등록되어 국가의 관리를 받았다.
> ㉢ 소(所)에서는 각종 광산물과 종이, 먹 등의 제품 이외에도 생강을 생산하기도 하였다.
> ㉣ 후기에는 상인에게 자금과 원료를 받아 제품을 생산하는 선대제가 성행하였다.

① ㉠, ㉡
② ㉠, ㉣
③ ㉡, ㉢
④ ㉢, ㉣

10 밑줄 친 '왕' 재위 시기에 편찬된 서적으로 옳은 것은?

> 당초에 남곤이 조광조 등에게 교류를 청하였으나 조광조 등이 허락하지 않자 남곤은 유감을 품고서 조광조 등을 죽이려고 하였다. 이리하여 나뭇잎의 감즙(甘汁)을 갉아 먹는 벌레를 잡아 모으고 꿀로 나뭇잎에다 '주초위왕' 네 글자를 많이 쓰고서 벌레를 놓아 갉아먹게 하기를 마치 자연적으로 생긴 것같이 하였다. 남곤의 집이 백악산 아래 경복궁 뒤에 있었는데 자기 집에서 벌레가 갉아먹은 나뭇잎을 물에 띄워 왕이 보고 매우 놀라게 하고서 화를 조성하였다

① 『속오례의』
② 『삼강행실도』
③ 『국조오례의』
④ 『이륜행실도』

11 다음과 같이 주장한 인물에 대한 설명으로 옳은 것은?

> 지금의 불교계를 보면, 아침저녁으로 하는 일들이 비록 부처의 법에 의지하였다고 하나, 자신을 내세우고 이익을 구하는 데 열중하여 세속의 일에 골몰한다. 도덕을 닦지 않고 옷과 밥만 허비하니, 비록 출가하였다고 하나 무슨 덕이 있겠는가

① 성속무애 사상을 주장하면서 종단을 통합하려 하였다.
② 이론의 연마와 실천을 아울러 강조하는 교관겸수를 제창하였다.
③ 선종을 중심으로 교종을 포용하여 교와 선의 대립을 극복하고자 하였다.
④ 참회법과 미타 정토 신앙을 실천행으로 강조하는 결사 운동을 전개하였다.

12 밑줄 친 '이 조약'이 체결된 이후의 경제적 상황으로 옳지 않은 것은?

> 조선은 오랫동안 제후국으로서 전례에 관한 정해진 제도가 있다는 것은 다시 의논할 여지가 없다. 다만 현재 각국이 수로(水路)를 통하여 통상하고 있어 바다를 통해 양국 상인이 똑같이 상호 무역하여 함께 이익을 보게 해야 한다. …… 이번에 제정한 <u>이 조약</u>은 중국이 속방을 우대하는 뜻이며, 각국과 똑같이 같은 이득을 보도록 하는 데 있지 않다.

① 조선 안에서 청과 일본 간의 상권 다툼이 심화되었다.
② 외국 상인들에 대항하여 서울 상인들이 철시를 전개하였다.
③ 국내 상인들이 장통 회사와 같은 근대적 상회사를 설립하였다.
④ 개항장을 중심으로 객주와 여각 등 중개 상인들이 활발하게 활동하였다.

13 (가)의 내용으로 옳지 않은 것은?

훌륭하신 우리 선조께서 우리 왕조를 세워 후손들에게 물려준 지도 503년이 되는데, 저의 대에 와서 시운(時運)이 크게 변하여 인문(人文)이 열리고 우방이 진심으로 도와주고 조정의 의견이 일치되었으니, 오직 자주독립만이 우리나라를 튼튼하게 할 수 있습니다. …… 생각건대 그 방도는 혹시라도 과거에 얽매이지 않고 안일한 버릇에 빠지지 않아서 우리 조종의 큰 계책을 공손하게 따르고 세상의 형편을 살펴 내정(內政)을 개혁하여 오랜 폐단을 바로잡는 것입니다. 이에 저 소자는 14개 조목의 (가) 을/를 하늘에 계신 우리 조종의 신령 앞에서 고합니다.

① 죄인 자신 이외의 일체의 연좌율을 폐지한다.
② 지방 제도를 개정하여 지방 관리의 직권을 제한한다.
③ 청에 의존하는 생각을 버리고 자주 독립의 기초를 세운다.
④ 총명한 젊은이들을 파견하여 외국의 학술, 기예를 견습시킨다.

14 밑줄 친 '왕'의 재위 기간에 있었던 사실로 옳은 것은?

왕이 오랫동안 후사(後嗣)가 없는데 후궁인 장씨(張氏)가 비로소 아들을 낳으니 빨리 원자의 명호를 정하라고 명하였다. …… 기사년에 인현 왕후를 폐위하고 후궁 장씨를 올려서 왕비로 삼을 것을 명하였다. 왕이 갑술년에 말하기를, "기사년의 일을 돌이켜 생각해 보건대 나도 모르게 마음속에 부끄러움을 느낀다." 하였다.

① 시헌력을 채택하였다.
② 이인좌의 난이 일어났다.
③ 『대전회통』이 편찬되었다.
④ 대동법을 전국적으로 확대하였다.

15 다음 글을 쓴 인물에 대한 설명으로 옳은 것을 모두 고른 것은?

누구나 어릿어릿하는 사람을 보면 '얼'이 빠졌다고 하고, '멍'하니 앉은 사람을 보면 '얼' 하나 없다고 한다. '얼'이란 이같이 쉬운 것이다. 그런데 '얼' 하나의 있고 없음으로써 그 광대·응맹함이 혹 저렇기도 하고 그 잔루·구차함이 이렇기도 하니, '얼'에 대하여 명찰통조(明察通眺)함은 실로 거론하기 어렵다 할 수도 있다.

㉠ 조선심의 결정체로서 '조선글'을 주장하였다.
㉡ 정약용 서거 99주기를 맞아 조선학 운동을 전개하였다.
㉢ 광개토 대왕릉비에 대한 새로운 해석 방법을 제시하였다.
㉣ 『조선사연구』와 『양명학연론』을 저술하였다.

① ㉠, ㉡
② ㉠, ㉡, ㉢
③ ㉡, ㉢, ㉣
④ ㉠, ㉡, ㉢, ㉣

16 밑줄 친 '이 회의'에 대한 설명으로 옳지 않은 것은?

원세훈 등 14인이 '우리 동포에게 고함'이라는 성명서를 발표하였다. 이것이 계기가 되어 전 국민의 의사를 바탕으로 임시 정부의 분열을 극복하고 통일적인 독립운동의 방침을 마련하자는 움직임이 각지에서 구체화되었다. 이에 국내외 거의 모든 독립운동 세력이 대표를 파견한 가운데 이 회의가 열리게 되었다.

① 이 회의에서 대한민국 건국 강령이 채택되었다.
② 김구 등 현상 유지파는 회의에 참석하지 않았다.
③ 신채호 등의 창조파는 임시 정부 해체를 주장하였다.
④ 이승만의 위임 통치 청원서 등을 계기로 개최되었다.

17. 밑줄 친 '이 신문'에 대한 설명으로 옳은 것은?

> 뜻있는 친구들을 모아 회사를 조직하고 새로 신문을 발간하는데 순 국문으로 날마다 출판하고자 하니, 여러분께서는 많이 보시오. 신문의 명칭은 곧 이 신문이 우리 대황제 폐하의 당당한 대한국 백성에게 속한 신문이라는 뜻에서 지은 것이니 또한 중대하도다.

① 국채 보상 운동을 지지하였다.
② 천도교의 기관지로 발간되었다.
③ 영국인 베델이 창간에 참여하였다.
④ 우리나라 최초로 사설과 상업 광고를 게재하였다.

18. (가) ~ (라) 시기에 해당하는 사실로 옳은 것은?

(가)	(나)	(다)	(라)	
카이로 선언	정읍 발언	5·10 총선거	6·25 전쟁 발발	발췌 개헌

① (가): 국가 보안법이 제정되었다.
② (나): 좌·우 합작 7원칙이 발표되었다.
③ (다): 남북 지도자 회의가 개최되었다.
④ (라): 귀속 재산 처리법이 제정되었다.

19. 다음 신라 하대의 유학자에 대한 설명으로 옳지 않은 것은?

① 최치원은 낭원대사 오진탑비명을 작성하였다.
② 최승우는 후백제를 건국한 견훤의 책사로 활약하였다.
③ 김운경은 신라의 숙위 학생 중 최초로 당의 빈공과에 합격하였다.
④ 최언위는 당의 빈공과에서 발해의 오광찬보다 높은 성적으로 합격하였다.

20. (가) 정부 시기에 일어난 사실로 옳은 것은?

> 9일 상오 10시 23분경 이곳 아웅산 묘지 앞에서 (가) 대통령이 묘소를 참배하는 것에 함께 참석하기 위해 도열해 있던 한국 대표단의 공식·비공식 수행원 앞에서 북한이 장치한 것으로 보이는 종류 미상의 폭발물이 폭발하여, 서석준 부총리를 비롯한 공식 수행원 11명과 비공식 수행원 4명 등 모두 15명이 사망하고 이기백 합참의장 등 공식·비공식 수행원 16명이 중경상을 입은 비극적인 사건이 발생했다.

① 박종철 고문 치사 사건이 발생하였다.
② 상록수 부대를 동티모르에 파병하였다.
③ 남녀 평등을 위해 호주제를 폐지하였다.
④ 개헌 청원 1백만인 서명 운동이 전개되었다.

16회 핵심 키워드 마무리 체크

☑ 빈칸에 들어갈 알맞은 키워드를 골라 채워보세요.

이인좌	대한매일신보	전륜성왕	의천
무왕	상록수 부대	국민 대표 회의	공장안
요세	조·청 상민 수륙 무역 장정	박종철	만세보
선왕	정인보	고종	계백

선사~조선 후기

01 백제 ___ 때 금마저로 천도를 추진하였다.

02 의자왕 때는 ___이 황산벌 전투에서 패배하였다.

03 발해 문왕은 ___을 자처하였으며 당과 친선 관계를 유지하였다.

04 발해 ___은 5경 15부 62주의 지방 제도를 완비하였다.

05 ___은 이론의 연마와 실천을 아울러 강조하는 교관겸수를 제창하였다.

06 ___는 참회법과 미타 정토 신앙을 실천행으로 강조하는 결사 운동을 전개하였다.

07 고려 시대에 관영 수공업자들은 ___에 등록되어 국가의 관리를 받았다.

08 영조 때는 ___의 난이 일어났다.

09 ___ 때는 『대전회통』이 편찬되었다.

근대~현대

10 _____ 체결 이후 조선 안에서 청과 일본 간의 상권 다툼이 심화되었다.

11 _____는 영국인 베델이 창간에 참여하였다.

12 _____는 천도교의 기관지로 발간되었다.

13 _____에서 신채호 등의 창조파는 임시 정부 해체를 주장하였다.

14 _____는 『조선사연구』와 『양명학연론』을 저술하였다.

15 전두환 정부 때는 _____ 고문 치사 사건이 발생하였다.

16 김대중 정부 때는 _____를 동티모르에 파병하였다.

정답 | 01 무왕 02 계백 03 전륜성왕 04 선왕 05 의천 06 요세 07 공장안 08 이인좌 09 고종 10 조·청 상민 수륙 무역 장정 11 대한매일신보 12 만세보 13 국민 대표 회의 14 정인보 15 박종철 16 상록수 부대

MEMO

MEMO

MEMO

해커스공무원 실전동형모의고사 한국사 2 답안지

해커스공무원 실전동형모의고사 한국사 2 답안지

컴퓨터용 흑색사인펜만 사용

책 형

[필적감정용 기재]
*아래 예시문을 옮게 적으시오
본인은 OOO(응시자성명)임을 확인함
기 재 란

성명	
자필성명	본인 성명 기재
응시직렬	
응시지역	
시험장소	

응시번호							
	⓪	⓪	⓪	⓪	⓪	⓪	⓪
	①	①	①	①	①	①	①
	②	②	②	②	②	②	②
	③	③	③	③	③	③	③
	④	④	④	④	④	④	④
	⑤	⑤	⑤	⑤	⑤	⑤	⑤
⑥	⑥	⑥	⑥	⑥	⑥	⑥	⑥
⑦	⑦	⑦	⑦	⑦	⑦	⑦	⑦
	⑧	⑧	⑧	⑧	⑧	⑧	⑧
	⑨	⑨	⑨	⑨	⑨	⑨	⑨

생년월일					
⓪	⓪	⓪	⓪	⓪	⓪
	①	①	①	①	①
	②		②	②	②
	③		③	③	③
	④		④	④	④
⑤	⑤		⑤	⑤	⑤
⑥	⑥		⑥	⑥	⑥
⑦	⑦		⑦	⑦	⑦
⑧	⑧		⑧	⑧	⑧
⑨	⑨		⑨	⑨	⑨

※ 시험감독관 서명
(서명을 정자로 기재할 것)
적색 볼펜만 사용

문번	회	문번	회	문번	회	문번	회	문번	회	문번	회
01	① ② ③ ④	01	① ② ③ ④	01	① ② ③ ④	01	① ② ③ ④	01	① ② ③ ④	01	① ② ③ ④
02	① ② ③ ④	02	① ② ③ ④	02	① ② ③ ④	02	① ② ③ ④	02	① ② ③ ④	02	① ② ③ ④
03	① ② ③ ④	03	① ② ③ ④	03	① ② ③ ④	03	① ② ③ ④	03	① ② ③ ④	03	① ② ③ ④
04	① ② ③ ④	04	① ② ③ ④	04	① ② ③ ④	04	① ② ③ ④	04	① ② ③ ④	04	① ② ③ ④
05	① ② ③ ④	05	① ② ③ ④	05	① ② ③ ④	05	① ② ③ ④	05	① ② ③ ④	05	① ② ③ ④
06	① ② ③ ④	06	① ② ③ ④	06	① ② ③ ④	06	① ② ③ ④	06	① ② ③ ④	06	① ② ③ ④
07	① ② ③ ④	07	① ② ③ ④	07	① ② ③ ④	07	① ② ③ ④	07	① ② ③ ④	07	① ② ③ ④
08	① ② ③ ④	08	① ② ③ ④	08	① ② ③ ④	08	① ② ③ ④	08	① ② ③ ④	08	① ② ③ ④
09	① ② ③ ④	09	① ② ③ ④	09	① ② ③ ④	09	① ② ③ ④	09	① ② ③ ④	09	① ② ③ ④
10	① ② ③ ④	10	① ② ③ ④	10	① ② ③ ④	10	① ② ③ ④	10	① ② ③ ④	10	① ② ③ ④
11	① ② ③ ④	11	① ② ③ ④	11	① ② ③ ④	11	① ② ③ ④	11	① ② ③ ④	11	① ② ③ ④
12	① ② ③ ④	12	① ② ③ ④	12	① ② ③ ④	12	① ② ③ ④	12	① ② ③ ④	12	① ② ③ ④
13	① ② ③ ④	13	① ② ③ ④	13	① ② ③ ④	13	① ② ③ ④	13	① ② ③ ④	13	① ② ③ ④
14	① ② ③ ④	14	① ② ③ ④	14	① ② ③ ④	14	① ② ③ ④	14	① ② ③ ④	14	① ② ③ ④
15	① ② ③ ④	15	① ② ③ ④	15	① ② ③ ④	15	① ② ③ ④	15	① ② ③ ④	15	① ② ③ ④
16	① ② ③ ④	16	① ② ③ ④	16	① ② ③ ④	16	① ② ③ ④	16	① ② ③ ④	16	① ② ③ ④
17	① ② ③ ④	17	① ② ③ ④	17	① ② ③ ④	17	① ② ③ ④	17	① ② ③ ④	17	① ② ③ ④
18	① ② ③ ④	18	① ② ③ ④	18	① ② ③ ④	18	① ② ③ ④	18	① ② ③ ④	18	① ② ③ ④
19	① ② ③ ④	19	① ② ③ ④	19	① ② ③ ④	19	① ② ③ ④	19	① ② ③ ④	19	① ② ③ ④
20	① ② ③ ④	20	① ② ③ ④	20	① ② ③ ④	20	① ② ③ ④	20	① ② ③ ④	20	① ② ③ ④

2025 최신개정판

해커스공무원 실전동형모의고사 한국사 2

개정 9판 2쇄 발행 2025년 6월 9일
개정 9판 1쇄 발행 2025년 4월 10일

지은이	해커스 공무원시험연구소
펴낸곳	해커스패스
펴낸이	해커스공무원 출판팀
주소	서울특별시 강남구 강남대로 428 해커스공무원
고객센터	1588-4055
교재 관련 문의	gosi@hackerspass.com
	해커스공무원 사이트(gosi.Hackers.com) 교재 Q&A 게시판
	카카오톡 플러스 친구 [해커스공무원 노량진캠퍼스]
학원 강의 및 동영상강의	gosi.Hackers.com
ISBN	979-11-7244-901-8 (13910)
Serial Number	09-02-01

저작권자 ⓒ 2025, 해커스공무원

이 책의 모든 내용, 이미지, 디자인, 편집 형태에 대한 저작권은 저자에게 있습니다.
서면에 의한 저자와 출판사의 허락 없이 내용의 일부 혹은 전부를 인용, 발췌하거나 복제, 배포할 수 없습니다.

공무원 교육 1위,
해커스공무원 gosi.Hackers.com

해커스공무원

· 시험에 나올 시대별 핵심 키워드를 정리한 **시대별 막판 암기 점검 자료**
· 정확한 성적 분석으로 약점 극복이 가능한 **합격예측 온라인 모의고사**(교재 내 응시권 및 해설강의 수강권 수록)
· 내 점수와 석차를 확인하는 **모바일 자동 채점 및 성적 분석 서비스**
· **해커스공무원 학원 및 인강**(교재 내 인강 할인쿠폰 수록)
· 해커스 스타강사의 **공무원 한국사 무료 특강**

한경비즈니스 2024 한국품질만족도 교육(온·오프라인 공무원학원) 1위

공무원 교육 1위* 해커스공무원
모바일 자동 채점 + 성적 분석 서비스

한눈에 보는 서비스 사용법

Step 1.
교재 구입 후 시간 내 문제 풀어보고 교재 내 수록되어 있는 QR코드 인식!

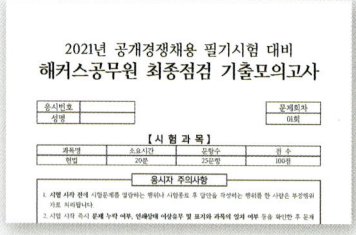

Step 2.
모바일로 접속 후 '지금 채점하기' 버튼 클릭!

Step 3.
OMR 카드에 적어놓은 답안과 똑같이 모바일 채점 페이지에 입력하기!

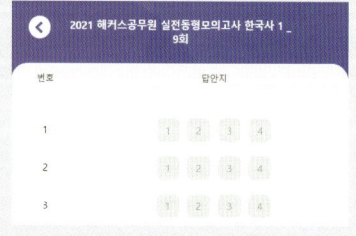

Step 4.
채점 후 내 석차, 문제별 점수, 회차별 성적 추이 확인해보기!

실시간 성적 분석 결과 확인

문제별 정답률 및 틀린 문제 난이도 체크

회차별 나의 성적 변화 확인

* [공무원 교육 1위 해커스공무원] 한경비즈니스 2024 한국품질만족도 교육(온·오프라인 공무원학원) 1위

해커스공무원 gosi.Hackers.com

2025 최신개정판

해커스공무원
**실전동형
모의고사**
한국사 2

약점 보완 해설집

해커스공무원

해커스공무원
실전동형
모의고사
한국사 2

약점 보완 해설집

해커스공무원

01회 실전동형모의고사 정답·해설

정답 p.14

01	② 고대	11	④ 근대
02	① 선사 시대	12	④ 조선 전기
03	② 고대	13	③ 근대
04	① 고려 시대	14	④ 조선 후기
05	③ 고대	15	② 일제 강점기
06	④ 시대 통합	16	④ 현대
07	② 고려 시대	17	④ 일제 강점기
08	④ 조선 전기	18	④ 근대
09	② 고대	19	④ 현대
10	① 조선 후기	20	① 현대

취약시대 분석표

영역	세부 유형	문항 수
전근대	선사 시대	/1
	고대	/4
	고려 시대	/2
	조선 전기	/2
	조선 후기	/2
근현대	근대	/3
	일제 강점기	/2
	현대	/3
통합	시대 통합	/1
총계		/20

* 취약시대 분석표를 이용해 1개라도 틀린 문제가 있는 시대는 그 시대의 문제만 골라 해설을 다시 한번 꼼꼼히 학습하세요.

---

01 고대 | 광개토대왕의 업적 난이도 중 ●●○

자료분석
호우명 그릇 + 고구려와 신라의 관계를 보여줌 → (가) 광개토대왕

정답설명
② 광개토대왕은 백제의 수도인 한성을 공격하여 백제 아신왕으로부터 항복을 받아냈다.

오답분석
① 미천왕: 한반도에서 낙랑군을 완전히 몰아낸 왕은 미천왕이다. 미천왕은 중국이 5호 16국 시대로 혼란한 틈을 타 낙랑군을 몰아내고 대동강 유역을 차지하였다.
③ 문자왕: 부여를 복속하여 최대 영토를 확보한 왕은 문자왕이다.
④ 장수왕: 남진 정책을 전개하여 한강 유역을 장악하고, 죽령 일대부터 남양만에 이르는 영토를 확보한 왕은 장수왕이다.

02 선사 시대 | 위만 조선 난이도 중 ●●○

자료분석
상투를 틀고 조선인의 복장을 함 + 패수를 건너 준왕에게 투항함 → (가) 위만 → 위만 조선

정답설명
① 요서(랴오시) 지방을 경계로 중국의 연나라와 대립한 것은 기원전 4세기경으로, 위만 조선이 건국되기 이전의 사실이다.

오답분석
② 위만 조선은 활발한 정복 사업을 전개하여 진번과 임둔 세력을 복속시키는 등 영토를 확장하였다.
③ 위만 조선은 지리적 이점을 이용하여 중국의 한이 한반도 남부의 진과 직접 교역하는 것을 막고, 중계 무역을 통해 이익을 독점하였다.
④ 위만 조선은 철기 문화를 본격적으로 수용하여 철제 무기와 농기구를 제작하였다.

03 고대 | 고대 문화의 일본 전파 난이도 중 ●●○

정답설명
② 옳은 것을 모두 고르면 ㉠, ㉡, ㉣이다.
㉠ 고구려의 승려 담징은 영양왕 때 일본으로 건너가 종이와 먹의 제조 방법을 전하였다.
㉡ 가야의 토기 제작 기술은 일본의 스에키 토기 제작에 영향을 주었다.
㉣ 백제의 단양이와 고안무는 오경 박사로, 무령왕 때 일본으로 건너가 유학을 전해주었다.

오답분석
㉢ 일본에 삼론종을 전파한 혜관은 신라가 아닌 고구려의 승려이다.
㉤ 일본 다카마쓰 고분 벽화는 백제가 아닌 고구려 문화의 영향을 받았다. 다카마쓰 고분에서 발견된 벽화의 인물 복장 등은 고구려 수산리 고분 벽화와 비슷하여 고구려 고분 벽화의 영향을 받았음을 알 수 있다.

04 고려 시대 | 고려의 향리 난이도 중 ●●○

자료분석
토인으로 그 읍을 다스리고 호령하는 자(호족) + 고려가 직호를 내림 + (고려)성종 때 왕의 관리에게 통제케 함 → ㉠ 고려의 향리

정답설명
① 고려 시대의 향리들은 직역에 대한 보수로 외역전을 지급받았다.

오답분석
② 고려의 향리는 지방관이 없는 속현이나 부곡 등에도 존재하였으며, 실질적인 행정 실무를 담당하였다.

③ 고려의 향리는 자신의 근거지를 본관으로 인정받기도 하였다.
④ 고려의 상층 향리는 과거에 응시하여 중앙 관리로 진출할 수 있었으며, 이를 통해 신분을 상승시킬 수 있었다.

이것도 알면 합격!

고려 시대 향리의 종류

상층 향리 (호장, 부호장)	• 지방 호족 출신으로, 지방의 실질적인 지배층 • 과거를 통해 중앙 관리로 진출 가능
하층 향리	말단 행정직으로 직역 세습, 행정 실무 담당

05 고대 | 발해 무왕 재위 시기의 사실   난이도 하 ●○○

자료분석

장문휴를 보냄 + 등주자사 위준을 공격함 → 발해 무왕

정답설명

③ 발해 무왕 때는 당나라와 신라를 견제하기 위해 일본에 사신을 파견하여 국교를 맺었다.

오답분석

① 발해 문왕: '대흥', '보력'이라는 연호를 사용한 것은 발해 문왕 때이다. 한편 발해 무왕은 '인안'이라는 연호를 사용하였다.
② 발해 선왕: 발해가 중국에서 '해동성국'이라 불린 것은 발해 선왕 때이다. 선왕 때는 대부분의 말갈족을 복속시키고 랴오둥(요동) 지역으로 진출하여 전성기를 맞이하였는데, 이에 당시 중국은 발해를 '해동성국'이라 칭하였다.
④ 발해 문왕: 상경 용천부에서 동경 용원부로 수도를 옮긴 것은 발해 문왕 때이다.

06 시대 통합 | 도교 사상   난이도 중 ●●○

자료분석

연개소문이 왕에게 아룀 + 당에 사신을 보내 (가)을/를 구해옴 → (가) 도교

정답설명

④ 조선 초기에는 도교 행사를 거행하기 위해 소격서가 설치되었고, 소격서의 주관으로 일월성신에게 제사를 지내는 초제를 시행하였다.

오답분석

① 풍수지리 사상: 집터나 묘지 선정에 영향을 준 것은 풍수지리 사상이다.
② 유교 사상: 『시경』, 『서경』, 『역경』을 경전으로 삼고 있는 것은 유교 사상이다.
③ 선종: 승려의 사리를 안치하는 승탑과 승려의 행적을 기록하는 탑비의 건립이 유행하는 배경이 된 것은 선종 불교이다.

07 고려 시대 | 이자겸   난이도 중 ●●○

자료분석

인종 + 세 번째 딸을 왕에게 바침 + 네 번째 딸을 왕비로 들임 → 이자겸

정답설명

② 이자겸은 아들을 출가시켜 현화사의 불교 세력과 강력한 유대 관계를 맺었다. 현화사는 귀족과 강력한 유대 관계를 맺고 있던 사찰로, 이자겸의 아들인 승려 의장은 현화사의 주지였다.

오답분석

① 최승로: 사회 개혁안인 시무 28조를 건의한 인물은 최승로이다.
③ 경대승: 자신의 신변 보호를 위해 사병 집단인 도방을 처음으로 조직한 인물은 경대승이다.
④ 김보당: 계사의 난을 일으킨 인물은 김보당이다. 김보당의 난은 계사년(1173)에 일어나 계사의 난이라고도 하며 무신 정권 타도와 의종의 복위를 주장하였다.

08 조선 전기 | 훈구와 사림   난이도 중 ●●○

자료분석

(가) 좌익공신 + 상왕이 어린 나이로 나라를 계승 + 죄인을 내쫓고 굴복시킴 → 계유정난 → ㉠ 훈구
(나) 천거로 인재를 뽑는 일 → 현량과 실시 → ㉡ 사림

정답설명

④ 사림은 대체로 중소 지주 출신이었으며, 유교 윤리를 바탕으로 한 향촌 자치를 강조하였다.

오답분석

① 도덕과 의리를 바탕으로 왕도 정치를 추구한 것은 사림이다. 한편, 훈구는 강력한 왕권을 바탕으로 한 중앙 집권 정치를 추구하였다.
② 관학파를 계승하여 문물 제도 정비에 기여한 것은 훈구이다.
③ 성리학 이외의 학문은 배척하고 유교 경전을 해석하고 연구하는 경학을 중시한 것은 사림이다. 한편, 훈구는 성리학 이외의 학문에도 포용적이었으며 경학보다는 사장을 더 중시하였다.

09 고대 | 을지문덕   난이도 중 ●●○

자료분석

싸움에서 이긴 공이 이미 높으니 족한 줄 알고 그만하기를 바람 → 여수장우중문시 → 을지문덕

정답설명

② 을지문덕은 수 양제가 고구려를 침입하였을 때 적군을 유인하여 살수(청천강)에서 수나라 군대를 크게 격퇴하였다.

오답분석

① 연개소문: 영류왕을 죽이고 권력을 장악한 인물은 연개소문이다. 연개소문은 정변을 일으켜 영류왕을 죽이고 권력을 장악한 뒤 보장왕을 왕으로 세우고, 스스로 대막리지가 되었다.
③ 김유신: 황산벌에서 계백이 이끈 백제군과 싸워 승리한 인물은 김유신이다.
④ 김춘추: 당나라로 건너가 군사 동맹을 체결한 인물은 김춘추이다.

10. 조선 후기 | 조선 후기의 백과사전류 서적　난이도 상 ●●●

정답설명
① 옳은 것을 모두 고르면 ㉠, ㉡이다.
㉠ 『지봉유설』은 이수광이 저술한 백과사전식 서적으로, 마테오 리치의 『천주실의』를 소개하여 천주교의 교리와 교황에 대해 서술하였다.
㉡ 『동국문헌비고』는 영조 때 역대 우리나라의 문물 제도를 정리한 백과사전식 관찬 서적이다.

오답분석
㉢ 농업 정책과 농촌 생활 등을 백과사전식으로 정리한 서적은 『임원경제지』이다. 『성호사설』은 이익이 우리나라와 중국의 문화를 5개 부분으로 분류하여 백과사전식으로 정리한 서적이다.
㉣ 우리나라와 중국 등의 역사, 사물 등을 고증학적인 방법으로 소개한 서적은 『오주연문장전산고』이다. 『청장관전서』는 정조 때 이덕무가 자신의 시문과 역사, 인물, 사상 등을 백과사전식으로 소개한 서적이다.

11. 근대 | 국채 보상 운동　난이도 중 ●●○

자료분석
국채가 1,300만 원 + 한 사람이 1원을 냄 → 국채 보상 운동

정답설명
④ '한민족 1천만이 한 사람 1원씩'이라는 구호로 전개된 민족 운동은 민립 대학 설립 운동이다.

오답분석
①, ② 국채 보상 운동은 김광제, 서상돈 등의 제창으로 대구에서 시작되었으며 언론 기관인 대한매일신보, 황성신문, 제국신문 등의 후원을 받아 전국으로 확대되었다.
③ 국채 보상 운동은 친일 단체인 일진회와 통감부의 방해로 인해 결국 중단되었다.

이것도 알면 합격!

국채 보상 운동

배경	일본의 차관 도입에 따라 대한 제국의 재정이 일본에 예속됨
전개	• 대구에서 시작, 서울에서 국채 보상 기성회가 조직됨 • 대한매일신보, 황성신문 등 언론 기관들의 후원 • 금주, 금연 및 반지와 비녀 모으기 등의 모금 운동 전개
결과	국채 보상 기성회의 간사인 양기탁에게 공금을 횡령했다는 혐의를 씌워 구속하는 등 일진회와 통감부의 방해로 실패

12. 조선 전기 | 조선 전기의 과학 기술　난이도 하 ●○○

정답설명
④ 화약 무기 제작과 그 사용법을 정리한 『총통등록』이 편찬된 것은 세종 때이다.

오답분석
① 태종 때 활자의 주조를 담당하는 주자소를 설치하고, 금속 활자인 계미자를 주조하였다.
② 세종 때 장영실 등이 자동으로 시간을 알려주는 물시계인 자격루를 만들었다.
③ 세조 때 토지 측량 기구인 인지의와 규형을 제작하여 지도 제작 등에 활용하였다.

13. 근대 | 한성순보　난이도 하 ●○○

자료분석
박문국 + 국내의 일까지 기재하여 나라 안에 알림 → (가) 한성순보

정답설명
③ 한성순보는 우리나라 최초의 근대적 신문으로 박문국에서 순한문체로 열흘에 한 번씩 간행된 관보적 성격의 신문이다.

오답분석
① 한성순보는 1883년부터 1884년까지 발간된 신문으로, 신문지법이 제정(1907)되기 이전에 폐간되었다.
② 황성신문·대한매일신보: 장지연의 '시일야방성대곡'을 게재한 신문은 황성신문과 대한매일신보이다. 황성신문은 '시일야방성대곡'을 처음 게재하였으며, 대한매일신보는 '시일야방성대곡'을 영문으로 번역하여 게재하였다.
④ 독립신문: 정부의 지원을 받아 창간되었으며, 한글판과 함께 영문으로도 발행된 신문은 독립신문이다.

14. 조선 후기 | 균역법　난이도 하 ●○○

자료분석
부족한 것은 어·염·선세와 은·여결에서 받아들이는 것으로 충당 → 균역법

정답설명
④ 균역법은 균역청에서 담당하다가 이후 선혜청이 통합하여 관리하였다.

오답분석
① 대동법: 방납의 폐단을 해결하기 위해 실시된 것은 대동법이다. 한편, 균역법은 백성들의 군역 부담을 줄여주기 위해 실시하였다.
② 호포법: 양반에게도 군포를 부과하여 군역을 지게 한 것은 흥선 대원군이 실시한 호포법이다.
③ 영정법: 풍흉에 관계없이 1결당 쌀 4~6두씩을 징수한 것은 인조 때 제정된 영정법이다.

15. 일제 강점기 | 조선 혁명군　난이도 중 ●●○

자료분석
영릉가로 쳐들어감 + 양 사령(양세봉) → 조선 혁명군

정답설명
② 조선 혁명군은 남만주 지역에서 중국 의용군과 연합하여 활약하였으며, 영릉가 전투, 흥경성 전투 등에서 일본군을 크게 물리쳤다.

오답분석
① 대한 독립 군단: 자유시 참변으로 시련을 겪은 부대는 서일을 중심으로 조직된 대한 독립 군단이다.
③ 조선 의용대: 중국 관내(한커우)에서 결성된 최초의 한인 무장 부대는 조선 의용대이다.
④ 한국광복군: 미국 전략 사무국(OSS)의 지원을 받아 국내 진공 작전을 계획하였던 부대는 한국광복군이다.

16 현대 | 농지 개혁법   난이도 중 ●●○

자료분석
농지를 농민에게 분배 + 3정보를 초과하지 못함 → 농지 개혁법

정답설명
④ 옳은 것을 모두 고르면 ⓒ, ⓔ이다.
ⓒ 농지 개혁법의 시행으로 인해 농민 중심의 토지 제도가 확립되어 자작농의 수가 증가하였으며, 지주제가 점차 소멸하였다.
ⓔ 농지 개혁법의 시행에 따라 농지를 매각한 지주에게는 평년 농지 생산량의 1.5배를 5년에 걸쳐 보상한다는 내용의 지가 증권을 발급하였다.

오답분석
㉠ 농지 개혁법은 유상 매수와 유상 분배를 원칙으로 시행되었다.
㉡ 신한 공사는 미 군정 시기에 일제의 귀속 재산 관리를 위해 설치된 기구로, 농지 개혁법과 관련이 없다.

17 일제 강점기 | 3·1 운동의 배경   난이도 중 ●●○

자료분석
탑골 공원 + 학생들이 '만세, 독립 만세'를 외침 → 3·1 운동

정답설명
④ 대한민국 임시 정부는 3·1 운동 이후에 수립되었다. 3·1 운동 이후에 독립운동을 이끌어 갈 통일된 지도부의 필요성이 대두되어 상하이에 대한민국 임시 정부가 수립되었다.

오답분석
모두 3·1 운동이 일어나게 된 배경에 해당된다.
① 도쿄 유학생들은 조선 청년 독립단을 조직하고, 2·8 독립 선언서를 발표하였다.
② 레닌은 제국주의에 반대하여 일어난 모든 약소 식민지 국가의 해방 운동을 지원하겠다고 발표하였다.
③ 미국 대통령인 윌슨은 어느 민족의 운명이나 미래는 그 민족이 스스로 결정하게 해야 한다는 민족 자결주의 원칙을 제시하였다.

18 근대 | 보안회   난이도 중 ●●○

자료분석
황무지 등을 모두 빼앗아 감 + 이 나라 강토를 일본인들에게 허락해주려는 것을 막음 → (가) 보안회

정답설명
③ 보안회는 원세성, 송수만, 심상진 등을 중심으로 조직되었다. 일본이 대한 제국 정부에 황무지 개간권을 요구하자 원세성, 송수만, 심상진 등은 이를 저지하기 위해 보안회를 결성하였다.

오답분석
① 신민회: 자기 회사와 태극 서관 등을 운영하여 민족 산업을 육성한 단체는 신민회이다.
② 대한 자강회: 고종의 강제 퇴위 반대 운동을 전개한 단체는 대한 자강회이다.
④ 독립 협회: 국민 계몽을 위해 회보를 발간하고 만민 공동회 등 대규모 집회를 개최한 단체는 독립 협회이다.

19 현대 | 김대중 정부 시기의 사실   난이도 중 ●●○

자료분석
외환 위기 상황에서 출범함 + 기업의 구조조정 및 금융 개혁 단행 → 김대중 정부

정답설명
④ 김대중 정부 때는 현대그룹 정주영 회장의 소떼 방북의 성과로 북한과 금강산 관광 사업에 대해 합의하였고, 이에 1998년부터 해로를 통한 금강산 관광이 처음 시작되었다.

오답분석
① 박정희 정부: 국민 교육 헌장이 제정된 것은 박정희 정부 시기의 사실이다. 국민 교육 헌장은 우리나라의 교육이 지향해야 할 이념과 목표를 제시한 것으로, 민족 주체성 확립과 새로운 문화 창조, 반공 민주주의 정신 강조 등의 내용을 담고 있다.
② 노태우 정부: 우리나라가 국제 노동 기구(ILO)에 가입한 것은 노태우 정부 시기의 사실이다.
③ 김영삼 정부: 전국 민주 노동 조합 총연맹이 결성된 것은 김영삼 정부 시기의 사실이다.

20 현대 | 4·19 혁명의 결과   난이도 하 ●○○

자료분석
상아의 진리탑을 박차고 거리에 나선 우리 → 4·19 혁명 선언문(서울대 문리대 학생회) → 4·19 혁명

정답설명
① 4·19 혁명의 결과 이승만 대통령이 하야하고 허정 과도 정부가 수립되었다.

오답분석
② 조봉암이 진보당을 창당한 것은 사사오입 개헌 이후인 1956년의 일로, 4·19 혁명 이전의 사실이다.
③ 6월 민주 항쟁: 여당인 민주 정의당의 대통령 후보였던 노태우가 대통령 직선제 개헌을 약속한 6·29 민주화 선언이 발표된 것은 6월 민주 항쟁의 결과이다.
④ 국가 보위 비상 대책 위원회는 5·18 민주화 운동을 진압한 신군부가 국가의 통치권을 장악하기 위해 구성한 것으로, 4·19 혁명과는 관련이 없다.

02회 실전동형모의고사 정답·해설

▶ 정답
p.20

01	① 고대	11	④ 조선 후기
02	② 근대	12	① 일제 강점기
03	② 시대 통합	13	③ 선사 시대
04	③ 선사 시대	14	③ 고대
05	③ 현대	15	③ 근대
06	④ 고려 시대	16	② 고려 시대
07	① 조선 전기	17	④ 조선 전기
08	④ 고대	18	① 일제 강점기
09	① 일제 강점기	19	④ 현대
10	③ 근대	20	③ 현대

▶ 취약시대 분석표

영역	세부 유형	문항 수
전근대	선사 시대	/2
	고대	/3
	고려 시대	/2
	조선 전기	/2
	조선 후기	/1
근현대	근대	/3
	일제 강점기	/3
	현대	/3
통합	시대 통합	/1
총계		/20

* 취약시대 분석표를 이용해 1개라도 틀린 문제가 있는 시대는 그 시대의 문제만 골라 해설을 다시 한번 꼼꼼히 학습하세요

---

01 고대 | 고대 국가의 경제 상황   난이도 하 ●○○

정답설명

① 조공도를 통해 당나라와 교류한 나라는 발해이다. 발해는 수도인 상경 용천부에서 서경 압록부를 거쳐 당의 수도인 장안에 이르는 조공도를 이용하여 당과 교류하였다.

오답분석

② 백제는 남중국 및 왜와 무역을 활발하게 전개하여 중국에 인삼·직물류를, 왜에는 곡물·직물류 등을 수출하였다.
③ 신라는 한강 유역을 확보하기 전에는 고구려와 백제를 통해 간접적으로 중국과 교역하였으나, 진흥왕 때 한강 유역을 확보한 이후에는 당항성을 통하여 중국과 직접 교역하였다.
④ 통일 신라 때는 경주와 가까운 울산항이 국제 무역항으로 발전하였으며, 울산항에서 당, 일본, 아라비아 상인들과 교역을 전개하였다.

02 근대 | 신민회   난이도 중 ●●○

자료분석

신교육 + 신개혁 + 신국가를 건설 → 신민회 결성 취지문 → 신민회

정답설명

② 신민회는 서간도 삼원보에 신흥 강습소를 설립하여 독립군을 양성하고 민족 교육을 추진하였다.

오답분석

① 대한민국 임시 정부: 상하이에서 입법 기관인 임시 의정원을 구성한 단체는 대한민국 임시 정부이다.
③ 독립 협회: 관민 공동회를 개최하여 헌의 6조를 결의한 단체는 독립 협회이다.
④ 신간회: 광주 학생 항일 운동을 지원하기 위해 현지에 조사단을 파견한 단체는 신간회이다.

이것도 알면 합격!

신민회

국내	민족 교육 추진	대성 학교(평양), 오산 학교(정주) 조직
	민족 산업 육성	자기 회사 설립(평양), 태극 서관 운영(평양, 대구)
	민족 문화 양성	대한매일신보 발간, 조선 광문회 후원
국외	독립 기지 건설	서간도(남만주) 삼원보

03 시대 통합 | 제주도   난이도 하 ●○○

자료분석

왜국에 인접함 + 탐라총관부를 혁파함 → 제주도

정답설명

② 조선 효종 때 네덜란드 선원인 하멜이 일본으로 향하던 도중 제주도에 표류하였다.

오답분석

① 강화도: 병자호란 때 김상용이 순절한 곳은 강화도이다. 김상용은 병자호란 때 왕족을 수행하여 강화도로 피난하였으나, 강화성이 함락되자 화약에 불을 질러 순절하였다.
③ 개성: 조선 후기에 송상이 근거지로 삼아 활동한 곳은 개성이다.
④ 원산: 우리나라 최초의 근대 교육 기관인 원산 학사가 설립된 곳은 원산이다.

04 선사 시대 | 청동기 시대의 유적과 유물   난이도 하 ●○○

정답설명

③ 청동기 시대의 유적지인 부여 송국리 유적에서는 민무늬 토기가 발견되었다. 이곳에서 발견된 민무늬 토기는 바닥이 납작하고 배의 중간 부분이 약간 부푼 형태를 띠고 있는 특징이 있어서 송국리식 토기라고 불린다.

오답분석

① 청진 농포동 유적지는 신석기 시대의 유적지이며, 슴베찌르개는 후기 구석기 시대의 유물로 나무나 뼈에 꽂아서 창처럼 사용하였다.
② 제주 고산리 유적지는 신석기 시대의 유적지이며, 덧무늬 토기는 신석기 시대의 유물이다.
④ 거친무늬 거울이 청동기 시대의 유물인 것은 맞으나, 서울 암사동 유적은 대표적인 신석기 시대의 주거 유적이다. 서울 암사동 유적에서는 빗살무늬 토기 등이 발견되었다.

05 현대 | 남조선 과도 입법 의원   난이도 중 ●●○

자료분석
민정 장관 안재홍 + 정책 입안 기관 → (가) 남조선 과도 입법 의원

정답설명
③ 남조선 과도 입법 의원은 간접 선거로 선출한 민선 의원 45명과 미 군정에서 임명한 관선 의원 45명을 합쳐 총 90명의 의원으로 구성되었다.

오답분석
① 남조선 과도 입법 의원의 초대 의장으로는 김규식이 선임되었다.
② 남조선 과도 입법 의원은 입법의원 의원 선거법을 비롯하여 미성년자 보호법, 민족 반역자·부일 협력자·간상배에 대한 특별법 등을 제정하였다.
④ 남조선 과도 입법 의원은 1차 미·소 공동 위원회가 휴회된 이후인 1946년 12월에 설립되었다.

06 고려 시대 | 고려 숙종의 정책   난이도 중 ●●○

자료분석
김위제가 천도하기를 청함 + 목멱 북쪽의 평야에 도성을 건립 → 고려 숙종

정답설명
④ 고려 숙종은 서적의 보관과 출판을 위해 국자감에 서적포를 설치하였다.

오답분석
① 고려 예종: 국학의 경제 기반을 강화하기 위하여 일종의 장학 재단인 양현고를 설치한 왕은 고려 예종이다.
② 고려 공양왕: 활자의 주조와 인쇄를 위해 서적원을 설치한 왕은 고려 공양왕이다.
③ 고려 충렬왕: 7품 이하 관리들에게 유교 경전과 역사를 가르치는 관청인 경사교수도감을 설치한 왕은 고려 충렬왕이다.

07 조선 전기 | 조선 전기에 편찬된 역사서   난이도 상 ●●●

정답설명
① 옳은 것을 모두 고르면 ㉠, ㉢이다.
㉠ 『동국통감』은 성종 때 서거정 등이 단군 조선부터 고려 말까지의 역사를 정리한 역사서이다.

㉢ 『삼국사절요』는 성종 때 노사신, 신숙주 등이 단군 조선부터 삼국까지의 역사를 편년체로 서술한 역사서이다.

오답분석
㉡ 『고려사』: 김종서 등이 고려의 역사를 기전체로 서술한 역사서는 『고려사』이다. 『고려사절요』는 문종 때 김종서 등이 고려의 역사를 편년체로 서술한 역사서이다.
㉣ 『동국사략』: 태종 때 권근 등이 단군 조선부터 신라 말까지의 역사를 정리한 역사서는 『동국사략』이다. 『동사찬요』는 오운이 편찬한 역사서로, 우리나라 유교 전통의 시작이 기자로부터 시작되었다고 서술하였다.

08 고대 | 온달 전사와 연개소문 정변 사이의 사실   난이도 상 ●●●

자료분석
온달 전사(590) → (가) → 연개소문 정변(642)

정답설명
④ (가) 시기인 634년에 신라의 선덕 여왕은 연호를 '인평(仁平)'으로 고쳤다.

오답분석
① (가) 이전: 시장 관리 감독 관청인 동시전을 설치한 것은 지증왕 때인 509년으로, (가) 이전의 사실이다.
② (가) 이전: 신라가 금관가야를 정복한 것은 법흥왕 때인 532년으로, (가) 이전의 사실이다.
③ (나) 이후: 적고적의 난이 일어난 것은 진성 여왕 때인 896년으로, (나) 이후의 사실이다.

09 일제 강점기 | 의열 단체의 활동   난이도 중 ●●○

자료분석
(가) 김원봉 + 나석주 + 김상옥 → 의열단
(나) 윤봉길 + 이봉창 → 한인 애국단
(다) 백정기 + 이강훈 + 원심창 → 남화 한인 청년 연맹
(라) 강우규 → 노인 동맹단

정답설명
① 경성 부민관에서 열린 아시아민족분격대회장에 폭탄을 터트린 단체는 대한 애국 청년당이다.

오답분석
② 한인 애국단은 상하이에 주둔해 있던 일본 전함 이즈모호에 일본군 사령부가 설치되었다는 첩보를 입수하고, 이를 폭파하고자 하였으나 실패하였다.
③ 남화 한인 청년 연맹의 백정기, 이강훈, 원심창은 중국 상하이 육삼정에서 일본 공사 아리요시의 암살을 시도하였다.
④ 노인 동맹단의 강우규는 서울역에서 조선 총독인 사이토에게 폭탄을 투척하였다.

02회 실전동형모의고사 정답·해설

10 | 근대 | 김홍집 | 난이도 중 ●●○

자료분석
영남의 멀리 떨어져있는 자들(영남 만인소) + 그가 가지고 온 책(『조선책략』) → 김홍집

정답설명
③ 김홍집은 군국기무처의 총재관이 되어 제1차 갑오개혁을 주도하였다.

오답분석
모두 김홍집과 관련이 없는 사실이다.
① 이범윤 등: 간도 관리사로 파견되어 간도 지방의 한인을 보호한 인물은 이범윤 등이다.
② 민영익, 홍영식, 유길준 등: 우리나라 최초의 구미 사절단인 보빙사로 미국에 파견된 인물은 민영익, 홍영식, 유길준 등이다.
④ 김옥균, 박영효 등: 갑신정변 실패 후 일본으로 망명한 인물은 김옥균, 박영효 등이다.

11 | 조선 후기 | 효종의 업적 | 난이도 중 ●●○

자료분석
대국(청나라)이 나선(러시아)을 토벌하려고 함 + 청의 요구에 응함 → 효종

정답설명
④ 효종은 북벌 계획에 따라 어영청을 확대하여 화포병과 기병을 늘렸다.

오답분석
① 영조: 『수성윤음』을 반포한 왕은 영조이다. 영조는 『수성윤음』을 반포하여 한양 내에 거주하는 백성들을 거주지에 따라 훈련도감, 금위영, 어영청의 군영에 각각 배속하고, 유사시 도성을 수비하도록 하였다.
②, ③ 정조: 조선 후기의 대청·대일 외교 문서를 집대성한 『동문휘고』를 편찬하고, 국왕의 친위 부대인 장용영을 설치한 왕은 정조이다.

12 | 일제 강점기 | 한국광복군 | 난이도 하 ●○○

자료분석
대한민국 임시 정부가 조직 + 연합군의 일원으로 항전 → (가) 한국광복군

정답설명
① 중국 의용군과 함께 연합 작전을 전개한 것은 조선 혁명군이다. 조선 혁명군은 중국 의용군과 연합하여 영릉가 전투, 흥경성 전투 등에서 일본군에 승리하였다.

오답분석
② 한국광복군은 총사령에 지청천, 참모장에 이범석을 선임하였다.
③ 한국광복군은 미 전략 사무국(OSS)과 협력하여 국내 정진군을 편성하고 국내 진공 작전을 추진하였다.
④ 한국광복군은 인도, 미얀마 전선에서 영국군과 공동 작전을 수행하였으며, 주로 포로 심문, 선전 전단의 작성, 암호문 번역 등을 담당하였다.

13 | 선사 시대 | 동예 | 난이도 하 ●○○

자료분석
사람이 병들어 죽으면 집을 버리고 새 집을 지음 + 과하마 → 동예

정답설명
③ 동예에는 대군장이 없었고, 후·읍군·삼로 등의 군장이 하호를 통치하였다.

오답분석
① 삼한: 정치적 지배자로 신지, 읍차 등이 있었던 나라는 삼한이다. 삼한의 지배자 중 세력이 큰 것은 신지라 하였고, 세력이 작은 것은 읍차 등으로 불렸다.
② 고구려: 왕 아래의 대가들이 각기 사자, 조의, 선인 등의 관리들을 거느렸던 나라는 고구려이다.
④ 부여: 가축의 이름을 딴 마가, 우가, 저가, 구가 등의 대가들이 사출도를 다스린 나라는 부여이다.

14 | 고대 | 신라 말 호족 | 난이도 중 ●●○

자료분석
군진을 기반으로 성장 + 중앙 정부의 통제를 벗어남 + 촌주 출신도 있음 → 호족

정답설명
③ 신라 말 호족은 교종이 아닌 선종과 풍수 지리 사상 등을 이념적 기반으로 삼아 독자적인 세력을 형성하였다.

오답분석
① 호족은 중앙 정부의 통제력이 약화된 틈을 타 지방에서 세력을 형성하고, 스스로를 성주 또는 장군이라 칭하기도 하였다.
② 호족은 중앙 정부에서 소외되었던 6두품과 연계하여 사회 개혁을 추구하였다.
④ 호족은 중앙 정치 기관을 모방한 독자적인 지배 기구인 관반제를 실시하였다.

15 | 근대 | 제1차 한·일 협약 | 난이도 중 ●●○

자료분석
일본인 1명을 재정 고문으로 삼음 + 외국인 1명을 외교 고문으로 삼음 → 제1차 한·일 협약

정답설명
③ 제1차 한·일 협약으로 인해 일본인 메가타가 대한 제국의 재정 고문에 임명되었고, 이는 이후 메가타의 주도하에 화폐 정리 사업이 실시되는 배경이 되었다.

오답분석
① 한·일 신협약: 대한 제국 군대 해산의 결과를 낳은 조약은 한·일 신협약이다. 대한 제국은 일본과 체결한 한·일 신협약 부수 비밀 각서에 따라 군대를 해산하였다.
② 제2차 한·일 협약(을사늑약): 대한 제국의 외교권이 완전히 박탈된 조약은 제2차 한·일 협약(을사늑약)이다.
④ 제1차 한·일 협약은 고종이 강제 퇴위(1907. 07.) 당하기 이전인 1904년 8월에 체결되었다.

16 고려 시대 | 팔관회 난이도 하 ●○○

자료분석

봄에는 연등회를 벌이고 겨울에 개최함 + 사람이 많이 동원되고 쓸데없는 노동이 많음 → (가) 팔관회

정답설명

② 팔관회는 고려의 중요한 국가 의례로, 이때 송나라, 여진 등의 각국 사신들이 방문하여 특산물 등을 바치기도 하였다.

오답분석

① 팔관회는 복원관에서 행사를 주관하지 않았다. 복원관은 고려 예종 때 설치된 도교 사원으로, 이곳에서는 도교 행사인 초제를 주관하였다.
③ 팔관회에서는 매향 활동을 하지 않았다. 매향 활동은 고려 시대의 향도가 내세의 복을 기원하기 위해 시행하였다.
④ 태조 왕건은 훈요 10조에서 연등회와 더불어 팔관회를 가감 없이 시행할 것을 강조하였다.

17 조선 전기 | 정도전의 업적 난이도 중 ●●○

자료분석

임금의 직책은 한 사람의 재상을 논의하는데 있음 → 재상 중심 정치 → 『조선경국전』 → 정도전

정답설명

④ 정도전은 한양 도성을 설계하여 성문과 궁궐 및 각 전각의 이름을 지었다.

오답분석

① 권람: 『응제시주』를 저술한 인물은 권람이다. 권람은 자신의 할아버지인 권근이 지은 응제시를 해석하여 주석을 붙인 『응제시주』를 저술하였다.
② 정초, 변효문 등: 『농사직설』의 편찬을 주도한 인물은 정초와 변효문 등이다.
③ 김종서, 황보인 등: 계유정난 때 왕자인 수양대군에게 살해된 인물은 김종서, 황보인 등이다. 한편, 정도전은 1차 왕자의 난 때 이방원에게 살해되었다.

18 일제 강점기 | 6·10 만세 운동 난이도 중 ●●○

자료분석

철천지원수는 자본·제국주의 일본 + 조선 독립 만세 → 6·10 만세 운동

정답설명

① 6·10 만세 운동은 순종의 인산일을 계기로 전개되었다. 1926년 4월에 순종이 승하하자, 사회주의 계열과 학생들이 순종의 인산일에 맞춰 만세 시위를 계획하였다.

오답분석

② 3·1 운동: 문화 통치가 실시되는 계기가 된 민족 운동은 3·1 운동이다. 3·1 운동을 계기로 일제의 통치 방식이 무단 통치에서 문화 통치로 전환되었다.
③ 6·10 만세 운동은 조선 청년 총동맹이 조직된 이후에 전개되었다. 조선 청년 총동맹은 사회주의 청년 단체가 중심이 되어 1924년에 결성되었다.
④ 광주 학생 항일 운동: 일제 강점기 최대 규모의 항일 학생 운동은 광주 학생 항일 운동이다.

이것도 알면 합격!

6·10 만세 운동

배경	일제의 수탈과 식민 교육에 대한 반발 심화
전개	• 순종의 인산일을 계기로 대규모 만세 운동 계획 • 사회주의 계열의 시위 계획은 일제에 발각되어 실패 → 학생들의 주도로 전개
의의	학생 운동의 성장, 신간회 창립(1927)에 기여

19 현대 | 이승만 난이도 중 ●●○

자료분석

남방만이라도 임시 정부 혹은 위원회 같은 것을 조직 → 정읍 발언 → 이승만

정답설명

④ 이승만은 휴전 협정 체결에 반대하며 거제도에 수용되어 있던 반공 포로를 석방하였다.

오답분석

① 박정희: 일본과의 국교 정상화를 추진한 인물은 박정희이다.
② 여운형: 조선 건국 동맹을 결성을 주도한 인물은 여운형이다. 조선 건국 동맹은 광복 후 조선 건국 준비 위원회로 개편되었다.
③ 김구, 김규식 등: 평양에서 열린 남북 협상에 참여한 인물은 김구, 김규식 등이다. 이승만은 남북 협상에 참여하지 않았다.

20 현대 | 반민족 행위 처벌법 난이도 중 ●●○

자료분석

한·일 합병에 협력한 자 + 사형 또는 무기 징역 → 반민족 행위 처벌법

정답설명

③ 옳은 것을 모두 고르면 ㉠, ㉡, ㉣이다.
㉠ 친일파를 처벌하기 위한 반민족 행위 처벌법은 제헌 국회에서 제정되었다.
㉡ 반민족 행위 처벌법이 제정된 이후에 법령을 시행하기 위해 반민족 행위 특별 조사 위원회와 특별 재판부가 구성되었다.
㉣ 반민족 행위 처벌법은 이승만 정부의 비협조와 반민특위 습격 사건 등으로 인해 공소 시효가 2년에서 1년으로 단축되었다.

오답분석

㉢ 반민족 행위 처벌법에 따라 노덕술, 최남선, 이광수 등이 체포되었고, 총 12명이 실형을 선고 받았다. 그러나 이들은 대부분 1년도 안되어 석방되었다.

03회 실전동형모의고사 정답·해설

정답 p.26

01	④ 고대	11	③ 현대
02	③ 선사 시대	12	② 일제 강점기
03	③ 고려 시대	13	③ 근대
04	① 조선 전기	14	④ 고대
05	③ 고대	15	① 조선 전기
06	③ 일제 강점기	16	① 근대
07	③ 근대	17	① 일제 강점기
08	③ 고려 시대	18	② 조선 후기
09	④ 조선 후기	19	③ 시대 통합
10	① 고려 시대	20	② 현대

취약시대 분석표

영역	세부 유형	문항 수
전근대	선사 시대	/1
	고대	/3
	고려 시대	/3
	조선 전기	/2
	조선 후기	/2
근현대	근대	/3
	일제 강점기	/3
	현대	/2
통합	시대 통합	/1
	총계	/20

* 취약시대 분석표를 이용해 1개라도 틀린 문제가 있는 시대는 그 시대의 문제만 골라 해설을 다시 한번 꼼꼼히 학습하세요

---

01 고대 | 원광   난이도 중 ●●○

자료분석

수나라에 군사를 청하는 글을 지음 → 「걸사표」 → (가) 원광

정답설명

④ 원광은 화랑이 지켜야 할 규율인 세속오계(사군이충, 사친이효, 교유이신, 살생유택, 임전무퇴)를 지었다.

오답분석

① 의상: 화엄 사상을 연구하여 『화엄일승법계도』를 저술한 인물은 의상이다.
② 혜초: 인도를 여행하여 『왕오천축국전』을 쓴 인물은 혜초이다. 혜초는 인도와 중앙아시아를 순례한 뒤 그 지역의 풍습, 언어, 종교 등을 기록 한 기행문인 『왕오천축국전』을 저술하였다.
③ 자장: 선덕 여왕에게 황룡사에 9층의 탑을 세울 것을 건의한 인물은 자장이다.

---

02 선사 시대 | 부여와 옥저   난이도 중 ●●○

자료분석

(가) 흰색을 숭상함 + 순장의 풍속이 있음 → 부여
(나) 대군장이 없으며 읍락에는 장수가 있음 + 오곡이 잘 자라며 농사짓기에 적합함 → 옥저

정답설명

③ 부여는 해마다 12월에 영고라는 제천 행사를 거행하였다.

오답분석

① 삼한: 목지국의 지배자가 왕으로 추대된 국가는 삼한이다. 삼한 중에서 마한의 세력이 가장 컸으며, 마한의 소국 중 하나인 목지국의 지배자가 마한왕 또는 진왕으로 추대되어 삼한 연맹체를 주도하였다.
② 부여: 송화강 유역의 평야 지대를 중심으로 성장한 국가는 부여이다.
④ 동예: 바닥이 철(凸)자 또는 여(呂)자 모양의 가옥에서 거주한 국가는 동예이다.

---

03 고려 시대 | 고려 시대의 경제 상황   난이도 중 ●●○

정답설명

③ 옳은 것을 모두 고르면 ㉡, ㉢, ㉣이다.
㉡ 고려 시대의 원 간섭기에는 원의 지폐인 보초가 들어와 유통되기도 하였다.
㉢ 고려 시대에는 개경과 서경, 동경 등의 대도시에 주점, 다점 등의 관영 상점이 운영되었다.
㉣ 고려 시대에는 외국과의 교류가 활발해지고, 점차 국내 상업이 안정되면서 예성강 하구의 벽란도가 국제 무역항으로 성장하였다.

오답분석

㉠ 조선 후기: 밭농사에서 고랑에 씨를 뿌리는 견종법이 보급된 것은 조선 후기이다.

---

04 조선 전기 | 이이   난이도 중 ●●○

자료분석

왕의 학문은 기질을 바꾸는 것보다 절실한 것이 없음 → 『성학집요』 → 이이

정답설명

① 이이는 성리학 초심자들을 가르치기 위한 도학 입문서로 『격몽요결』을 편찬하였다.

오답분석

② 이황: 향촌 사회의 교화를 위해 예안 향약을 만든 인물은 이황이다. 한편, 이이는 해주 향약을 만들었다.
③ 기대승: 『주자대전』에서 중요한 부분을 발췌하여 『주자문록』을 편찬한 인물은 기대승이다.
④ 서경덕: 일평생 벼슬에 나아가지 않고 처사로 지내며 독창적인 유기 철학(기일원론)을 수립한 인물은 서경덕이다.

05 고대 | 근초고왕　　난이도 하 ●○○

자료분석

백제 왕이 아직기를 보냄 + 왕인 → 근초고왕

정답설명

③ 근초고왕은 황해도 지역을 놓고 고구려와 대립하다가 고구려의 평양성을 공격하여 고국원왕을 전사시켰다.

오답분석

① 성왕: 관산성 전투에서 전사한 왕은 성왕이다. 성왕은 신라 진흥왕에게 한강 하류 지역을 빼앗긴 것에 대한 복수로 신라를 공격하였으나, 관산성 전투에서 전사하였다.
② 무왕: 백제 중흥을 내세우며 익산에 미륵사를 창건한 왕은 무왕이다.
④ 고이왕: 백제에서 왕위의 형제 상속제를 확립한 왕은 고이왕이다. 근초고왕은 부자 상속에 의한 왕위 계승을 확립하였다.

06 일제 강점기 | 건국 강령 발표 이후의 사실　　난이도 중 ●●○

자료분석

삼균 제도를 골자로 한 헌법 실시 → 건국 강령(1941)

정답설명

③ 건국 강령 발표 이후인 1943년에 일제는 학도 지원병 제도를 실시하여 전문 학교 학생들과 대학생들까지 전쟁에 동원하였다.

오답분석

모두 건국 강령 발표 이전의 사실이다.
① 중·일 전쟁이 발발한 것은 1937년이다. 일본은 중·일 전쟁을 일으켜 중국 본토를 공격하고, 대륙 침략을 본격화하였다.
② 조선 소작 조정령이 제정된 것은 1932년이다. 조선 소작 조정령은 소작 쟁의가 빈번하게 발생하자 일제가 소작인과 지주 사이를 중재하기 위해 마련한 법령이다.
④ 국민 정신 총동원 조선 연맹이 조직된 것은 1938년이다. 국민 정신 총동원 조선 연맹은 창씨 개명, 전쟁 지원병, 공출과 헌금 등 전시 동원을 선전하는 단체로, 이후 국민 총력 조선 연맹으로 개편되었다.

07 근대 | 육영 공원　　난이도 하 ●○○

자료분석

올해(1886년) 나라에서 세운 신식 학교 + 우원(右院) → 육영 공원

정답설명

③ 육영 공원은 정부에서 세운 최초의 관립 학교로, 헐버트, 벙커, 길모어 등의 외국인 교사를 초빙하여 신식 학문을 가르치도록 하였다.

오답분석

① 동문학: 정부가 통역관을 양성하기 위해 설립한 학교는 동문학이다.
② 원산 학사: 덕원 부사 정현석의 주도로 관민이 합심하여 원산에 설립한 학교는 원산 학사이다. 원산 학사는 우리나라 최초로 설립된 근대식 사립 학교이다.
④ 육영 공원은 고종의 교육 입국 조서 발표(1895) 전인 1886년에 설립되었다. 한편, 고종의 교육 입국 조서에 따라 설립된 학교로는 한성 사범 학교 등이 있다.

08 고려 시대 | 고려 인종 재위 시기의 사실　　난이도 중 ●●○

자료분석

서경에 행차하여 새 궁궐(대화궁)에 들어감 + 황제를 칭할 것과 연호를 정할 것(칭제건원)을 권함 → 고려 인종

정답설명

③ 고려 인종 때 이자겸의 난을 진압한 후 실추된 왕권을 회복하고 민생을 안정시키기 위해 15개조 유신령을 발표하였다.

오답분석

① 고려 현종: 향리들의 공복을 제정한 것은 고려 현종 때이다. 향리들의 공복 제정은 중앙 귀족과의 신분적 차이를 나타내고 향리직 내에서의 위계질서를 강화하는 역할을 하였다.
② 고려 성종: 유학 교육 기관으로 개경에 국자감을 설치한 것은 고려 성종 때이다.
④ 고려 광종: 수도 개경을 황도로, 서경을 서도로 격상시킨 것은 고려 광종 때이다.

09 조선 후기 | 홍경래의 난　　난이도 중 ●●○

자료분석

적도들이 가산에서 일어남 + 적병들은 정주로 들어가서 웅거함 → 홍경래의 난

정답설명

④ 홍경래의 난에 가담한 상인들은 봉기 준비 단계에서 금광 경영이나 인삼 무역 등으로 봉기의 자금을 마련하였다.

오답분석

① 임오군란: 제물포 조약이 체결되는 계기가 된 사건은 임오군란이다.
②, ③ 동학 농민 운동: 농민들이 집강소를 설치하고 폐정 개혁을 추진하였고, 남접과 북접이 연합하여 조직적으로 전개된 사건은 동학 농민 운동이다.

10 고려 시대 | 『동명왕편』　　난이도 중 ●●○

자료분석

동명왕 + 시를 지어 기록 → 『동명왕편』

정답설명

① 『동명왕편』은 이규보의 시문집인 『동국이상국집』에 수록되어 전한다.

오답분석

② 『삼국유사』: 민간 설화와 신라의 향가 14수를 수록한 역사서는 일연이 편찬한 『삼국유사』이다.

③ 『삼국사기』: 열전에 김유신을 비롯한 신라인이 편중된 역사서는 김부식 등이 편찬한 『삼국사기』이다.
④ 『동명왕편』은 몽골의 침입이 시작(1231)되기 이전인 고려 명종 때 편찬(1193)되었다.

11 현대 | 광복 직후의 정당   난이도 상 ●●●

정답설명
③ 옳은 것을 모두 고르면 ㉡, ㉢이다.
㉡ 한국 민주당은 1945년에 송진우 등을 중심으로 조직된 우익 진영의 대표 정당으로, 조선 인민 공화국을 부정하고 미 군정에 적극 협력하였다.
㉢ 남조선 신민당은 1946년에 결성된 좌익 진영의 정당으로 백남운이 위원장이었으며, 같은 해에 남조선 노동당에 흡수되어 통합되었다.

오답분석
㉠ 조선 인민당: 여운형 등 중도 좌파 세력을 중심으로 결성된 정당은 조선 인민당이다. 한편, 국민당은 안재홍이 신민족주의를 내세우며 창당한 정당이다.
㉣ 조선 공산당: 박헌영을 중심으로 결성되었으며, 미 군정의 탄압을 받아 약화된 정당은 조선 공산당이다.

이것도 알면 합격!

광복 직후의 정당

정당	중심 인물	특징
한국 독립당	김구	반탁 운동 추진, 단독 정부 수립 반대
한국 민주당	송진우, 김성수	미 군정에 적극 참여·협조, 단독 정부 수립 지지
국민당	안재홍	신민족주의 표방, 대한민국 임시 정부 지지
조선 인민당	여운형	좌·우 합작 운동에 좌익으로 참여
남조선 신민당	백남운	중산층 이상의 공산주의 지식인들이 조직

12 일제 강점기 | 브나로드 운동이 전개된 시기의 사실   난이도 중 ●●○

자료분석
동아일보에서 전개하는 운동 + 글 모르는 이에게 글을 주자는 슬로건을 내걸고 있음 → 브나로드 운동(1931~1934)

정답설명
② 브나로드 운동이 전개된 시기에 조선 혁명군은 중국 항일 부대와 연합하여 영릉가 전투(1932)와 흥경성 전투(1933)에서 일본군을 상대로 승리하였다.

오답분석
모두 브나로드 운동(1931~1934)이 전개되기 이전의 사실이다.
① 의열단의 나석주가 동양 척식 주식회사와 조선식산은행에 폭탄을 투척한 것은 1926년의 사실이다.
③ 하와이에서 군사 양성 기관인 대조선 국민 군단이 창설된 것은 1914년의 사실이다.
④ 의열단의 오성륜, 김익상 등이 상해 황포탄에서 일본 육군 대장 다나카 기이치를 저격한 것은 1922년의 사실이다.

13 근대 | 한성 조약이 체결된 시기   난이도 상 ●●●

자료분석
경성 사변(갑신정변) + 조선국은 일본에 사의를 표명 + 조선국은 11만원을 지불 → 한성 조약
(가) 고종 즉위(1863) ~ 운요호 사건(1875)
(나) 운요호 사건(1875) ~ 보빙사 파견(1883)
(다) 보빙사 파견(1883) ~ 독립 협회 창립(1896)
(라) 독립 협회 창립(1896) ~ 국권 피탈(1910)

정답설명
③ 한성 조약은 갑신정변 이후 (다) 시기인 1884년에 조선과 일본이 체결한 조약으로, 조선이 일본에 국서를 보내 사의를 표명하고, 배상금을 지불한다는 내용을 담고 있다.

14 고대 | 백제 멸망과 기벌포 전투 사이의 사실   난이도 중 ●●○

자료분석
(가) 의자왕이 웅진성에서 몸을 보전 + 의자왕의 아들인 융이 항복함 → 백제 멸망(660)
(나) 설인귀와 기벌포에서 싸움 → 기벌포 전투(676)

정답설명
④ 고구려군이 안시성에서 당의 군대를 물리친 안시성 전투가 일어난 것은 645년으로, (가) 이전의 사실이다.

오답분석
모두 (가), (나) 시기 사이의 사실이다.
① 666년에 연개소문의 동생인 대신 연정토가 신라에 항복하였다.
② 665년 웅진 취리산에서 신라 문무왕과 웅진 도독 부여융이 회맹을 맺었다.
③ 668년에 당나라가 고구려의 옛 땅을 지배하기 위해 평양에 안동 도호부를 설치하였다.

15 조선 전기 | 세종의 경제 정책   난이도 하 ●○○

자료분석
한양을 기준으로 천체 운동을 계산한 역법서 → 『칠정산』 → 세종

정답설명
① 세종 때 토지의 비옥도(전분 6등법)와 풍흉(연분 9등법)에 따라 전세를 거두는 공법을 실시하여 전세를 공평하게 부과하도록 하였다.

오답분석
② 흥선 대원군: 당백전을 발행한 것은 흥선 대원군이다. 흥선 대원군은 경복궁 중건을 위해 상평통보에 비해 액면 가치가 100배 높은 당백전을 발행하였다.
③ 정조: 신해통공을 단행한 것은 정조이다. 정조는 신해통공을 단행하여 육의전을 제외한 시전 상인들의 금난전권을 철폐하였다.
④ 효종: 양척동일법을 시행한 것은 효종이다. 효종은 토지 등급에 따라 자(척, 尺)를 달리하던 것(수등이척법)을 바꾸어 같은 자로 측량하는 양척동일법을 시행하였다.

16 근대 | 을미개혁 난이도 중 ●●○

자료분석

단발령을 내림 → 을미개혁

정답설명

① 옳은 것을 모두 고르면 ㉠, ㉡이다.
㉠ 을미개혁 때는 서울에 친위대를, 지방에 진위대를 설치하였다.
㉡ 을미개혁 때는 우체사를 설치하여 갑신정변으로 중단되었던 근대적 우편 사무를 재개하였다.

오답분석

㉢ 제2차 갑오개혁: 지방의 군현제를 폐지하고 전국을 23부로 개편한 것은 제2차 갑오개혁 때이다.
㉣ 제1차 갑오개혁: 궁내부를 신설하여 왕실 업무를 담당하도록 하였으며, 정부 사무는 의정부에서 담당하게 하여 왕실과 정부 사무를 분리한 것은 제1차 갑오개혁 때이다.

이것도 알면 합격!

을미개혁
- 정치: 건양 연호 사용, 친위대 · 진위대 설치
- 사회: 단발령 반포, 태양력 사용, 종두법 시행, 우편 사무 재개
- 교육: 소학교 설치

17 일제 강점기 | 김원봉 난이도 중 ●●○

자료분석

의열단 단장 → (가) 김원봉

정답설명

① 김원봉은 중국 국민당의 지원을 받아 독립운동 지도자 양성을 위한 조선 혁명 간부 학교를 설립하였다.

오답분석

② 김두봉: 조선 독립 동맹의 주석으로 선출된 인물은 김두봉이다.
③ 이상설: 대한 광복군 정부의 정통령을 역임한 인물은 이상설이다.
④ 김규식: 제1차 세계 대전의 전후 처리를 위해 1919년에 개최된 파리 강화 회의에 파견되어 독립 청원서를 제출하였던 인물은 김규식이다.

18 조선 후기 | 영조 난이도 중 ●●○

자료분석

준천사를 설치함 → 영조

정답설명

② 영조는 『경국대전』 시행 이후 공포된 법령 중에서 시행할 수 있는 법령만을 추려내서 정리한 『속대전』을 편찬하여 법률 체제를 정비하였다.

오답분석

① 숙종: 왕실의 호위를 위해 금위영을 설치한 왕은 숙종이다.
③ 정조: 호조의 사례집인 『탁지지』 등을 편찬한 왕은 정조이다.
④ 광해군: 명의 요청을 수용하여 중국에 원병을 파견한 왕은 광해군이다. 광해군은 후금의 침략을 받은 명의 원병 요청에 따라 강홍립을 도원수로 임명하고 군사를 파견하였다.

19 시대 통합 | 『경국대전』 난이도 하 ●○○

자료분석

세조께서 편찬하게 하였음 + 성종 때 완성되어 반포됨 → (가) 『경국대전』

정답설명

③ 『경국대전』은 조선 시대의 기본 법전으로, 「이전」·「호전」·「예전」·「병전」·「형전」·「공전」의 6전 체제로 구성되었다.

오답분석

① 『경국대전』은 세조 때 육전 상정소를 설치하여 편찬하였다. 한편, 법규 교정소는 대한 제국이 대한국 국제를 제정하기 위해 설치하였다.
② 『대전회통』: 『대전통편』 이후 시행된 각종 조례 등을 정리하여 보완할 목적으로 편찬된 것은 『대전회통』이다.
④ 『대전통편』: 18세기까지의 법령을 모아 『경국대전』의 내용에 원(原), 『속대전』의 내용에 속(續), 새롭게 추가된 내용에 증(增)을 붙여 구분한 법전은 정조 때 편찬된 『대전통편』이다.

20 현대 | 5·10 총선거 난이도 중 ●●○

정답설명

② 옳은 것을 모두 고르면 ㉠, ㉣이다.
㉠ 5·10 총선거에서는 임기 2년의 국회의원을 선출하였다.
㉣ 5·10 총선거는 보통·평등·직접·비밀 선거 원칙에 따라 치러진 우리나라 최초의 민주주의 선거였다.

오답분석

㉡ 5·10 총선거에서는 만 21세 이상의 모든 국민들이 투표권을 행사할 수 있었다.
㉢ 남북 협상에 참가하였던 김구와 김규식 등은 남한의 단독 정부 수립에 반대하여 5·10 총선거에 출마하지 않았다.

04회 실전동형모의고사 정답·해설

정답

p.32

01	② 선사 시대	11	④ 일제 강점기
02	② 선사 시대	12	③ 근대
03	④ 근대	13	② 고려 시대
04	③ 고려 시대	14	① 일제 강점기
05	② 고대	15	① 현대
06	④ 고려 시대	16	③ 조선 전기
07	④ 조선 후기	17	④ 일제 강점기
08	④ 고대	18	③ 고대
09	② 조선 후기	19	② 고대
10	④ 조선 전기	20	④ 현대

취약시대 분석표

영역	세부 유형	문항 수
전근대	선사 시대	/2
	고대	/4
	고려 시대	/3
	조선 전기	/2
	조선 후기	/2
근현대	근대	/2
	일제 강점기	/3
	현대	/2
통합	시대 통합	/0
총계		/20

* 취약시대 분석표를 이용해 1개라도 틀린 문제가 있는 시대는 그 시대의 문제만 골라 해설을 다시 한번 꼼꼼히 학습하세요.

---

01 선사 시대 | 선사 시대의 유적과 생활상   난이도 하 ●○○

정답설명

② 바르게 연결된 것을 모두 고르면 (가), (라)이다.
(가) 함경북도 종성 동관진 유적은 한반도에서 발견된 대표적인 후기 구석기 시대의 유적이며, 이 당시에는 슴베찌르개를 제작하여 나무나 뼈에 꽂아서 창처럼 사용하였다.
(라) 경상남도 창원 다호리 유적은 대표적인 철기 시대의 유적으로 이곳에서는 붓이 출토되었다. 한편, 이 당시에는 중국과 교역을 하며 오수전, 반량전 등의 화폐를 사용하기도 하였다.

오답분석

(나) 강원도 양양 오산리 유적은 신석기 시대의 유적이며, 정교한 간돌검을 사용한 시기는 신석기 시대가 아닌 청동기 시대이다.
(다) 경기도 여주 흔암리 유적은 청동기 시대의 유적이며, 이른 민무늬 토기를 만든 시기는 청동기 시대가 아닌 신석기 시대이다. 청동기 시대에는 민무늬 토기, 미송리식 토기, 붉은 간 토기 등을 만들었다.

---

02 선사 시대 | 고구려   난이도 중 ●●○

자료분석

동쪽에 큰 굴(국동대혈) + 10월에 제사 → 고구려

정답설명

② 사회 질서 유지를 위해 법금 8조(8조법)를 만들어 살인, 상해, 절도죄 등을 처벌한 나라는 고조선이다.

오답분석

① 고구려에서는 국중 대회로 10월에 제천 행사인 동맹을 실시하였다.
③ 고구려는 제가 회의에서 대가들이 모여 국가의 주요 사항을 결정하였는데, 이때 중대한 범죄자는 사형에 처하고, 그 가족들은 노비로 삼았다.
④ 고구려는 초기에 5부(계루부, 절노부, 소노부, 순노부, 관노부)가 연맹 국가 체제를 형성하였으며, 이들은 모두 정치적 자치력을 가지고 있었다.

이것도 알면 합격!

고구려

정치	• 왕 아래에 상가, 고추가 등의 대가가 있고, 이들은 각기 사자, 조의, 선인 등의 관리를 거느림 • 계루부, 절노부, 소노부, 순노부, 관노부가 5부족 연맹체 형성 • 중대한 범죄자는 제가 회의를 통해 사형에 처함
경제	정복 활동을 통해 식량을 조달하고, 부경에 곡식 저장
사회	제천 행사: 동맹(10월)
풍속	• 금, 은 등의 패물로 후하게 장사를 지냄 • 혼인 풍속으로 서옥제, 형사취수제가 있음

---

03 근대 | 시모노세키 조약 체결 이후의 사실   난이도 중 ●●○

자료분석

청국은 랴오둥 반도와 타이완 등을 일본에 할양 + 청국은 일본에 배상금 2억 냥을 지불 → 시모노세키 조약(음 1895. 3. 23., 양 1895. 4. 17.)

정답설명

④ 시모노세키 조약 체결 이후 일본은 경복궁 건청궁을 습격하여 친러 정책을 주도한 명성 황후를 시해(을미사변, 음 1895. 8. 20., 양 1895. 10. 8.)하였다.

오답분석

모두 시모노세키 조약이 체결되기 이전의 사실이다.

① 일본군이 경복궁을 점령한 것은 1894년이다. 동학 농민군을 진압하기 위해 청군이 파견되자 톈진 조약에 근거하여 일본도 조선에 군대를 파견하였다. 이에 위기감을 느낀 조선 정부는 전주 화약을 체결하고, 양국 군대의 철수를 요구하였으나 오히려 일본군은 경복궁을 점령하였다.
② 신식 군대인 별기군이 창설된 것은 1881년이다.
③ 김기수가 제1차 수신사로 일본에 파견된 것은 1876년이다. 강화도 조약 체결 이후 조선 정부는 근대 문물 수용의 필요성을 느끼고 김기수 등을 제1차 수신사로 일본에 파견하였다.

04 고려 시대 | 최우 난이도 중 ●●○

자료분석
왕이 천도한 공을 논하여 후로 책봉함 + 진양후로 책봉됨 → (가) 최우

정답설명
③ 최우는 문신들의 숙위 기구로 서방을 설치하고 행정 실무 능력을 갖춘 문신들을 머물게 하여 최씨 정권의 고문 역할을 담당하게 하였다.

오답분석
① 이자겸: 고려 인종이 자신을 제거하려고 하자 척준경과 함께 난을 일으킨 인물은 이자겸이다.
② 정중부: 이의방을 제거하고 권력을 장악한 인물은 정중부이다.
④ 이의민: 천민 출신으로 김보당의 난 때 전왕(前王)인 의종을 시해한 인물은 이의민이다.

05 고대 | 천마도 난이도 하 ●○○

자료분석
경주에서 출토된 신라 시대의 말 그림 + 천마가 그려져 있음 → 천마도

정답설명
② 옳은 것을 모두 고르면 ㉠, ㉢이다.
㉠ 천마도는 돌무지덧널무덤인 천마총에서 발견되었다.
㉢ 천마도는 말의 안장 꾸미개에 그려진 그림이다.

오답분석
㉡ 천마도는 도교의 영향을 받은 사신도가 아니다. 사신도는 도교의 방위신(청룡, 백호, 주작, 현무)을 묘사한 그림으로, 주로 고구려와 백제 고분의 벽화로 그려졌다.
㉣ 천마도는 신라의 천마총에서만 발견되었다. 한편, 능산리 1호분에서는 연꽃무늬와 사신도 등이 발견되었다.

06 고려 시대 | 몽골 난이도 중 ●●○

자료분석
부인사에 소장된 대장경 판본(초조대장경)도 남기지 않음 → ㉠ 몽골

정답설명
④ 고려는 몽골의 1차 침입 이후 몽골에 저항하고자 강화도로 천도하였고, 주민들을 산성과 섬으로 피난시키는 산성·해도 입보 정책을 전개하였다.

오답분석
모두 몽골과는 관련이 없다.
① 윤관이 별무반을 이끌고 정벌한 것은 여진이다. 예종 때 윤관은 별무반을 이끌고 여진을 몰아낸 뒤, 동북 9성을 축조하였다.
② 홍건적의 침입으로 공민왕이 복주(안동)로 피난하였다.
③ 천리장성은 거란의 3차 침입 이후 축조되었다. 거란의 침입 이후 고려는 거란과 여진의 침입에 대비하기 위해 압록강에서 도련포에 이르는 천리장성을 축조하였다.

07 조선 후기 | 이앙법 확산의 결과 난이도 중 ●●○

자료분석
모를 쪄서 조그마한 묶음으로 만듦 + 무논에 심음 → 이앙법

정답설명
④ 이앙법의 시행으로 농사에 필요한 노동력이 절감되면서 넓은 토지를 경영하는 광작이 성행하였다.

오답분석
① 2년 3작의 윤작법은 밭농사에서 조, 보리, 콩을 돌려심는 농사법으로 고려 시대에 도입되었으며, 이앙법과는 관련이 없다.
② 이앙법의 확산으로 단위 면적당 쌀 생산량이 늘어나고 쌀에 대한 수요가 늘어나면서, 밭을 논으로 바꾸는 현상이 나타났다.
③ 고랑에 파종을 하는 견종법은 밭농사에 적용되는 농사법으로, 논농사에 해당하는 이앙법과는 관련이 없다.

08 고대 | 내물 마립간 재위 시기의 사실 난이도 중 ●●○

자료분석
영락 9년에 왕(광개토 대왕)이 순수해 내려감 + 왜인이 국경에 가득 차 성을 부수었음 → (가) 내물 마립간

정답설명
④ 내물 마립간 때는 왕의 칭호가 이사금에서 대군장을 뜻하는 마립간으로 변경되었다.

오답분석
① 지증왕: 아라가야가 있던 곳으로 추정되는 아시촌에 소경을 설치한 것은 지증왕 때이다.
② 소지 마립간: 이벌찬 비지의 딸을 백제 동성왕에게 보내 결혼 동맹을 체결한 것은 소지 마립간 때이다.
③ 눌지 마립간: 왕위의 부자 상속제를 확립하여 왕권을 강화한 것은 눌지 마립간 때이다.

09 조선 후기 | 정제두 난이도 중 ●●○

자료분석
호는 하곡 + 왕양명의 글을 얻어 읽고서 연구에 전심 → 정제두

정답설명
② 정제두는 강화도에서 후학을 양성하면서 양명학 연구에 몰두하여 강화 학파를 형성하였다.

오답분석
① 조광조: 중국의 여씨향약을 국내에 보급한 인물은 조광조이다.
③ 윤휴, 박세당: 주자의 사상과는 다른 모습을 보여 유교의 질서와 학문을 어지럽힌다는 사문난적으로 몰린 인물은 윤휴와 박세당이다.
④ 박세당: 양명학과 노장 사상의 영향을 받아 『사변록』을 저술한 인물은 박세당이다.

10. 조선 전기 | 조선 시대의 신분 제도 난이도 중 ●●○

정답설명
④ 옳은 것을 모두 고르면 ⓒ, ⓔ이다.
ⓒ 조선 시대 천민층의 대다수를 차지한 노비는 재산으로 취급되어 매매·상속이 가능하였다.
ⓔ 조선 시대의 조례(관청의 잡역 담당), 나장(형사 업무 담당), 일수(지방 고을 잡역 담당) 등은 신분상 양인이었으나 천역을 담당하였다.

오답분석
㉠ 조선은 엄격한 신분 사회였지만 과거 등을 통하여 신분 이동이 가능하였다.
㉡ 조선 시대의 법제적 신분제는 양인과 천인으로 구분되는 양천제였으나, 점차 신분을 양반, 중인, 상민, 천민으로 구분하는 반상제가 일반화되었다.

11. 일제 강점기 | 연해주 지역의 민족 운동 난이도 중 ●●○

자료분석
고려 주민들을 추방 + 우즈베크공화국에 이주시킴 → 연해주

정답설명
④ 연해주의 블라디보스토크에서 유인석, 이상설, 이범윤 등이 의병들을 규합하여 13도 의군을 조직하였다.

오답분석
① 북간도: 명동 학교가 설립된 곳은 북간도이다. 명동 학교는 김약연이 설립한 곳으로 민족 교육을 실시하였다.
② 서간도(남만주): 자치 기관으로 경학사와 부민단이 조직된 지역은 서간도(남만주)이다.
③ 상하이: 신규식과 박은식 등의 주도로 동제사가 조직된 지역은 중국 상하이이다.

12. 근대 | 거문도 사건이 전개된 시기의 모습 난이도 상 ●●●

자료분석
영국 군함이 거문도를 불법 점령 → 거문도 사건(1885~1887)

정답설명
③ 우리나라 최초의 근대식 관립 학교인 육영 공원은 1886년에 개교되었기 때문에, 거문도 사건이 전개된 시기에 볼 수 있었다.

오답분석
모두 거문도 사건 시기에 볼 수 없는 모습이다.
① 백동화는 화폐 주조 기관인 전환국에서 1892년부터 1904년까지 주조되었다.
② 황성신문은 남궁억 등의 주도로 1898년에 창간되었다.
④ 우리나라 최초의 우편 업무 관청인 우정국은 1884년에 개국되었다.

13. 고려 시대 | 시정 전시과 난이도 중 ●●○

자료분석
비로소 직관·산관의 각 품의 (가)을/를 제정함 → (가) 시정 전시과

정답설명
② 시정 전시과는 4색 공복을 기준으로 관등의 높고 낮음과 인품에 따라 관리에게 전지와 시지에 대한 수조권을 지급하였다. 『고려사』에 따르면 시정 전시과를 제정하고 인품만을 기준으로 삼았다고 하나, 4색 공복을 기준으로 문반·무반·잡업으로 나누어 토지를 분급한 것을 통해 실제로는 관품과 인품을 모두 고려하여 지급하였음을 알 수 있다.

오답분석
① 녹과전: 경기 8현에 한하여 지급된 것은 녹과전이다.
③ 역분전: 후삼국 통일의 공로와 인품에 따라 차등 지급한 것은 역분전이다.
④ 경정 전시과: 모든 관리를 과 내로 포함시키면서 한외과가 소멸된 것은 경정 전시과이다.

이것도 알면 합격!

전시과 제도의 변천

제도	지급 대상	특징
시정 전시과 (경종)	전·현직 관리	• 관품과 인품 반영 • 4색 공복 + 문·무반·잡업으로 나누어 지급
개정 전시과 (목종)	전·현직 관리	• 인품을 배제하고 관직만 고려 • 현직자 우대, 한외과 설치
경정 전시과 (문종)	현직 관리	• 산직 배제, 공음전, 한인전, 구분전 정비 • 무관 차별 완화, 별정 전시과 정비, 한외과 폐지

14. 일제 강점기 | 안창호 난이도 중 ●●○

자료분석
신민회 조직에 참여 + 대성 학교 설립 → 안창호

정답설명
① 안창호는 미국 샌프란시스코에서 흥사단을 조직하여 미주 동포를 대상으로 애국 계몽 운동을 전개하였다.

오답분석
② 박정양: 우리나라 최초의 주미 공사로 파견된 인물은 박정양이다.
③ 서재필: 미국에서 귀국하여 독립신문을 창간한 인물은 서재필이다.
④ 안창호는 구미 위원부를 설치하지 않았다. 구미 위원부는 대한민국 임시 정부가 미국 워싱턴에 설치한 외교 담당 기관이다.

15 현대 | 남북 기본 합의서　　난이도 하 ●○○

정답설명
① 남북 기본 합의서는 남북 정상 회담이 아닌 노태우 정부 시기에 개최된 남북 고위급 회담에서 채택되었다(1991). 남북 정상 회담에서 채택된 것으로는 6·15 남북 공동 선언(2000), 10·4 남북 공동 선언(2007), 4·27 판문점 선언(2018)이 있다.

오답분석
② 남북 기본 합의서에서 남과 북은 양국 군사 당국자 간의 직통 전화를 가설하기로 합의하였다.
③ 남북 기본 합의서에서 남과 북은 화해와 상호 불가침을 정하고 남북 교류와 협력 방안을 합의하였다.
④ 남북 기본 합의서에서 남과 북은 남북 관계에 대해 통일을 지향하는 과정에서 잠정적으로 형성되는 특수 관계임을 인정하였다.

16 조선 전기 | 선조 재위 시기의 사실　　난이도 중 ●●○

자료분석
허준에게 의서를 편찬하라는 명을 내림 → 선조

정답설명
③ 선조 때인 1583년에 함경도 회령에서 니탕개가 반란을 일으켰다.

오답분석
① 명종: 왜인들이 을묘왜변을 일으킨 것은 명종 때이다.
② 세종: 일본과 계해약조를 체결한 것은 세종 때이다.
④ 중종: 박세무가 『동몽선습』을 저술한 것은 중종 때이다. 『동몽선습』은 오륜의 중요성과 중국과 우리나라의 역사를 담은 아동 교육서이다.

17 일제 강점기 | 일제 강점기의 사회 운동　　난이도 상 ●●●

정답설명
④ 시기순으로 나열하면 ⓒ 천도교 소년회 설립(1921) → ⓛ 조선 형평사 조직(1923) → ㉠ 원산 노동자 총파업(1929) → ㉣ 강주룡의 을밀대 고공 농성 전개(1931)이다.
ⓒ 천도교 소년회 설립: 방정환 등의 주도로 천도교 소년회가 설립된 것은 1921년이다. 천도교 소년회는 어린이날을 제정하고, 잡지 『어린이』를 발간하였다.
ⓛ 조선 형평사 조직: 진주에서 조선 형평사가 조직된 것은 1923년이다. 조선 형평사는 백정들의 사회적 차별 철폐를 요구하며 형평 운동을 전개하였다.
㉠ 원산 노동자 총파업: 원산 노동자 총파업이 전개된 것은 1929년이다. 원산 노동자 총파업은 원산의 라이징 선 석유 회사의 일본인 감독이 한국인 노동자를 폭행한 사건을 계기로 전개되었다.
㉣ 강주룡의 을밀대 고공 농성 전개: 강주룡이 임금 삭감 반대와 노동 조건 개선 등을 요구하며 평양 을밀대에서 고공 농성을 전개한 것은 1931년이다.

18 고대 | 삼국의 불교 수용 과정　　난이도 하 ●○○

정답설명
③ 신라는 소지 마립간 때가 아닌 눌지 마립간 때 고구려에서 온 승려 묵호자에 의해 불교가 전래되었다.

오답분석
① 신라는 법흥왕 때 이차돈의 순교를 계기로 불교를 공인하였다.
② 백제는 침류왕 때 동진에서 온 인도 승려 마라난타를 통해 불교를 수용하였다.
④ 고구려는 소수림왕 때 전진에서 온 순도를 통해 삼국 중에 가장 먼저 불교를 받아들였다.

19 고대 | 사택지적비　　난이도 중 ●●○

자료분석
백제의 문화 유산 + 지난 세월을 돌이킬 수 없음을 한탄함 → 사택지적비

정답설명
② 사택지적비는 백제 귀족인 사택지적이 남긴 비석으로, 사택지적이 불교에 귀의해 불당을 세운 내력이 기록되어 있다. 또한 인생의 무상함을 한탄하는 비문의 내용을 통해 노장 사상의 영향을 받았음을 알 수 있다.

오답분석
① 향나무를 땅에 묻고 세운 비석은 고려 시대에 매향 활동의 내역을 기록한 매향비로, 사택지적비와는 관련이 없다.
③ 광개토 대왕릉비: 비문 일부(신묘년 기사)의 해석을 두고 한·일 간에 역사 논쟁이 벌어진 비석은 고구려의 광개토 대왕릉비이다.
④ 임신서기석: 두 젊은이가 유교 경전을 습득할 것을 맹세하는 내용이 기록되어 있는 비석은 신라의 임신서기석이다.

20 현대 | 시기별 교육 제도　　난이도 중 ●●○

정답설명
④ 과외 금지와 대학교 졸업 정원제가 실시된 것은 1970년대가 아닌 1980년대이다. 1980년대인 전두환 정부 시기에 학교 교육 정상화 및 과열된 과외 해소 정책으로 과외가 전면 금지되었으며 대학 졸업 정원제가 시행되었다.

오답분석
① 미국식 교육 제도인 초등학교 6학년, 중학교 3학년, 고등학교 3학년의 6-3-3 학제는 1940년대인 미 군정기(1945~1948)에 도입되었다.
② 문맹 국민 완전 퇴치 5개년 계획은 이승만 정부 시기인 1954년에 학교 교육을 받지 못한 국민들의 기초 학습 능력을 높이기 위하여 수립되었다.
③ 입시 경쟁의 과열을 막기 위해 시행된 중학교 무시험 진학 제도는 박정희 정부 시기인 1969년 서울에서 처음 시작되어 1970년대에 전국으로 확대되었다.

05회 실전동형모의고사 정답·해설

정답   p.38

01	④ 일제 강점기	11	② 근대
02	① 현대	12	② 선사 시대
03	② 고려 시대	13	① 고대
04	④ 근대	14	② 고려 시대
05	③ 현대	15	③ 고대
06	② 고대	16	③ 일제 강점기
07	③ 조선 전기	17	③ 현대
08	① 조선 후기	18	③ 고대
09	① 조선 후기	19	① 조선 전기
10	② 조선 전기	20	④ 일제 강점기

취약시대 분석표

영역	세부 유형	문항 수
전근대	선사 시대	/1
	고대	/4
	고려 시대	/2
	조선 전기	/3
	조선 후기	/2
근현대	근대	/2
	일제 강점기	/3
	현대	/3
통합	시대 통합	/0
총계		/20

* 취약시대 분석표를 이용해 1개라도 틀린 문제가 있는 시대는 그 시대의 문제만 골라 해설을 다시 한번 꼼꼼히 학습하세요.

---

01 일제 강점기 | 의열단   난이도 중 ●●○

자료분석

직접 행동에 의하여 일본 제국주의를 타도 + 조선 혁명 간부 학교 → (가) 의열단

정답설명

④ 의열단은 김원봉의 요청으로 신채호가 작성한 「조선 혁명 선언」을 활동 지침으로 삼았다.

오답분석

① 한인 애국단: 김구가 상하이에서 독립 운동의 활성화를 위해 조직한 단체는 한인 애국단이다.
② 대한민국 임시 정부: 비밀 조직인 연통제와 교통국을 운영한 곳은 대한민국 임시 정부이다.
③ 신민회: 일제가 조작한 105인 사건으로 조직이 해소된 단체는 신민회이다.

---

02 현대 | 미 군정 수립 이후의 사실   난이도 중 ●●○

자료분석

맥아더 사령부 + 북위 38도 이남의 조선 영토를 점령함 → 미 군정 수립 (1945. 9. 9.)

정답설명

① 여운형 등이 주도한 조선 건국 준비 위원회에서 조선 인민 공화국의 수립을 선포한 것(1945. 9. 6.)은 미 군정이 수립되기 이전의 사실이다.

오답분석

모두 미 군정 수립 이후의 사실이다.
② 독립 촉성 중앙 협의회는 1945년 10월에 발족되었다. 독립 촉성 중앙 협의회는 이승만을 중심으로 좌·우익을 아우르고자 하였으나 좌익 계열은 참여를 거부하였고, 남한의 우익 정당만을 잠정적으로 통합하였다.
③ 김구의 '삼천만 동포에게 읍고함'은 1948년 2월에 발표되었다.
④ 신탁 통치 반대 국민 총동원 위원회는 김구와 임시 정부 인사들에 의해 1945년 12월에 결성되었다.

---

03 고려 시대 | 이규보와 김부식   난이도 중 ●●○

자료분석

(가) 백운거사 + 『동국이상국집』 → 이규보
(나) 삼국 + 역사책 + 본기·열전(기전체) → 『삼국사기』 → 김부식

정답설명

② 이규보는 최씨 무신 정권 하에서 관직 생활을 하였다. 이규보, 진화 등의 문신들은 최충헌에게 발탁되어 최씨 정권의 자문 역할을 담당하였다.

오답분석

① 정도전: 『경제문감』을 저술하여 재상 중심의 정치를 주장한 인물은 정도전이다.
③ 묘청: 신채호가 국풍파와 독립당의 대표라고 평가한 인물은 묘청이다.
④ 이자겸: 고려 시대 예종과 인종 때 왕실과 중첩된 혼인 관계를 맺어 외척으로서의 지위를 이용하여 정권을 장악한 인물은 이자겸이다.

---

04 근대 | 정미의병   난이도 중 ●●○

자료분석

대한 관동 창의 대장 이인영 → 13도 창의군 → 정미의병

정답설명

④ 정미의병은 한·일 신협약의 비밀 각서에 의해 해산된 군인들이 의병 활동에 합류하면서 전투력이 크게 강화되었다.

오답분석
① 정미의병은 고종이 강제 퇴위된 이후에 전개되었다. 정미의병은 헤이그 특사 파견을 구실로 고종이 강제 퇴위되고 대한 제국의 군대가 해산되자 이에 반발하여 일어났다.
② 제1차 동학 농민 운동: '나라를 보호하고 백성을 평안하게 한다'는 보국안민의 구호를 걸고 봉기를 일으킨 것은 제1차 동학 농민 운동이다.
③ 을미의병: 을미사변과 단발령 시행에 반발하여 일어난 것은 을미의병이다.

05 현대 | 장면 내각   난이도 중 ●●○

자료분석
양원 + 대통령은 양원 합동 회의에서 선거(간선제) + 민의원 → 제3차 개헌안 → 장면 내각

정답설명
③ 장면 내각은 경제 제일주의를 내세우며 경제 개발 계획을 수립하였다. 그러나 5·16 군사 정변으로 경제 개발 계획 실시가 좌절되었고, 이후 박정희 정부 때 경제 개발 5개년 계획이 실시되었다.

오답분석
① 군사 정부: 반공을 국시의 제일로 삼아 반공 태세를 강화한 것은 5·16 군사 정변으로 성립된 군사 정부이다.
② 허정 과도 정부: 3·15 선거 결과를 무효로 하고 재선거를 실시한 것은 허정 과도 정부이다.
④ 군사 정부: 부정 축재 처리법을 제정하여 부정 축재자를 처벌한 것은 5·16 군사 정변으로 성립된 군사 정부이다.

06 고대 | 삼국 시대의 금석문   난이도 중 ●●○

정답설명
② 신라가 가야 지방으로의 진출한 사실을 알려주는 순수비는 창녕비로, 신라 진흥왕 때 비화가야를 정복한 후 세워졌다. 한편, 황초령비는 신라가 함경도 지방으로 진출한 사실을 알려주는 순수비이다.

오답분석
① 호우명 그릇은 5세기 초 고구려와 신라의 관계를 보여주는 유물로, 신라의 수도인 경주의 호우총에서 발견되었다.
③ 충주(중원) 고구려비에는 고구려가 신라를 동이(東夷)라고 칭하는 등 스스로를 천하의 중심으로 자부하는 고구려인의 천하관이 반영되어 있다.
④ 단양 적성비는 신라 진흥왕이 단양의 적성을 점령하고 세운 비석으로, 점령에 도움을 준 주민 야이차를 포상하였다는 내용 등이 기록되어 있다.

이것도 알면 합격!

진흥왕 순수비

북한산비	신라의 한강 하류 진출 사실을 알려줌, 조선 후기에 김정희가 고증
창녕비	비화가야 정복 후 건립, 대등, 군주 등의 관직명이 기록됨
황초령비	가장 먼저 발견된 순수비, 조선 후기에 김정희가 고증
마운령비	진흥왕의 국경 순시와 태창이라는 연호 사용 등 기록

07 조선 전기 | 성종의 업적   난이도 중 ●●○

자료분석
존경각을 세움 + 『동문선』 + 『동국여지승람』 → 성종

정답설명
③ 성종은 김종직 등의 사림파를 등용하여 훈구파를 견제하도록 하였다.

오답분석
① 문종: 고조선부터 고려 말까지의 전쟁사를 정리한 『동국병감』을 편찬한 것은 문종이다.
② 세종: 갑인자, 경자자, 병진자 등의 금속 활자를 주조한 것은 세종이다.
④ 세조: 간경도감을 설치하여 불교 서적을 번역하고, 원각사와 원각사지 10층 석탑을 세운 것은 세조이다.

08 조선 후기 | 유형원   난이도 중 ●●○

자료분석
각종 제도를 강구함 + 『반계수록』이라 이름을 붙임 → 유형원

정답설명
① 유형원은 토지를 측량할 때 수확량을 기준으로 면적을 계산하는 결부법 대신에 실제 면적을 단위로 계산하는 경무법을 사용할 것을 주장하였다.

오답분석
② 홍대용: 『임하경륜』에서 성인 남자들에게 2결의 토지를 지급할 것을 주장한 인물은 홍대용이다.
③ 서유구: 국가가 경영하는 농장인 둔전을 설치할 것을 주장한 인물은 서유구이다. 서유구는 국영 농장인 둔전을 설치하고 부농층에게 관리 및 경영을 맡기는 둔전론을 주장하였다.
④ 박지원: 토지 소유의 상한선을 설정한 후, 그 이상의 토지 소유를 금할 것을 주장한 인물은 박지원이다.

09 조선 후기 | 대동법   난이도 하 ●○○

자료분석
토지 결수의 많고 적음을 확인 + 쌀·삼베·무명을 거둠 → 대동법

정답설명
① 대동법은 정기적으로 납부하던 상공에만 적용되었기 때문에 별공과 진상은 폐지되지 않았다.

오답분석
② 대동법의 시행으로 등장한 특허 상인은 공인이다. 한편, 덕대는 조선 후기에 상인 물주에게 자본을 조달받아 광산을 운영하던 광산 경영 전문가이다.
③ 균역법: 인징과 족징 등 군역의 폐단을 해결하기 위해 도입된 제도는 균역법이다.
④ 대동법으로 거두어들인 대동세의 일부는 상납미로 중앙에 올리고, 나머지는 유치미로 지방에 유치하여 지방 관아의 경비로 사용되었다. 그런데 점차 상납미는 증가하고 유치미는 감소하여 지방의 재정이 악화되었다.

10 조선 전기 | 서얼 난이도 하 ●○○

자료분석
금고를 당하게 된 것은 태종 때부터 시작됨 → 서얼금고법 → (가) 서얼

정답설명
② 조선 시대의 서얼은 문과 응시만 금지되었으며, 무과나 잡과를 통해 관직으로 진출할 수 있었다.

오답분석
① 서얼은 양반의 첩에게서 태어난 양반의 소생이었지만 중인과 같은 신분적 대우를 받아 중서라고도 불렸다.
③ 서얼은 신분과 직종에 따라 품계를 제한하는 한품서용제가 적용되어, 최고 정3품 당하관까지만 승진할 수 있었다.
④ 정조 때 서얼 출신인 박제가, 유득공, 이덕무 등이 규장각 검서관으로 기용되기도 하였다.

11 근대 | 강화도 조약 난이도 중 ●●○

자료분석
강화도 + 운요호에 포격한 사실에 대해 따짐 → 강화도 조약

정답설명
② 강화도 조약의 제10관에 따라 조선은 일본에 영사 재판권(치외 법권)을 허용하였다. 영사 재판권은 국제법상 외국인이 범죄를 저질렀을 경우 체류하고 있는 국가의 국내법 적용으로부터 면제되고, 자국의 영사 및 관원이 자국의 법률에 따라 재판 받을 수 있는 권리이다.

오답분석
① 제물포 조약: 일본 공사관에 일본군 주둔을 허용한 것은 임오군란 이후 조선과 일본이 체결한 제물포 조약이다.
③ 강화도 조약에는 인천과 부산에 일본 공관을 둔다는 조항이 없다.
④ 조·일 통상 장정 개정(1883): 곡물 유출을 제한하는 방곡령 규정을 마련한 것은 조·일 통상 장정 개정(1883)이다.

12 선사 시대 | 선사 시대의 유물과 생활상 난이도 하 ●○○

정답설명
② 옳은 것을 모두 고르면 ㉠, ㉢이다.
㉠ 비파형동검을 사용한 청동기 시대에는 잉여 생산물의 분배 과정에서 사유 재산이 생기고, 빈부의 격차가 나타나면서 계급이 분화되어 지배와 피지배 관계가 발생하였다.
㉢ 빗살무늬 토기를 사용한 신석기 시대에는 뼈바늘과 가락바퀴를 활용하여 옷과 그물 등을 만들어 사용하였다.

오답분석
㉡ 눌러찍기무늬 토기는 신석기 시대의 유물이며 신석기 시대에 조·피·수수 등이 재배된 것은 맞으나, 벼농사가 본격적으로 이루어진 것은 청동기 시대이다.
㉣ 덧무늬 토기는 신석기 시대 유물이고, 죽은 자를 위하여 고인돌 무덤을 만든 것은 청동기 시대이다.

13 고대 | 5~6세기의 사실 난이도 하 ●○○

자료분석
백제의 웅진 천도(475) → (가) → 거칠부의 『국사』 편찬(545)

정답설명
① 신라는 (가) 시기인 법흥왕 때(514~540) '건원'이라는 신라 최초의 연호를 사용하였다.

오답분석
② (가) 이전: 고구려가 왕위의 부자 상속제를 확립한 것은 고국천왕 때(179~197)로, (가) 이전의 사실이다.
③ (가) 이후: 각간 위홍과 승려 대구화상이 신라의 향가를 수집하여 정리한 『삼대목』을 편찬(888)한 것은 신라 진성 여왕 때로, (가) 이후의 사실이다.
④ (가) 이후: 장보고의 건의로 완도에 청해진이 설치(828)된 것은 신라 흥덕왕 때로, (가) 이후의 사실이다.

14 고려 시대 | 고려 시대 농업 기술의 발달 난이도 중 ●●○

정답설명
② 옳은 것을 모두 고르면 ㉠, ㉢, ㉣이다.
㉠ 고려 후기에는 밭농사에서 2년 동안 보리, 콩, 조를 돌려가며 재배하는 농사법인 2년 3작의 윤작법이 보급되었다.
㉢ 고려 시대에는 녹비법과 퇴비법을 사용하는 시비법이 발달하여 휴경지가 감소하였다.
㉣ 고려 후기인 공민왕 때 문익점이 원에서 목화씨를 가져와 목화 재배에 성공하였다.

오답분석
㉡ 소를 이용한 깊이갈이가 처음 시작된 것은 신라 지증왕 때부터이다. 고려 시대에는 소를 이용한 깊이갈이가 일반화되어 휴경 기간이 단축되고 생산력이 증대되었다.

15 고대 | 대가야 난이도 중 ●●○

자료분석
삼한의 종족이며, 지금의 고령에 있었음 → (가) 대가야

정답설명
③ 대가야는 신라가 한강 하류를 차지하고 압박해오자, 백제를 도와 관산성 전투에 참여하였다.

오답분석
모두 금관가야에 대한 설명이다.
① 신라 법흥왕에 의하여 멸망한 것은 금관가야이다. 한편, 대가야는 신라 진흥왕에 의해 멸망하였다.

② 수로왕은 금관가야의 시조이며, 대가야의 시조는 이진아시왕이다. 한편, 구지봉 설화는 구지봉에서 발견된 여섯 개의 황금알에서 태어난 인물들이 나라를 세웠다는 가야의 건국 설화이다.
④ 5세기 초 고구려의 광개토 대왕과 신라 연합군의 공격을 받아 국력이 쇠퇴한 것은 금관가야이다.

16 일제 강점기 | 일제의 경제 수탈 정책   난이도 상 ●●●

정답설명
③ 시기순으로 나열하면 ⓔ 삼림령 공포(1911) → ⓒ 호남선 철도 개통(1914) → ⓓ 흥남 질소 비료 공장(조선 질소 비료 주식회사 흥남 공장) 설립(1927) → ⓐ 식량 관리령 제정(1943)이다.
- ⓔ 삼림령 공포: 일제는 조선의 삼림을 통제·관리하기 위해 삼림령을 공포하여 조선인들의 삼림 소유에 제한을 가하였다(1911).
- ⓒ 호남선 철도 개통: 일제는 호남의 풍부한 농산물을 일본으로 반출하기 위해 호남선을 개통하였다(1914).
- ⓓ 흥남 질소 비료 공장(조선 질소 비료 주식회사 흥남 공장) 설립: 일제는 미곡 증산을 위해 흥남에 대규모 질소 비료 공장을 설립하였다(1927).
- ⓐ 식량 관리령 제정: 일제는 식량 관리령을 제정하여 쌀뿐만 아니라 보리, 밀 등에 대한 공출을 강제하였다(1943).

17 현대 | 안재홍   난이도 중 ●●○

자료분석
'신민족주의와 신민주주의'라는 독창적인 이론을 제시함 → 안재홍

정답설명
③ 안재홍은 여운형 등과 함께 조선 건국 준비 위원회에 참여하였다. 조선 건국 준비 위원회는 안재홍 등의 중도 우파와 여운형 등의 중도 좌파가 합작하여 조직되었다.

오답분석
① 손병희, 오세창 등: 만세보를 창간한 인물은 손병희, 오세창 등이다. 만세보는 천도교의 기관지로, 친일 단체인 일진회를 비판하였다.
② 송진우, 김성수: 충칭 임시 정부를 지지하면서 한국 민주당의 결성을 주도한 인물은 송진우, 김성수 등이다.
④ 김구: 대한민국 임시 정부의 주석을 역임한 인물은 김구이다.

18 고대 | 돌무지덧널무덤   난이도 중 ●●○

자료분석
시신과 껴묻거리를 넣고 목곽을 짬 + 그 위에 냇돌을 쌓은 다음 흙으로 덮음 → 돌무지덧널무덤

정답설명
③ 돌무지덧널무덤은 시신과 껴묻거리를 넣은 나무덧널을 만들고 그 위에 돌을 쌓은 후 흙으로 덮었기 때문에 도굴이 어려웠다. 따라서 신라의 돌무지덧널무덤에서는 금관, 금팔찌 등의 유물이 많이 발굴되었다.

오답분석
① 굴식 돌방무덤: 통일 이후의 신라에서 주로 만들어진 것은 굴식 돌방무덤이다. 한편 돌무지덧널무덤은 통일 이전 신라의 대표적인 무덤 양식이다.
② 계단식 돌무지무덤: 백제의 한성 시기에 주로 만들어진 것은 계단식 돌무지무덤이다.
④ 벽돌무덤: 중국 남조의 영향을 받은 것으로 벽면에 사신도가 그려진 것은 벽돌무덤이다.

이것도 알면 합격!

돌무지덧널무덤

구조	지상이나 지하에 시신과 껴묻거리를 넣은 나무 덧널을 설치하고, 그 위에 냇돌을 쌓은 다음에 흙으로 봉분을 만드는 형태
특징	• 구조상 벽화는 존재하지 않음 • 도굴이 어려워 부장품이 그대로 보존
대표 고분	천마총, 호우총, 서봉총, 황남대총

19 조선 전기 | 태종의 업적   난이도 하 ●○○

자료분석
정몽주의 난 + 정도전의 난 + 세자로 삼으소서 → 태종(이방원)

정답설명
① 태종은 사섬서를 설치하고 지폐인 저화를 발행하였으나, 널리 유통되지는 못하였다.

오답분석
② 세조: 지역 단위의 방어 체제인 진관 체제를 실시한 왕은 세조이다.
③ 태조: 의흥삼군부를 설치한 왕은 태조이다. 태조는 삼군도총제부를 개편하여 의흥삼군부를 설치하고 군정을 총괄하게 하였다.
④ 태종은 6조에서 의정부를 거치지 않고 직접 왕에게 업무를 보고하여 왕의 재가를 받아 시행하게 하는 6조 직계제를 시행하였다.

20 일제 강점기 | 하와이에 설립된 독립운동 단체   난이도 중 ●●○

자료분석
우리 동포가 바다를 건넌 것 + 사진 결혼 → 하와이

정답설명
④ 하와이에서는 박용만이 독립군을 양성하기 위해 대조선 국민 군단을 창설하였다.

오답분석
① 멕시코: 이근영 등이 무관을 양성하기 위해 숭무 학교를 세운 곳은 멕시코이다.
② 샌프란시스코: 안창호 등이 공립 협회를 조직한 곳은 미국 샌프란시스코이다.
③ 상하이: 신규식, 박은식 등이 대동 단결 선언을 발표한 곳은 상하이이다. 대동 단결 선언에서는 공화주의를 표방하며 임시 정부 성립의 필요성을 제기하였다.

06회 실전동형모의고사 정답·해설

▶ 정답
p.44

01	① 고대	11	② 고대
02	④ 선사 시대	12	④ 일제 강점기
03	④ 고려 시대	13	③ 근대
04	④ 조선 전기	14	③ 고대
05	② 고대	15	④ 조선 전기
06	④ 조선 후기	16	④ 근대
07	③ 근대	17	③ 일제 강점기
08	③ 고려 시대	18	① 일제 강점기
09	③ 조선 후기	19	④ 시대 통합
10	② 고려 시대	20	② 현대

▶ 취약시대 분석표

영역	세부 유형	문항 수
전근대	선사 시대	/1
	고대	/4
	고려 시대	/3
	조선 전기	/2
	조선 후기	/2
근현대	근대	/3
	일제 강점기	/3
	현대	/1
통합	시대 통합	/1
	총계	/20

* 취약시대 분석표를 이용해 1개라도 틀린 문제가 있는 시대는 그 시대의 문제만 골라 해설을 다시 한번 꼼꼼히 학습하세요.

---

01 고대 | 6두품 난이도 중 ●●○

자료분석
당나라에 건너가 빈공과에 급제 + 중위제의 적용을 받아 중아찬으로 승진 → ㉠ 6두품

정답설명
① 6두품은 진골 다음의 높은 신분으로, 차지하기 힘들다는 뜻에서 득난으로 불리기도 하였다.

오답분석
② 성골: 진덕 여왕 이후 소멸된 신분은 성골이다. 성골은 왕이 될 수 있는 가장 높은 신분이었으나 진덕 여왕 이후 소멸되어 태종 무열왕부터 진골 출신들이 왕이 되었다.
③ 진골: 자색의 공복을 입을 수 있었던 신분은 진골이다. 자색 공복은 1등급인 이벌찬부터 5등급인 대아찬이 입었던 옷으로, 6등급인 아찬까지만 승진이 가능하였던 6두품은 입을 수 없었다.
④ 1~3두품: 삼국 통일 이후에 평민화된 신분은 1~3두품이다.

02 선사 시대 | 부여 난이도 중 ●●○

자료분석
도둑질을 하면 12배로 변상 + 투기하는 여자를 죽임 → 부여

정답설명
④ 부여에서는 형이 죽으면 형수를 아내로 삼는 풍습인 형사취수제가 있었다. 한편, 형사취수제의 풍습은 고구려에서도 행해졌다.

오답분석
①, ③ 동예: 호랑이를 신으로 여겨 제사를 지냈으며, 명주와 삼베를 짜는 방직 기술이 발달한 나라는 동예이다.
② 삼한: 천신을 섬기는 제사장인 천군이 있던 나라는 삼한이다. 삼한은 정치적 지배자인 군장 외에 제사장인 천군이 있어 소도에서 종교와 농경에 대한 의례를 주관하였다.

03 고려 시대 | 태조 왕건 난이도 중 ●●○

자료분석
낙타는 만부교 아래에 매어 둠 → 만부교 사건 → 태조 왕건

정답설명
④ 태조 왕건은 호족을 견제하기 위해 지방 향리의 자제를 수도에 데려와 지방의 행정과 관련된 일을 담당하게 하는 기인 제도를 마련하였다.

오답분석
① 고려 광종: 광덕, 준풍 등의 독자적 연호를 사용한 왕은 고려 광종이다.
② 고려 정종(3대): 광군을 조직하여 거란의 침략에 대비한 왕은 고려 정종(3대)이다.
③ 고려 현종: 개성부를 경중(京中) 5부와 경기로 구획하여 정비한 왕은 고려 현종이다.

04 조선 전기 | 신숙주 난이도 중 ●●○

자료분석
해동 여러 나라에 대한 규례를 찬술함 + 일본 → 『해동제국기』 → (가) 신숙주

정답설명
④ 신숙주는 집현전 출신 학자로, 세종이 훈민정음을 창제할 때 참여하였다.

오답분석
① 맹사성 등: 조선 왕조 최초의 관찬 지리지인 『신찬팔도지리지』를 편찬한 인물은 맹사성, 윤회 등이다.

② 권근: 성리학을 처음 배우는 사람들을 위해 성리학의 기본 원리를 쉽게 해설한 입문서인 『입학도설』을 저술한 인물은 권근이다.
③ 조광조: 천거제인 현량과를 실시할 것을 주장한 인물은 조광조이다.

05 고대 | 고구려의 대외 항쟁   난이도 중 ●●○

정답설명
② 시기순으로 나열하면 ⓒ 모용황의 침입(고국원왕) → ② 후연 공격(광개토 대왕) → ⓙ 요서 지방 선제 공격(영양왕) → ⓒ 천리장성 완성(보장왕)이 된다.
- ⓒ 모용황의 침입: 고국원왕 때 고구려는 요동 지방을 놓고 전연과 대립하였고, 전연 모용황의 침입을 받아 수도가 함락되었다(342).
- ② 후연 공격: 광개토 대왕 때 고구려는 후연(선비족)을 공격하여 요동 지역을 확보하였다.
- ⓙ 요서 지방 선제 공격: 6세기 말 수의 세력 확대에 위협을 느낀 고구려의 영양왕은 요서 지방을 선제 공격하였다(598).
- ⓒ 천리장성 완성: 고구려는 당의 침입에 대비하기 위해 부여성에서 비사성에 이르는 천리장성을 축조하기 시작(영류왕, 631)하여 보장왕 때 완성하였다(647).

이것도 알면 합격!
고구려 대외 항쟁의 전개

요서 지방 선제 공격(598) → 수 문제의 침입(598) → 수 양제의 침입(1차, 612) → 살수 대첩(612) → 수 멸망(618) → 당 건국(618) → 천리장성 축조 시작(631) → 안시성 전투(645) → 천리장성 완성(647)

06 조선 후기 | 영조의 탕평 정치   난이도 상 ●●●

자료분석
사색(四色)이 함께 조정에 나아감 + 예로부터 지켜오던 의리는 모두 숨겨 버림 → 영조의 탕평 정치

정답설명
④ 영조는 노론뿐 아니라 소론·남인 등 각 붕당의 인물을 고르게 등용하는 완론 탕평 정치를 실시하였는데, 대체로 온건하고 타협적인 인물(탕평파)을 중심으로 정국을 운영하였다.

오답분석
모두 탕평 정치와 관련 없는 사실이다.
① 정국이 급격하게 전환되는 환국이 일어난 것은 숙종 때의 일이다.
② 소수의 가문 출신이 중앙 정치를 주도한 것은 세도 정치 시기의 일이다.
③ 척신 정치의 잔재 청산 문제와 이조 전랑 임명 문제로 사림이 동인과 서인으로 분당된 것은 선조 때의 일이다.

07 근대 | 흥선 대원군의 개혁   난이도 중 ●●○

자료분석
경복궁 중건 → (가) 흥선 대원군

정답설명
③ 옳은 것을 모두 고르면 ⓒ, ②이다.
- ⓒ 흥선 대원군은 전정의 문란을 해결하기 위해 양전 사업을 실시하여 은결을 색출하고, 군정의 문란을 해결하기 위해 호포제를 실시하였다.
- ② 흥선 대원군은 환곡의 폐단을 해결하기 위해 향촌민들이 자치적으로 운영하도록 하는 사창제를 경기, 삼남, 해서 등지에서 실시하였다.

오답분석
⊙ 흥선 대원군은 명나라 신종과 의종의 제사를 지내던 만동묘를 없애고, 전국 600여 개의 서원 중 47개소만 남기고 철폐하였다.
ⓒ 정조: 『대전통편』을 편찬하여 법률 체제를 정비한 것은 정조이다. 한편, 흥선 대원군은 통치 기강을 바로 세우기 위해 조선의 법전을 정리한 『대전회통』과 6조의 역할에 관한 규칙인 『육전조례』를 편찬하였다.

08 고려 시대 | 고려의 관학 진흥책   난이도 하 ●○○

정답설명
③ 수도인 한양에 중등 교육 기관인 4학을 세우고 4서와 5경을 가르친 것은 고려가 아닌 조선이다. 조선 시대에는 서울에 중등 교육 기관으로 서학, 동학, 남학, 중학의 4학(4부 학당)을 설치하였는데, 이는 지방의 중등 교육 기관인 향교와 달리 문묘가 없는 순수 교육 기관이었다.

오답분석
① 고려는 예종 때 관학의 경제 기반을 강화하기 위해 일종의 장학 재단인 양현고를 운영하였다.
② 고려는 예종 때 최충의 9재 학당을 모방하여 국자감내에 전문 강좌인 7재를 설치하였다.
④ 고려는 인종 때 국자감의 교육 과정을 경사 6학으로 정비하고, 7재 중 무학을 배우던 강예재를 폐지하였다.

09 조선 후기 | 조선 후기의 상공업   난이도 중 ●●○

정답설명
③ 옳지 않은 것을 모두 고르면 ⓒ, ②이다.
- ⓒ 조선 후기에는 상품의 유통이 활발해지면서 동전의 사용량이 증가하였지만 동전의 무게로 인해 대규모로 거래하기에는 어려웠다. 이에 따라 환·어음과 같은 신용 화폐가 사용되었다.
- ② 수공업자들을 공장안에 등록하여 국가에서 엄격하게 관리한 것은 조선 전기이다. 조선 후기에는 국가에서도 민간 수공업자를 고용하여 물품을 생산하였으며, 이러한 추세에 따라 공장안은 정조 무렵 폐지되었다.

오답분석
⊙ 조선 후기에는 민간 수공업자들이 상인으로부터 물품 주문과 함께 자금과 원자재를 미리 받아 제품을 생산하는 방식인 선대제 수공업이 성행하였다.
ⓒ 조선 후기에는 개성, 의주 등을 중심으로 성장한 송상, 만상 등의 상인들이 중국, 일본 등과 활발하게 대외 무역을 전개하였다.

10 | 고려 시대 | 고려 가요   난이도 상 ●●●

자료분석

회회(몽고인) 아비 → 쌍화점 → 고려 가요

정답설명

② 고려 가요는 고려 시대에 일반 백성들 사이에서 유행한 작자 미상의 민요풍 가요로, 서민의 생활 감정을 대담하고 자유분방한 형식으로 드러냈다. 대표적으로 쌍화점, 청산별곡 등이 있다.

오답분석

① 가전체 문학: 사물을 의인화하여 현실을 풍자한 것은 가전체 문학이다. 대표적으로는 『국선생전』, 『죽부인전』 등이 있다.
③ 경기체가: 신진 사대부들이 향가 형식을 계승하여 창작한 것은 경기체가이다. 경기체가는 주로 유교 정신과 자연의 아름다움을 표현하였으며, 대표적으로는 한림별곡, 관동별곡 등이 있다.
④ 패관 문학: 대표적인 작품으로 『파한집』과 『백운소설』 등이 있는 것은 패관 문학이다. 패관문학은 민간 구전을 한문으로 기록한 작품이다.

이것도 알면 합격!

고려 후기의 문학

장르	내용	대표 작품
경기체가	유교 정신과 자연	한림별곡, 관동별곡
시가 문학	전원 생활의 한가로움 표현	어부가
고려 가요	서민의 감정을 대담하게 표현	청산별곡, 쌍화점
가전체 문학	사물을 의인화하여 표현	『국순전』, 『죽부인전』

11 | 고대 | 신문왕의 업적   난이도 하 ●○○

자료분석

역적의 우두머리 흠돌 → 김흠돌의 난 → 신문왕

정답설명

② 신문왕은 영토의 동남쪽에 치우친 수도의 편향성을 보완하기 위해 서원소경(청주)과 남원소경(남원)을 설치하여 5소경을 완비하였다.

오답분석

① 성덕왕: 패강 일대에 수자리를 설치한 왕은 성덕왕이다. 성덕왕은 당의 요청으로 발해의 남쪽을 공격하였고, 출병의 대가로 당은 신라에게 패강 이남의 땅을 주었다. 이에 신라는 패강에 수자리를 설치하여 발해를 견제하였다.
③ 원성왕: 독서삼품과를 시행하여 관리를 등용한 왕은 원성왕이다.
④ 문무왕: 나·당 전쟁에서 승리함으로써 당의 세력을 몰아내고 삼국 통일을 완수한 왕은 문무왕이다.

12 | 일제 강점기 | 토지 조사 사업   난이도 중 ●●○

자료분석

동양 척식 주식회사 소유지 현황(증가 추세) → 토지 조사 사업

정답설명

④ 토지 조사 사업의 결과 관청 소유의 역둔토와 왕실 소유의 궁장토 등 국가 소유의 토지가 조선 총독부 소유가 되었다.

오답분석

① 농상공부는 제2차 갑오개혁 때 농상아문과 공무아문이 합쳐져 농업·상업·우체·전신 등의 업무를 관장한 관청으로 토지 조사 사업과는 관련이 없다. 토지 조사 사업은 조선 총독부 산하의 임시 토지 조사국에서 주관하였다.
② 토지 조사 사업의 결과 관습적으로 인정되던 농민의 입회권·소작권·도지권 등이 인정되지 않았고 지주의 소유권만 인정되었다.
③ 토지 조사 사업의 결과 다수의 분쟁이 발생하였다. 그 예로 토지 신고의 절차가 복잡하여 신고하지 못한 민유지가 강제로 총독부의 소유지가 되는 문제, 일본인 소유지와 한국인 소유지간의 경계 다툼 등 분쟁이 빈번하였다.

13 | 근대 | 근대 문물의 수용   난이도 상 ●●●

정답설명

③ 시기순으로 바르게 나열하면 ② 광혜원 설립(1885) → ⊙ 한성 전기 회사 설립(1898) → ⓒ 덕수궁 중명전 완공(1901) → ⓒ 경부선 개통(1905)이 된다.

② 광혜원 설립: 미국인 알렌과 조선 정부의 합작으로 우리나라 최초의 서양식 병원인 광혜원이 설립되었다(1885).
⊙ 한성 전기 회사 설립: 한성 전기 회사는 대한 제국 황실과 미국인 콜브란의 합작으로 설립되었다(1898).
ⓒ 덕수궁 중명전 완공: 러시아인 사바틴의 설계로 덕수궁 부속 건물인 중명전이 완공되었다(1901).
ⓒ 경부선 개통: 서울과 부산을 잇는 경부선은 러·일 전쟁 중 일본에 의해 군사적 목적으로 개통되었다(1905).

14 | 고대 | 무령왕 재위 시기의 사실   난이도 하 ●○○

자료분석

이름은 사마 + 양나라에 조공함 + 영동 대장군으로 책봉 → 무령왕

정답설명

③ 무령왕 때는 지방에 22개의 담로를 설치하고, 왕족을 파견하여 지방에 대한 통제를 강화하였다.

오답분석

① 성왕: 수도를 대외 진출이 용이한 사비(부여)로 옮기고, 국호를 남부여로 고친 것은 성왕 재위 시기의 사실이다.
② 고이왕: 율령을 반포하고 낙랑군·대방군과 공방을 펼친 것은 고이왕 재위 시기의 사실이다.
④ 개로왕: 중국 북위에 사신을 보내 고구려를 공격해 줄 것을 요청한 것은 개로왕 재위 시기의 사실이다.

15 | 조선 전기 | 남명 조식   난이도 중 ●●○

자료분석

퇴계(이황)와 영남을 절반씩 나눔 + 문하에 정인홍이 있음 → 남명 조식

정답설명
④ 조식은 경(敬)과 의(義)를 근본으로 하는 실천적 성격의 성리학풍을 강조하였다.

오답분석
① 정제두: 『존언』, 『만물일체설』 등을 저술한 인물은 정제두이다. 정제두는 양명학을 연구하여 지행합일 이론을 체계화하였으며, 강화 학파를 형성하였다.
② 기대승: 이황과 사단칠정에 대한 논쟁을 벌인 인물은 기대승이다. 사단칠정 논쟁은 사단과 칠정이 '이에 속하는가, 기에 속하는가'와 '이가 발동할 수 있는가, 없는가'에 대한 논쟁이다.
③ 서경덕: 우주를 영원한 기로 보는 태허설을 제기한 인물은 서경덕이다. 서경덕은 우주를 존재와 비존재, 생성과 소멸의 연속성을 가진 무한하고 영원한 기(氣)와 허(虛)로 인식하는 태허설을 제기하였다.

---

16 근대 | 조·미 수호 통상 조약   난이도 하 ●○○

자료분석
제3국이 억압적으로 행동할 때 다른 정부가 주선(거중조정) + 권리나 특혜를 똑같이 부여(최혜국 대우) → 조·미 수호 통상 조약

정답설명
④ 조·미 수호 통상 조약에는 미국의 수출입 상품에 대해 조선이 관세를 부과할 수 있는 권한이 명시되어 있다.

오답분석
① 조·미 수호 통상 조약은 청의 알선을 통해 미국과 체결한 조약이다. 한편 청의 알선 없이 독자적으로 체결한 조약으로는 조·러 수호 통상 조약이 있다.
② 조·미 수호 통상 조약은 조·영 수호 통상 조약이 체결(1883)되기 이전인 1882년에 체결되었다.
③ 조·청 상민 수륙 무역 장정: 외국 상인의 내지 통상권을 최초로 규정한 것은 조·청 상민 수륙 무역 장정이다.

---

17 일제 강점기 | 대한민국 임시 정부   난이도 중 ●●○

자료분석
독립 공채 조례를 제정 → 독립 공채 발행 → (가) 대한민국 임시 정부

정답설명
③ 옳은 것을 모두 고르면 ㉡, ㉢이다.
㉡ 대한민국 임시 정부는 군무부를 두고 군사에 관한 업무를 관장하였다.
㉢ 대한민국 임시 정부는 비밀 행정 조직으로 연통제를 운영하였으며, 국내와의 연락을 위해 교통국을 설치하였다.

오답분석
㉠ 대한 광복군 정부: 이상설과 이동휘를 정·부통령으로 선임한 것은 연해주 블라디보스토크에서 조직된 대한 광복군 정부이다.
㉣ 대동 보국단: 『진단』이라는 잡지를 발간한 것은 상하이에서 신규식·박은식 등이 조직한 대동 보국단이다.

---

18 일제 강점기 | 회사령 시행 시기의 사실   난이도 중 ●●○

자료분석
회사의 설립은 조선 총독의 허가를 받아야 함 → 회사령(1911~1920)

정답설명
① 회사령이 시행되던 1918년에 일제는 조선 임야 조사령을 제정하여 대부분의 임야지를 국유지로 강제 편입시켰다.

오답분석
모두 회사령이 폐지된 이후의 사실이다.
② 일제는 1941년에 조선 사상범 예방 구금령을 제정하여 조선인의 사상을 통제하고, 독립운동가들을 재판 없이 감옥에 구금하였다.
③ 일제는 1921년에 조선총독부령 '도로취체규칙'을 개정하여 기존의 우측통행 방침을 일본과 같은 좌측통행으로 변경하였다.
④ 일제는 1922년에 제2차 조선 교육령을 시행하여 일본과 동일한 학제를 도입한다는 취지로 보통학교의 교육 연한을 4년에서 6년으로 연장하였다.

---

19 시대 통합 | 독도   난이도 중 ●●○

자료분석
이승만 정부 + 평화선 선언 + 일본이 크게 반발함 → 독도

정답설명
④ 독도는 조선 숙종 때 안용복이 두 차례에 걸쳐 일본에 건너가 일본 막부로부터 조선의 영토임을 확인받았다.

오답분석
① 흑산도: 정약전이 『자산어보』를 저술한 곳은 흑산도이다. 정약전은 신유박해 때 흑산도로 유배되었고, 그곳에서 『자산어보』를 저술하였다.
② 진도: 삼별초가 용장성을 세우고 몽골군에 대항한 곳은 진도이다.
③ 제주도: 남한만의 단독 정부 수립에 반대하는 4·3 사건이 발생한 곳은 제주도이다.

---

20 현대 | 좌·우 합작 7원칙   난이도 중 ●●○

자료분석
좌우 합작 + 원칙을 정함 → 좌·우 합작 7원칙

정답설명
② 좌·우 합작 7원칙에서 중요 산업을 국유화할 것을 합의한 것은 맞지만, 토지는 체감 매상 및 무상 분배를 원칙으로 하였다.

오답분석
① 좌·우 합작 7원칙 중 2조의 내용으로, 미·소 공동 위원회의 속개를 요청하는 공동 성명을 발표할 것을 합의하였다.
③ 좌·우 합작 7원칙 중 4조의 내용으로, 친일 민족 반역자를 처리할 조례는 입법 기구에서 결정하기로 합의하였다.
④ 좌·우 합작 7원칙 중 7조의 내용으로, 전국적으로 언론·집회·결사·출판·교통·투표 등의 자유가 절대 보장되도록 할 것을 합의하였다.

07회 실전동형모의고사 정답·해설

정답

p.50

01	③ 선사 시대	11	② 고려 시대
02	① 고대	12	① 고대
03	② 고려 시대	13	② 조선 후기
04	④ 일제 강점기	14	④ 조선 전기
05	③ 조선 전기	15	③ 일제 강점기
06	④ 시대 통합	16	② 일제 강점기
07	④ 고대	17	③ 일제 강점기
08	③ 조선 후기	18	① 근대
09	② 선사 시대	19	③ 조선 전기
10	① 현대	20	③ 현대

취약시대 분석표

영역	세부 유형	문항 수
전근대	선사 시대	/2
	고대	/3
	고려 시대	/2
	조선 전기	/3
	조선 후기	/2
근현대	근대	/1
	일제 강점기	/4
	현대	/2
통합	시대 통합	/1
총계		/20

* 취약시대 분석표를 이용해 1개라도 틀린 문제가 있는 시대는 그 시대의 문제만 골라 해설을 다시 한번 꼼꼼히 학습하세요

---

01 선사 시대 | 구석기 시대의 생활 모습   난이도 하 ●○○

정답설명
③ 바퀴날 도끼와 홈자귀 등의 석기를 만들어 사용한 것은 청동기 시대이다. 구석기 시대에는 주먹 도끼, 긁개 등과 같은 뗀석기를 만들어 사용하였다.

오답분석
① 구석기 시대에는 사냥의 성공을 기원하는 주술적 의미가 담긴 예술품을 만들었다.
② 구석기 시대의 사람들은 무리를 지어 살면서 공동체적 생활을 하였다. 이때 무리 중에서 지혜롭고 경험이 많은 사람이 지도자가 되었으나 권력을 갖고 있지 않았던 평등 사회였다.
④ 구석기 시대에는 대체로 동굴이나 바위 그늘에 거주하였으며 강가에 막집을 짓고 살기도 하였다. 또한 불을 사용하여 음식을 조리해 먹기도 하였다.

02 고대 | 최치원   난이도 하 ●○○

자료분석
황소에게 고한다 → 「토황소격문」 → 최치원

정답설명
① 불교를 속세 바깥의 가르침이라는 세외교(世外敎)라고 비판한 인물은 강수이다.

오답분석
② 최치원은 당에서 신라로 돌아와 진성 여왕에게 정치·사회 개혁 방안을 담은 시무 10여 조를 올렸다.
③ 최치원은 『제왕연대력』을 지어 신라의 역사를 연표 형식으로 정리하였지만 현존하지는 않는다.
④ 최치원은 『법장화상전』에서 당나라의 화엄종 승려인 법장화상의 전기를 서술하였다.

03 고려 시대 | 소(所)   난이도 하 ●○○

자료분석
(가) 구리, 철, 자기, 종이, 먹 등을 만듦 → 소(所)
(나) 소(所) 주민

정답설명
② 고려의 특수 행정 구역인 소(所)에는 지방관이 파견되지 않았다.

오답분석
① 소(所)는 각종 수공업품을 제작하여 국가에 납부하였기 때문에, 원활한 재료 수급을 위해 재료의 생산지와 가까운 곳에 위치하였다.
③ 소(所)에 거주하는 주민들은 법적인 신분상으로는 양인에 속하였으나, 일반 군현민에 비해 차별을 받았다.
④ 소(所)에 거주하는 주민들에게는 거주 이전의 자유가 없었다.

04 일제 강점기 | 민립 대학 설립 운동   난이도 중 ●●○

자료분석
고등 교육에 기대함 + 최고 학부의 존재가 필요 → 민립 대학 설립 운동

정답설명
④ 민립 대학 설립 운동은 이상재, 이승훈 등의 주도하에 '한민족 1천만이 한 사람이 1원씩'이라는 구호로 모금 운동이 전개되었다.

오답분석
① 형평 운동: 진주에서 이학찬의 주도로 시작되어 전국으로 확대된 운동은 형평 운동이다.
② 물산 장려 운동: 일부 사회주의자가 자본가 계급을 위한 운동이라고 비판한 운동은 물산 장려 운동이다.
③ 브나로드 운동: 동아일보의 주도로 농촌 계몽, 한글 보급 등을 위해 전개된 운동은 브나로드 운동이다.

05 조선 전기 | 단종 복위 운동과 삼포왜란 사이의 사실   난이도 중 ●●○

자료분석
(가) 상왕을 복위한다고 함 → 단종 복위 운동(세조)
(나) 삼포 + 우리를 침노함 → 삼포왜란(중종)

정답설명
③ (가), (나) 사이 시기인 연산군 때 무오사화가 일어나 김종직이 부관참시 당하였다. 무오사화는 김종직의 제자인 김일손이 스승이 쓴 「조의제문」을 「사초」에 기록한 것이 발단이 되어 일어났다.

오답분석
① (가) 이전: 『고려사』가 편찬된 것은 문종 때로, (가) 시기 이전의 사실이다.
② (나) 이후: 임꺽정의 난이 일어난 것은 명종 때로, (나) 시기 이후의 사실이다. 임꺽정은 명종 때의 도적으로, 황해도 구월산에 본거지를 두고 활동하였다.
④ (나) 이후: 비변사가 상설 기구화 된 것은 명종 때로, (나) 시기 이후의 사실이다. 비변사는 삼포왜란을 계기로 처음 임시 기구로 설치되었고, 이후 명종 때 일어난 을묘왜변을 계기로 상설 기구화되었다.

06 시대 통합 | 유네스코 세계 문화유산   난이도 하 ●○○

정답설명
④ 옳은 것을 모두 고르면 ⓒ, ㉢이다.
ⓒ 종묘는 조선 시대 역대의 왕과 왕비 및 추존된 왕과 왕비의 신주를 모신 사당으로, 1995년에 유네스코 세계 문화유산으로 등재되었다.
㉢ 창덕궁은 임진왜란 때 소실된 경복궁을 대신하여 가장 오랜 기간 조선의 왕들이 거처하며 정사를 보았던 궁궐로, 1997년에 유네스코 세계 문화유산으로 등재되었다.

오답분석
㉠ 보은 법주사가 유네스코 세계 문화유산에 등재된 것은 맞지만, 금강계단 불사리탑이 있는 삼보 사찰은 양산 통도사이다. 양산 통도사는 합천 해인사, 순천 송광사와 함께 삼보 사찰(불(佛)·법(法)·승(僧)의 세 가지 보물을 간직하고 있는 사찰)이라 불린다.
ⓒ 해인사 장경판전은 초조대장경이 아닌 팔만대장경을 보관하기 위해 만들어진 건축물로, 1995년에 유네스코 세계 문화유산에 등재되었다.

07 고대 | 의상   난이도 중 ●●○

자료분석
하나가 곧 일체 → 일즉다 다즉일(一卽多 多卽一) → 의상

정답설명
④ 의상은 질병이나 재해 등 현세의 고난으로부터 구원받고자 하는 현세적 성격의 관음 신앙을 이끌었다.

오답분석
① 지눌(고려): 깨달음을 얻은 뒤에 꾸준한 수행으로 깨달음을 확인할 것을 강조한 돈오점수를 주장한 인물은 지눌이다.
② 진표(통일 신라): 참회를 중심으로 하는 점찰 법회를 정착시켜 불교의 대중화에 기여한 인물은 진표이다.
③ 원효(통일 신라): 『십문화쟁론』을 저술하여 화쟁 사상을 주장한 인물은 원효이다.

🔍 이것도 알면 합격!

의상

화엄 사상의 정립	• 모든 존재가 상호 의존적이면서 서로 조화를 이루고 있다는 화엄 사상 정립(『화엄일승법계도』) • '일즉다 다즉일'의 원융 사상은 전제 왕권 중심의 중앙 집권적 통치 체제를 뒷받침함
관음 신앙 전파	질병이나 재해 등 인간의 현실적 고뇌를 해결해 주는 관(세)음 보살을 신봉하는 관음 신앙 전파

08 조선 후기 | 신윤복   난이도 하 ●○○

자료분석
연소답청 → 신윤복

정답설명
③ 신윤복은 주로 남녀 간의 애정, 양반과 부녀자의 생활과 유흥 등을 감각적이고 해학적으로 묘사하였다.

오답분석
① 김정희: '묵란도', '세한도' 등의 문인화 작품을 남긴 인물은 김정희이다.
② 강세황: 서양화 기법을 반영하여 '영통동구도'를 그린 인물은 강세황이다.
④ 김홍도: 정조의 화성 행차와 관련된 병풍, 행렬도 등을 남긴 인물은 김홍도이다. 김홍도는 도화서의 화원으로 활동하던 당시에 정조의 화성 행차 광경을 담아낸 『원행을묘정리의궤』와 같은 기록화 등을 남겼다.

09 선사 시대 | 초기 국가의 특징   난이도 중 ●●○

정답설명
② 옳은 것을 모두 고르면 ㉠, ⓒ이다.
㉠ 고구려에는 남녀가 혼인을 하면 신부 집 뒤꼍에 서옥이라는 작은 집을 짓고 자식을 낳고 살다가, 자식이 장성하면 신랑 집으로 돌아가는 서옥제의 풍습이 있었다.
ⓒ 동예에서는 씨족 사회의 전통으로 다른 씨족의 상대와 혼인하는 족외혼을 엄격하게 지켰다.

오답분석
ⓒ 삼한: 제사장인 천군이 다스리는 신성 지역인 소도가 있었던 국가는 삼한이다.
㉢ 동예: 읍락 간의 경계를 중시하여 다른 읍락의 경계를 함부로 침범하면 노비나 소 등으로 변상하게 하는 책화라는 풍습이 있었던 국가는 동예이다.

10 현대 | 4·19 혁명과 브라운 각서 체결 사이의 사실   난이도 중 ●●○

자료분석
(가) 선거권마저 권력의 마수 앞에 농단 → 4·19 혁명(1960)
(나) 미국 정부 + AID 차관을 제공 → 브라운 각서(1966)

정답설명

① (가), (나) 사이 시기인 1964년에 국민들은 한·일 회담에 반대하여 대일 굴욕 외교 반대 범국민 투쟁 위원회를 결성하고 6·3 항쟁을 전개하였다.

오답분석

② (가) 이전: 이승만 정부가 평화 통일론을 주장한 진보당의 정당 등록을 취소한 진보당 사건이 일어난 것은 1958년으로, (가) 이전의 사실이다.

③ (나) 이후: 유신 헌법이 공포됨으로써 유신 체제가 출범한 것은 1972년으로, (나) 이후의 사실이다. 유신 헌법이 공포되면서 통일 주체 국민회의에서 간접 선거로 대통령을 선출하게 되었으며, 대통령에게 국회 해산권, 긴급 조치권 등이 부여되었다.

④ (나) 이후: 유신 체제에 대한 저항으로 김대중, 윤보선 등 재야 인사들이 명동 성당에서 긴급 조치 철폐, 박정희 정권 퇴진 등을 요구하는 3·1 민주 구국 선언을 발표한 것은 1976년으로, (나) 이후의 사실이다.

11 고려 시대 | 고려 시대의 건축물   난이도 중 ●●○

정답설명

② 화엄사 각황전과 금산사 미륵전은 조선 후기에 건립된 다포 양식의 중층 건축물이다.

오답분석

① 안동 봉정사 극락전은 고려 시대에 건립된 주심포 양식의 건축물로 맞배 지붕, 배흘림 기둥 등으로 구성되어 있다.

③ 예산 수덕사 대웅전은 고려 시대에 건립된 주심포 양식의 건축물로, 백제계 사찰의 전통을 이었다.

④ 영주 부석사 무량수전은 고려 시대에 건립된 건축물로, 주심포 양식과 배흘림 기둥, 팔작 지붕 등이 잘 어우러진 것이 특징이다.

12 고대 | 진흥왕의 업적   난이도 중 ●●○

자료분석

관경을 순수함 + 한성을 지나는 길 → 북한산비 → 진흥왕

정답설명

① 진흥왕은 고구려에서 귀순한 승려 혜량을 승통(국통)으로 삼아 불교 교단을 정비하였다.

오답분석

② 소지 마립간: 독자적인 세력을 유지하던 6촌을 행정적인 6부로 개편한 왕은 소지 마립간이다.

③ 내물 마립간: 김씨에 의한 왕위 계승권을 확립한 왕은 내물 마립간이다.

④ 법흥왕: 법령(율령)을 반포하고 상대등 제도를 실시한 왕은 법흥왕이다.

이것도 알면 합격!

진흥왕의 업적
- 정치: 화랑도 정비, 대가야 정복, 한강 유역 차지, 순수비 건립(북한산비, 창녕비, 황초령비, 마운령비)
- 문화: 황룡사 건립, 『국사』 편찬

13 조선 후기 | 경신환국   난이도 중 ●●○

자료분석

인평 대군의 아들들(복창군, 복선군, 복평군)이 못된 생각을 품음 + 허적의 서자 허견 → 삼복의 변 → 경신환국(1680)

(가) 정여립 모반 사건(1589) ~ 기해예송(1659)
(나) 기해예송(1659) ~ 기사환국(1689)
(다) 기사환국(1689) ~ 신임사화(1721~1722)
(라) 신임사화(1721~1722) ~ 이인좌의 난(1728)

정답설명

② 경신환국은 남인인 허적이 왕실용 천막을 허락 없이 사용하여 숙종이 분노한 상황에서 허적의 서자 허견 등의 역모 사건으로 인해, 남인이 몰락하고 서인이 정권을 잡게 된 사건으로 (나) 시기인 1680년에 발생하였다.

이것도 알면 합격!

환국

경신환국 (1680)	• 원인: 남인인 허적이 왕실용 천막을 무단으로 사용, 서인이 허적의 서자 허견 등의 역모를 고발함 • 결과: 남인 몰락·서인 집권(서인이 노론과 소론으로 분열)
기사환국 (1689)	• 원인: 희빈 장씨 아들(경종)의 원자 정호 문제 • 결과: 서인(송시열 등)이 처형·축출되고 남인이 정권 장악
갑술환국 (1694)	• 원인: 남인이 인현 왕후 복위 운동을 빌미로 서인을 제거하려다 실패 • 결과: 남인 몰락·서인(소론) 재집권

14 조선 전기 | 과전법   난이도 중 ●●○

자료분석

⊙ 과전법

정답설명

④ 과전법은 문무 관료들을 관품에 따라 18과(科)로 나누고, 경기 지역 토지에 한해 최고 150결에서 최하 10결의 토지를 수조지로 지급하였다.

오답분석

① 직전법: 현직 관리에게만 토지에 대한 수조권이 지급된 것은 조선 세조 때 시행된 직전법이다.

② 과전법 체제하에서는 병작반수제가 법적으로 금지되었다.

③ 관수 관급제: 정부에서 직접 조세를 거두어 관리에게 나누어준 것은 조선 성종 때 시행된 관수 관급제이다.

15 일제 강점기 | 대한민국 임시 정부의 개헌 과정   난이도 중 ●●○

정답설명

③ 순서대로 나열하면 ⓒ 대통령 중심제(제1차 개헌, 1919) → ㉣ 국무령 중심의 내각 책임제(제2차 개헌, 1925) → ㉢ 국무위원 집단 지도 체제(제3차 개헌, 1927) → ㉠ 주석 중심의 단일 지도 체제(제4차 개헌, 1940) → ㉡ 주석·부주석 지도 체제(제5차 개헌, 1944)가 된다.

ⓒ 대통령 중심제(제1차 개헌, 1919): 대한민국 임시 정부는 수립 당시 대통령 중심의 민주 공화제 정부를 구성하였다.
ⓔ 국무령 중심의 내각 책임제(제2차 개헌, 1925): 대한민국 임시 정부는 국민 대표 회의 결렬 이후 국무령 중심의 내각 책임제로 전환하였다.
ⓜ 국무위원 집단 지도 체제(제3차 개헌, 1927): 대한민국 임시 정부는 국무위원 중심의 집단 지도 체제로 개편하였다.
ⓞ 주석 중심의 단일 지도 체제(제4차 개헌, 1940): 대한민국 임시 정부는 주석 중심 체제로 개편하여 김구를 주석으로 선출하였다.
ⓒ 주석·부주석 지도 체제(제5차 개헌, 1944): 대한민국 임시 정부는 주석·부주석 체제로 개편하여 김구를 주석, 김규식을 부주석으로 선출하였다.

16 일제 강점기 | 일제 강점기의 종교계   난이도 중 ●●○

정답설명
② 손병희가 동학을 천도교로 개칭한 것은 맞으나, 잡지 『경향』을 발간한 것은 천도교가 아닌 천주교이다.

오답분석
① 대종교는 국권 피탈 이후 중광단이라는 항일 무장 단체를 결성하였다.
③ 기독교는 일제가 신사 참배를 강요하자 거부 운동을 벌이기도 하였으며 교육과 의료 사업 등을 전개하였다.
④ 한용운은 조선 불교 유신회를 조직하여 우리나라의 불교를 일본 불교에 예속시키려는 일본 불교계의 침투에 대항하였다.

17 일제 강점기 | 광주 학생 항일 운동   난이도 상 ●●●

자료분석
검속된 학생을 탈환 + 일제의 식민지 교육에 항거 + 동맹 파교 → 광주 학생 항일 운동

정답설명
③ 이승만 정부 시기인 1953년에 광주 학생 항일 운동을 기념하기 위하여 11월 3일을 학생의 날로 제정하였다.

오답분석
① 6·10 만세 운동: 국내에서 민족 유일당 운동이 전개되는 계기가 된 운동은 6·10 만세 운동이다.
② 민립 대학 설립 운동: 일제가 경성 제국 대학을 설립하며 방해하려 하였던 운동은 민립 대학 설립 운동이다.
④ 3·1 운동: 중국의 5·4 운동, 인도의 비폭력 운동 등 세계의 반제국주의 민족 운동에 영향을 끼친 운동은 3·1 운동이다.

18 근대 | 을사늑약 이전의 사실   난이도 중 ●●○

자료분석
한국과 일본 사이에 체결된 소위 보호 조약 + 총검과 공갈 하에 억지로 된 것 → ⓒ 을사늑약(1905. 11.)

정답설명
① 기유각서가 체결되어 일본에 대한 제국의 사법권과 감옥 사무 처리권을 빼앗기게 된 것은 1909년으로, 을사늑약이 체결된 이후의 사실이다.

오답분석
모두 을사늑약이 체결되기 이전의 사실이다.
② 1904년에 한·일 의정서가 체결되어 일본은 전쟁 수행을 위해 한반도의 군사적 요충지와 시설을 마음대로 이용할 수 있게 되었다.
③ 일본은 러·일 전쟁에서 승리하여 1905년 9월에 러시아와 대한 제국에 대한 일본의 권리를 인정하는 포츠머스 조약을 체결하였다.
④ 일본과 영국은 두 차례[(1차, 1902)/ (2차, 1905. 8.)]에 걸쳐 동맹을 체결하여 인도 및 동아시아 지역에서 영국과 일본의 상호 이권을 확인하였다.

19 조선 전기 | 무오사화   난이도 하 ●○○

자료분석
김종직 + 항우가 의제를 죽인 일을 기록함 → 「조의제문」 → 무오사화

정답설명
③ 김일손이 스승 김종직의 「조의제문」을 「사초」에 기록한 것을 훈구 세력이 문제로 삼으며 무오사화가 일어났다. 이 때 김종직은 부관참시를 당하였고, 김일손은 사형에 처해지는 등 사림 세력이 정계에서 축출되었다.

오답분석
① 기묘사화: 중종 때 발생한 사화는 조광조 등의 사림 세력들이 제거된 기묘사화이다. 무오사화는 연산군 때 발생하였다.
② 을사사화: 명종의 외삼촌인 윤원형이 조정을 장악하는 배경이 된 사건은 을사사화이다.
④ 갑자사화: 폐비 윤씨 사사 사건에 관련된 김굉필 등의 사림 세력들이 피해를 입은 사건은 갑자사화이다.

20 현대 | 6·25 전쟁 시기 볼 수 있는 모습   난이도 하 ●○○

자료분석
(가) 6·25 전쟁 발발(1950. 6. 25.) ~ 인천 상륙 작전 전개(1950. 9. 15.)
(나) 인천 상륙 작전 전개(1950. 9. 15.) ~ 소련의 휴전 제안(1951. 6.)

정답설명
③ (나) 시기인 1950년 10월에 중국군은 압록강을 건너 참전하였다. 인천 상륙 작전의 성공으로 국군과 유엔군이 압록강까지 진출하자 위기를 느낀 중국은 북한군을 돕기 위해 군대를 파견하였다.

오답분석
① (나) 시기: 유엔군과 국군이 서울을 수복하고 평양까지 진격한 것은 1950년 10월로, (나) 시기이다.
② (나) 시기: 중국군의 공세에 밀려 국군과 유엔군이 후퇴하면서 대규모 해상 작전인 흥남 철수가 이루어진 것은 1950년 12월로, (나) 시기이다.
④ (가) 시기: 유엔 안전 보장 이사회에서 유엔군 파병이 결정된 것은 1950년 7월로, (가) 시기이다.

08회 실전동형모의고사 정답·해설

정답

p.56

01	④ 선사 시대	11	② 고려 시대
02	③ 고대	12	② 고대
03	④ 고려 시대	13	③ 조선 후기
04	② 고려 시대	14	② 근대
05	② 조선 전기	15	② 일제 강점기
06	④ 고대	16	④ 근대
07	③ 고대	17	③ 일제 강점기
08	① 조선 후기	18	③ 근대
09	① 고려 시대	19	④ 현대
10	④ 조선 전기	20	③ 현대

취약시대 분석표

영역	세부 유형	문항 수
전근대	선사 시대	/1
	고대	/4
	고려 시대	/4
	조선 전기	/2
	조선 후기	/2
근현대	근대	/3
	일제 강점기	/2
	현대	/2
통합	시대 통합	/0
총계		/20

* 취약시대 분석표를 이용해 1개라도 틀린 문제가 있는 시대는 그 시대의 문제만 골라 해설을 다시 한번 꼼꼼히 학습하세요

01 선사 시대 | 신석기와 청동기 시대   난이도 하 ●○○

자료분석
(가) 갈돌과 갈판 → 신석기 시대
(나) 반달 돌칼 → 청동기 시대

정답설명
④ 빗살무늬 토기와 덧무늬 토기 등을 만들어 사용한 것은 신석기 시대이다. 한편, 청동기 시대에는 미송리식 토기, 민무늬 토기, 송국리식 토기 등을 만들어 사용하였다.

오답분석
① 신석기 시대에는 아직 지배와 피지배의 관계가 형성되지 않았고, 연장자나 경험이 많은 자가 자기 부족을 통솔하였다.
② 신석기 시대에는 불씨를 보관하거나 취사와 난방을 위한 화덕이 중앙에 위치한 움집에서 생활하였다.
③ 청동기 시대에는 부족 간의 전쟁이 빈번해지면서, 마을에 목책과 환호 등의 방어 시설을 설치하였다.

02 고대 | 백제 성왕 재위 시기의 사실   난이도 중 ●●○

자료분석
신라를 습격하려 함 + 신라 병사들에게 살해됨 → 관산성 전투 → 백제 성왕

정답설명
③ 백제 성왕 때는 노리사치계를 일본에 파견하여 불경과 불상을 전해주는 등 불교를 전파하였다.

오답분석
① 무왕: 일본에 승려 관륵을 파견하여 지리, 천문학 등과 관련된 서적을 전달한 것은 무왕 때이다.
② 의자왕: 신라의 대야성을 비롯한 40여 성을 함락시킨 것은 의자왕 때이다.
④ 근초고왕: 중국의 요서 지방과 일본의 규슈 지방까지 진출한 것은 근초고왕 때이다.

03 고려 시대 | 고려 성종의 업적   난이도 중 ●●○

자료분석
양민이 된 노비들이 주인을 업신여김 + 주인을 욕하는 자는 천민으로 되돌림 → 노비환천법 → 고려 성종

정답설명
④ 고려 성종은 지방 주요 지역에 12목을 설치하여 지방관인 목사를 파견하고, 지방의 중소 호족을 향리로 편입하는 향리 제도를 마련하여 지방 세력을 통제하였다.

오답분석
① 태조 왕건: 『정계』와 『계백료서』를 편찬한 왕은 태조 왕건이다.
② 고려 현종: 5도 양계의 지방 제도를 확립한 왕은 고려 현종이다.
③ 고려 광종: 백관의 공복을 자·단·비·녹색으로 제정한 왕은 고려 광종이다.

04 고려 시대 | 고려 시대 화폐의 유통   난이도 중 ●●○

정답설명
② 고려 숙종 때 의천의 건의로 주전도감을 설치하여 해동통보 등의 동전과 고액 화폐인 활구를 주조하였다.

오답분석
① 고려 시대에는 다점·주점 등의 관영 상점에서만 화폐가 제한적으로 사용되었기 때문에 조세를 화폐로 징수하지 않았다.
③ 조선 후기: 화폐의 유통이 원활하지 않아 시중에 화폐가 부족해지는 전황 현상이 일어난 것은 조선 후기이다.

④ 고려 시대에는 철전(건원중보), 동전(해동통보 등), 은화(활구)뿐만 아니라 원의 지폐인 보초가 들어와 유통되었다.

05 조선 전기 | 유향소와 경재소   난이도 중 ●●○

자료분석

(가) 풍속을 바로 잡음 + 향리를 규찰함 → 유향소
(나) (가)와 결탁하여 불의의 일을 하는 것을 검거 → 경재소

정답설명

② 경재소는 유향소를 단속하기 위해 중앙에 설치된 기관으로, 해당 지방 출신의 중앙 관리로 구성되었다.

오답분석

① 약정과 직월 등의 간부가 있었던 것은 향약이다. 한편, 유향소에는 좌수와 별감 등의 간부가 있었다.
③ 여성을 비롯해 양반부터 노비까지 모든 향민들이 편성된 것은 향약이다. 향약은 유교 윤리를 통해 향촌 질서를 유지하기 위해 모든 향민들이 편성되어 시행되었다.
④ 선조 이후부터 향청이라고 불린 곳은 유향소이다. 유향소는 선조 이후부터 향청이라 불리며 수령을 보좌하는 역할을 하였으며, 경재소는 선조 이후 폐지되었다.

06 고대 | 금관가야   난이도 중 ●●○

자료분석

허 황후와 함께 나라를 세움 → 김수로왕 → 금관가야

정답설명

④ 금관가야는 낙동강 하류의 김해를 중심으로 성장하였으며, 풍부한 철의 생산과 해상 교통에 유리한 입지 조건을 이용하여 낙랑군, 일본 규슈 지역 등과의 원거리 교역을 통해 중계 무역을 전개하였다.

오답분석

모두 대가야에 대한 설명이다.
① 대가야는 신라 진흥왕 때 이사부와 사다함 등의 공격을 받아 멸망하였다.
② 대가야의 대표적인 문화유산으로는 고령의 지산동 고분군이 있다. 금관가야의 대표적인 문화유산으로는 김해 대성동 고분군이 있다.
③ 대가야는 전성기 때 소백산맥을 넘어 남원 등 호남 동부까지 세력을 확장하였다.

07 고대 | 통일 신라 토지 제도의 변천   난이도 하 ●○○

자료분석

㉠ 신문왕 때 지급 → 관료전
㉡ 신문왕 때 혁파 + 경덕왕 때 다시 나누어 줌 → 녹읍
㉢ 성덕왕 때 백성에게 지급 → 정전

정답설명

③ 정전은 국가에 일정한 역(役)을 담당하는 '정(丁)'에게 지급하였다.

오답분석

① 녹읍·식읍: 조세를 수취할 수 있을 뿐 아니라, 그 지역의 주민을 노역에 동원할 수 있었던 것은 녹읍과 식읍이다.
② 식읍: 전쟁에서 큰 공을 세운 사람에게 공로의 대가로 지급한 것은 식읍이다. 한편 녹읍은 관직 복무의 대가로 귀족들에게 지급한 토지이다.
④ 관료전과 정전은 왕권 강화 정책의 일환으로 지급된 것이 맞지만, 녹읍은 귀족들의 경제적 기반이었기 때문에 왕권 강화 정책의 일환으로 신문왕 때 폐지되었다.

이것도 알면 합격!

통일 신라 토지 제도의 변화

관료전 지급, 녹읍 폐지(신문왕)	• 관료에게 봉급 대신 관등에 따라 관료전 지급 • 녹읍 폐지 → 국가의 토지에 대한 지배권 강화
정전 지급(성덕왕)	왕토 사상에 근거하여 일반 백성들에게 정전을 지급하고 세금 징수
녹읍 부활(경덕왕)	귀족들의 반발로 녹읍 부활

08 조선 후기 | 천주교 박해   난이도 중 ●●○

정답설명

① 옳은 것을 모두 고르면 ㉠, ㉡이다.
㉠ 병인박해는 고종 때 일어난 천주교 박해 사건으로, 이때 프랑스 선교사를 비롯하여 남종삼 등의 수천 명의 신도들이 처형되었다.
㉡ 신유박해 때 이승훈, 정약종, 청나라 신부 주문모 등이 처형당하였으며, 정약용·정약전 등이 유배되었다.

오답분석

㉢ 우리나라 최초의 신부인 김대건이 처형된 사건은 병오박해이다.
㉣ 정조 때 천주교 신자인 윤지충과 권상연이 윤지충의 모친상에서 신주를 불사르고 천주교식으로 장례를 치른 진산 사건을 계기로 일어난 것은 신해박해이다. 한편, 기해박해는 헌종 때 벽파인 풍양 조씨가 집권하면서 천주교에 대한 탄압을 강화하여 정하상 등 천주교 신도들과 서양인 신부들이 처형당한 사건이다.

이것도 알면 합격!

천주교 전파와 탄압

전파	17세기 중국에 다녀온 우리나라 사신들에 의해 학문(서학)으로 유입됨
확산	18세기 후반 남인 계열 실학자에 의해 신앙으로 수용 → 백성들 사이에서 점차 확산
탄압	신해박해(1791, 정조) → 신유박해(1801, 순조) → 기해박해(1839, 헌종) → 병오박해(1846, 헌종) → 병인박해(1866, 고종)

09 고려 시대 | 공민왕의 업적   난이도 중 ●●○

자료분석
지정 연호(원의 연호)의 사용을 중지 + 기철 등을 처단 → (가) 공민왕

정답설명
① 공민왕은 반원 자주 정책의 일환으로 고려의 내정을 간섭하던 정동행성 이문소를 폐지하였다.

오답분석
② 충렬왕: 도병마사를 도평의사사로 개편하여 국정을 총괄하게 한 왕은 충렬왕이다.
③ 우왕: 최무선의 건의로 화통도감을 설치한 왕은 우왕이다. 화통도감은 화약 및 화기의 제조를 담당한 관청이다.
④ 창왕: 박위를 파견하여 왜구의 근거지인 쓰시마 섬을 정벌한 왕은 창왕이다.

10 조선 전기 | 향교   난이도 중 ●●○

자료분석
나라에서 각도 주·부·군·현에 설치함 + 교수관, 혹은 교도를 둠 → ㉠ 향교

정답설명
④ 향교는 학업 중 군역이 면제되었기 때문에 양인들이 군역을 회피하는 수단으로 이용하기도 하였다. 이에, 향교에서는 시험을 치러 성적 미달자에게는 군역을 지도록 하였다.

오답분석
① 4부 학당: 문묘(공자 사당)가 없는 순수 교육 기관은 4부 학당이다.
② 향교는 양인의 자제만 입학이 허용되었으며, 천민의 입학은 허가되지 않았다.
③ 성균관: 성적이 우수한 자에게 문과 복시에 바로 응시할 수 있는 자격을 준 것은 성균관이다. 한편 향교의 성적 우수자에게는 소과(생원·진사시)의 초시를 면제해 주었다.

11 고려 시대 | 원 간섭기의 문화   난이도 중 ●●○

자료분석
자녀들이 뽑혀서 서쪽(원나라)으로 들어감 → 공녀 → 원 간섭기

정답설명
② 서예에서 구양순체가 주류를 이룬 것은 통일 신라 말~고려 전기의 사실이다. 원 간섭기에는 송설체(조맹부체)가 유행하였다.

오답분석
① 원 간섭기인 충목왕 때 경천사지 10층 석탑이 건립되었다. 경천사지 10층 석탑은 원의 석탑을 본뜬 석탑으로 대리석으로 제작되었다.
③ 원 간섭기에는 왕실과 권문세족의 구복적 요구에 따라 불화가 많이 그려졌으며, 혜허의 관음보살도(양류관음도)가 대표적이다.
④ 원 간섭기에는 원나라와 고려 간의 문화와 풍속의 교류가 활발해져 변발, 족두리, 연지 등의 원나라 풍습이 지배층을 중심으로 유행하였다.

12 고대 | 김헌창의 난 발생 시기   난이도 하 ●○○

자료분석
웅천주 도독 헌창 + 반란을 일으킴 → 김헌창의 난(822)
(가) 신문왕 즉위(681) ~ 원성왕 즉위(785)
(나) 원성왕 즉위(785) ~ 청해진 설치(828)
(다) 청해진 설치(828) ~ 『삼대목』 편찬(888)
(라) 『삼대목』 편찬(888) ~ 적고적의 난 발발(896)

정답설명
② 김헌창의 난은 (나) 시기인 822년에 일어났다. 김헌창은 아버지인 김주원이 왕이 되지 못한 데에 불만을 품고 웅주(공주)에서 국호를 '장안', 연호를 '경운'이라 하여 반란을 일으켰으나 실패하였다.

13 조선 후기 | 조선 후기의 사회 모습   난이도 하 ●○○

자료분석
일본어로 고귀마(고코이모)라 함 + 우리나라에 널리 퍼뜨림 → 고구마 → 조선 후기

정답설명
③ 조선 후기에 사회 불안이 계속되는 상황에서 동학을 창시한 인물은 최제우이다. 최시형은 동학의 2대 교주이다.

오답분석
① 조선 후기에는 부를 축적한 농민들이 족보를 사거나 위조하는 방법으로 양반의 신분을 얻었고, 그 결과 양반의 수가 증가하면서 양반 중심의 신분 체제가 동요하였다.
② 조선 후기에 백성들 사이에서 조선의 이씨 왕조가 망하고 새로운 세계가 도래한다는 『정감록』 등 비기와 도참에 따른 예언 사상이 유행하였다.
④ 조선 후기에는 역관들이 청과의 외교 업무에 종사하면서 외래문화의 수용에 있어서 선구적 역할을 수행하였다.

14 근대 | 러시아   난이도 하 ●○○

자료분석
절영도를 요구함 → 러시아

정답설명
② 러시아는 압록강 벌채 사업을 보호한다는 명분으로 용암포를 강제 점령하고, 이 지역을 러시아의 조차지로 인정해 줄 것을 대한 제국 정부에 요구하였다(용암포 사건).

오답분석
① 미국: 운산 금광 채굴권을 차지한 나라는 미국이다.
③ 일본: 경인선과 경부선 등의 각종 철도 부설권을 차지한 나라는 일본이다.
④ 『조선책략』에서는 러시아를 막기 위하여 중국과 친하게 지내고, 일본과 맺고, 미국과 연합할 것을 주장하였다.

15 일제 강점기 | 국외의 독립운동 단체 난이도 상 ●●●

정답설명
② 대한인 국민회는 북간도가 아닌 미국에서 조직되었던 독립운동 단체이다. 대한인 국민회는 미국 내의 여러 독립운동 단체들을 통합하여 조직된 단체로, 기관지로 신한민보를 발행하여 항일 의식을 고취시켰다.

오답분석
① 신민회는 해외 독립 운동 기지 건설에 앞장서서 서간도 삼원보에 신한민촌을 건설하였고, 사관 양성 기관으로 신흥 무관 학교를 설립하였다.
③ 권업회는 연해주에서 민족주의 교육을 위하여 한민 학교를 설립하였다.
④ 신한청년당은 상하이에서 조직된 단체로, 독립 청원서를 작성하여 김규식을 파리 강화 회의에 파견하는 등의 외교 활동을 전개하였다.

16 근대 | 한·일 병합 조약 체결의 결과 난이도 중 ●●○

자료분석
한국 황제 폐하는 모든 통치권을 일본국 황제 폐하에게 양여함 → 한·일 병합 조약

정답설명
④ 한·일 병합 조약 체결의 결과 대한 제국은 조선으로 명칭이 변경되었으며, 일제는 조선 총독부를 설치하여 식민 통치를 시작하였다.

오답분석
① 한·일 신협약 체결 이후 통감부의 권한이 강화되고, 부수 비밀 각서에 따라 각 부에 일본인 차관을 두어 내정 간섭을 하였다.
② **을사늑약**: 이토 히로부미가 초대 통감으로 부임한 것은 을사늑약 체결의 결과이다.
③ **제1차 한·일 협약**: 미국인 스티븐스가 외교 고문으로 파견된 것은 제1차 한·일 협약의 결과이다.

17 일제 강점기 | 신채호 난이도 중 ●●○

자료분석
국가의 역사는 민족의 흥망성쇠를 서술하는 것 → 『독사신론』 → 신채호

정답설명
③ 옳은 것을 모두 고르면 ⓒ, ⓔ이다.
ⓒ 신채호는 단생(丹生), 일편단생(一片丹生), 단재(丹齋) 등의 별칭을 사용하였다.
ⓔ 신채호는 민족의 자긍심을 높이고자 『을지문덕전』, 『이순신전』 등 우리나라 영웅들의 전기를 저술하였다.

오답분석
㉠ **안재홍**: 『조선상고사감』을 저술한 인물은 안재홍이다. 안재홍은 한국 고대사와 관련된 여러 논문을 모아 『조선상고사감』을 저술하였다.
ⓒ **박은식**: 대한민국 임시 정부의 제2대 대통령을 역임한 인물은 박은식이다.

18 근대 | 폐정 개혁안 12개조의 내용 난이도 중 ●●○

정답설명
③ 청에 의존하는 생각을 버리고 자주 독립의 기초를 세운다는 것은 제2차 갑오개혁 때 발표된 홍범 14조의 내용이다.

오답분석
모두 폐정 개혁안 12개조의 내용이다.
① 폐정 개혁안의 2조에는 탐관오리의 죄상을 조사하여 엄징할 것을 요구하는 내용이 담겨있다.
② 폐정 개혁안의 9조에는 관리의 채용에 지벌을 타파하여 인재를 등용할 것을 요구하는 내용이 담겨있다.
④ 폐정 개혁안의 6조에는 7종 천인의 대우를 개선하고 백정이 쓰는 평량갓을 없앨 것을 요구하는 내용이 담겨있다.

19 현대 | 박정희 정부 시기의 주요 사건 난이도 상 ●●●

정답설명
④ 시기순으로 나열하면 ⓒ 김종필·오히라 회담(1962) → ㉠ 경부 고속 국도 개통(1970) → ⓔ 7·4 남북 공동 성명 발표(1972) → ⓛ 부·마 항쟁(1979)이다.
ⓒ **김종필·오히라 회담**: 박정희 정부 때 중앙정보부장 김종필과 일본 외무 대신 오히라는 비밀 회담을 하고 한국의 대일 청구권 자금과 경제 협력 자금 공여에 합의하였다(1962).
㉠ **경부 고속 국도 개통**: 박정희 정부는 사회 간접 자본의 확충을 위해 경부 고속 국도(경부 고속 도로)를 개통하였다(1970).
ⓔ **7·4 남북 공동 성명 발표**: 박정희 정부 때 남북은 7·4 남북 공동 성명을 발표하여 자주·평화·민족적 대단결이라는 통일의 3대 원칙에 합의하였다(1972).
ⓛ **부·마 항쟁**: 박정희 정부는 유신 체제에 비판적이었던 당시 신민당 총재 김영삼을 국회에서 제명하였다. 이를 계기로 부산, 마산 등지에서 유신 체제에 반대하는 시위가 전개되었다(1979).

20 현대 | 김구 난이도 중 ●●○

자료분석
자주 독립적 통일 정부를 수립 + 38도선 → 삼천만 동포에게 읍고함 → 김구

정답설명
③ 민족 자주 연맹의 위원장을 역임한 인물은 김규식이다. 민족 자주 연맹은 여운형의 암살, 좌우 합작 운동의 부진 등으로 남북 분단이 가시화되어 가자, 김규식 등이 민주주의와 민족 통일을 지향하며 조직한 단체이다.

오답분석
① 김구는 모스크바 3국 외상 회의의 신탁 통치 결정을 반대하며, 신탁 통치 반대 운동을 주도하였다.
② 김구는 1949년에 자택인 경교장에서 육군 소위 안두희에게 암살당하였다.
④ 김구는 국민 대표 회의에서 내무부령 제1호를 공포하여 국민 대표 회의의 해산을 명하였다.

09회 실전동형모의고사 정답·해설

● 정답

01	① 고려 시대	11	③ 근대
02	③ 선사 시대	12	③ 고대
03	④ 고대	13	② 현대
04	③ 현대	14	③ 근대
05	① 고려 시대	15	④ 조선 후기
06	③ 조선 전기	16	③ 일제 강점기
07	④ 조선 전기	17	③ 현대
08	① 시대 통합	18	③ 근대
09	③ 일제 강점기	19	④ 고려 시대
10	③ 조선 후기	20	③ 일제 강점기

● 취약시대 분석표

영역	세부 유형	문항 수
전근대	선사 시대	/1
	고대	/2
	고려 시대	/3
	조선 전기	/2
	조선 후기	/2
근현대	근대	/3
	일제 강점기	/3
	현대	/3
통합	시대 통합	/1
총계		/20

* 취약시대 분석표를 이용해 1개라도 틀린 문제가 있는 시대는 그 시대의 문제만 골라 해설을 다시 한번 꼼꼼히 학습하세요.

---

01 고려 시대 | 고려 문종 재위 시기의 사실 난이도 중 ●●○

자료분석
구분전 지급 + 공음 전시법 제정 → 경정 전시과 → 고려 문종

정답설명
① 고려 문종 때는 한양 명당설에 영향을 받아 한양을 남경으로 승격시켰다.

오답분석
② 고려 현종: 초조대장경 조판을 시작한 것은 고려 현종 때의 사실이다. 현종은 불법의 힘으로 거란의 침입을 극복하기 위해 초조대장경의 조판을 시작하였다.
③ 고려 광종: 균여를 귀법사의 초대 주지로 삼은 것은 광종 때의 사실이다. 광종은 귀법사를 창건하고, 균여를 귀법사의 주지로 삼았다.
④ 고려 예종: 지방관이 없는 속군에 감무를 파견하기 시작한 것은 고려 예종 때의 사실이다.

02 선사 시대 | 신석기 시대의 유적 난이도 하 ●○○

자료분석
애니미즘 + 토테미즘 + 샤머니즘 → 신석기 시대

정답설명
③ 부산 동삼동 유적은 대표적인 신석기 시대의 유적이다. 부산 동삼동 유적에서는 조개 껍데기 가면이 출토되어 신석기 시대 사람들이 조개를 식용뿐만 아니라 장식으로 사용하기도 하였음을 보여준다.

오답분석
① 창원 다호리 유적: 창원 다호리 유적은 철기 시대의 유적으로, 당시 중국과의 교류가 있었음을 보여주는 붓이 출토되었다.
② 대전 용호동 유적: 대전 용호동 유적은 구석기 시대의 유적으로, 불을 땐 화덕 자리가 발견되어 구석기 시대 사람들이 불을 이용하여 생활하였음을 보여준다.
④ 연천 전곡리 유적: 연천 전곡리 유적은 구석기 시대의 유적으로, 동아시아 최초로 돌의 양면을 가공한 아슐리안형 주먹 도끼가 출토되었다. 이를 통해 아슐리안형 주먹 도끼가 유럽·아프리카 대륙에서만 사용되었고, 아시아에서는 사용되지 않았다는 모비우스 학설이 폐기되었다.

03 고대 | 진덕 여왕 난이도 상 ●●●

자료분석
김춘추를 당에 보내 조공 + 당 태종이 병사의 파견을 허락함(나·당 동맹 체결) → 진덕 여왕

정답설명
④ 진덕 여왕은 당의 고종에게 황제를 칭송하는 내용의 오언태평송을 지어 바쳤다.

오답분석
① 선덕 여왕: 신라 최초의 여왕은 선덕 여왕이다. 진평왕이 죽고 당시 남자 성골의 맥이 끊기자 여자 성골인 선덕 여왕이 왕위에 올랐다.
② 흥덕왕: 사치금지령을 반포한 왕은 흥덕왕이다. 흥덕왕은 신라 하대에 지배층의 사치가 더욱 심각해지자 이를 규제하기 위해 사치금지령을 반포하였다.
③ 경덕왕: 국학의 명칭을 태학감으로 변경한 왕은 경덕왕이다.

이것도 알면 합격!

진덕 여왕
- 신라의 마지막 성골 출신 왕
- 당나라의 연호(영휘) 사용
- 친당 외교 정책 전개(김춘추 파견)
- 당을 칭송하는 태평송(오언태평송)을 지어 보냄
- 품주를 집사부와 창부로 분리하고 좌이방부 설치

04 현대 | 역대 정부의 통일 정책 　　　난이도 중 ●●○

자료분석

(가) 개성 공단의 건설에 합의 → 김대중 정부
(나) 베트남 전쟁에 한국군을 파병 → 박정희 정부
(다) 북방 외교 정책 + 중국과 외교 관계를 수립 → 노태우 정부
(라) 칠레와 자유 무역 협정(FTA)을 체결 → 노무현 정부

정답설명

③ 노태우 정부 시기에는 남북한이 한반도의 비핵화를 약속한 한반도 비핵화 공동 선언을 채택하였다(1991).

오답분석

① 박정희 정부: 남북 조절 위원회를 설치한 것은 박정희 정부 때이다. 남북 조절 위원회는 7·4 남북 공동 성명의 합의 사항을 추진하기 위해 설치되었다.
② 문재인 정부: 4·27 판문점 선언을 발표한 것은 문재인 정부 때이다.
④ 전두환 정부: 분단 이후 최초로 남북 이산가족의 상봉을 개최한 것은 전두환 정부 때이다.

05 고려 시대 | 고려사의 전개 　　　난이도 중 ●●○

정답설명

① 시기순으로 나열하면 ⓒ 흥화진 전투(1010) → ⓒ 충주성 전투(1253) → ㉠ 황산 전투(1380) → ㉣ 관음포 전투(1383)가 된다.

- ⓒ 흥화진 전투: 고려 현종 때 거란이 2차 침입하자 양규가 흥화진에서 항전하여 적의 공격을 막아내었다(1010, 거란 2차 침입).
- ⓒ 충주성 전투: 고려 고종 때 몽골군이 충주성을 공격하자 충주성의 방호별감이었던 김윤후의 지휘 아래 민병과 관노, 잡류별초 등이 몽골군을 물리쳤다(1253, 몽골 5차 침입).
- ㉠ 황산 대첩: 고려 우왕 때 왜구가 침입하자 이성계가 황산에서 아지발도가 이끄는 왜구를 물리쳤다(1380).
- ㉣ 관음포 전투: 고려 우왕 때 정지가 남해의 관음포에서 왜구를 무찔렀다. 이때 정지는 화포를 이용하여 왜구의 전선 17척을 침몰시켰다(1383).

06 조선 전기 | 서원 　　　난이도 중 ●●○

자료분석

서적을 내려 주시고 + 편액을 내려 주시며 → (가) 서원

정답설명

③ 서원은 중종 때 풍기 군수 주세붕이 안향을 제사 지내기 위해 최초로 건립하였다(백운동 서원).

오답분석

① 향교: 지방의 군현에 있던 유일한 관학(국립 교육 기관)은 향교이다.
② 성균관: 입학 자격을 생원, 진사를 원칙으로 한 것은 성균관이다. 한편, 성균관은 정원이 미달인 경우 4부 학당의 성적 우수자(승보시 합격자) 등이 입학하기도 하였다.
④ 서당: 선비와 평민의 자제에게 『천자문』, 『동몽선습』 등을 가르친 것은 초등 교육을 담당하는 사립 교육 기관인 서당이다.

07 조선 전기 | 서인과 동인 　　　난이도 중 ●●○

자료분석

(가) 심의겸과 교제하는 자 → 서인
(나) 김효원과 잘 지내는 자 → 동인

정답설명

④ 신진 사림 중심의 동인은 척신 정치의 잔재 청산 문제에 적극적이었다.

오답분석

① 북인: 인조반정으로 몰락한 것은 북인이다.
② 서인: 이이와 성혼의 학맥을 이은 것은 서인이다. 한편 동인은 대체로 이황과 조식의 학맥을 계승하였다.
③ 남인: 현종 때 발생한 두 차례 예송 논쟁에서 신권보다 왕권을 강조한 것은 남인이다. 한편, 서인은 예송 논쟁에서 왕권보다는 신권을 강조하였다.

이것도 알면 합격!

서인과 동인

구분	서인	동인
출신 배경	기성 사림(심의겸 지지)	신진 사림(김효원 지지)
정치 개혁	척신 정치 개혁에 소극적	척신 정치 개혁에 적극적
학문 계승	이이, 성혼	이황, 조식
학파	기호 학파	영남 학파

08 시대 통합 | 개성 　　　난이도 중 ●●○

자료분석

정몽주 + 선죽교에서 죽음 → 개성

정답설명

① 개성에서는 6·25 전쟁 당시 소련의 제의로 휴전 회담이 처음 시작되었다. 이후 연합군과 공산군은 회담 장소를 파주에 있는 판문점으로 옮겼고, 휴전 협정도 판문점에서 체결되었다.

오답분석

② 충주: 임진왜란 때 신립이 배수의 진을 치고 왜군에 항전한 곳은 충주이다.
③ 의주: 청나라와 대외 무역을 전개한 만상의 근거지였던 곳은 의주이다.
④ 안동: 풍산 류씨가 대대로 살아온 하회 마을이 남아 있는 곳은 안동이다.

09 일제 강점기 | 산미 증식 계획의 결과 　　　난이도 중 ●●○

자료분석

일본에서 발생한 심각한 식량난을 해결하기 위한 대책 + 대규모 수리시설을 확충 → 산미 증식 계획

정답설명

③ 산미 증식 계획의 결과로 대지주들이 소작료뿐만 아니라 수리 조합비와 비료 대금, 토지 개량비 등을 소작 농민에게 전가하면서, 농민의 해외 도망이 늘고 소작 쟁의가 빈발하였다.

오답분석

① **농지 개혁법**: 농민의 대부분이 자작농이 되어 지주제가 폐지된 것은 이승만 정부 시기에 시행된 농지 개혁법의 결과이다. 이승만 정부 때 경자유전의 원칙에 의해 시행된 농지 개혁법으로 인해 농민 중심의 토지 제도가 확립되어 자작농이 증가하였으며, 지주제가 점차 소멸되었다.

② 산미 증식 계획의 결과로 생산된 쌀의 대부분이 일본으로 유출되면서, 한국인의 1인당 연간 쌀 소비량은 이전보다 감소하였다.

④ 산미 증식 계획의 결과로 쌀을 짓는 논농사 중심으로 경작 구조가 변화하여 상품 작물과 밭농사의 비중이 줄어들었다.

10 | 조선 후기 | 정약용과 홍대용 | 난이도 하 ●○○

자료분석

(가) 1여의 토지는 여민이 함께 농사함 → 여전론 → 정약용
(나) 중심도 변두리도 없이 모두가 중심이다 → 『의산문답』 → 홍대용

정답설명

③ 정약용은 요하네스 테렌츠가 펴낸 『기기도설』을 참고하여 거중기를 제작하였다. 그가 제작한 거중기는 수원 화성을 건설할 때 사용되었다.

오답분석

① **한백겸**: 『동국지리지』에서 삼한의 위치를 고증한 인물은 한백겸이다.

② **김석문**: 우리나라에서 최초로 지구가 자전한다는 지전설을 주장하며 『역학도해』를 저술한 인물은 김석문이다.

④ **한치윤**: 중국과 일본의 자료를 참고하여 『해동역사』를 저술한 인물은 한치윤이다.

11 | 근대 | 농광회사 | 난이도 상 ●●●

자료분석

주주는 본국인만으로 허용함 + 토지 개간·관개 사무 등을 담당함 → (가) 농광 회사

정답설명

③ 농광 회사는 일본의 황무지 개간권 요구에 대응하여 우리 손으로 직접 황무지를 개간하기 위해 설립된 특허 회사이다. 일본이 황무지 개간권을 요구하자 보안회를 중심으로 반대 운동이 전개되었고, 일부 민간 실업인과 관리들은 농광 회사를 설립하여 직접 황무지를 개간할 것을 주장하였다.

오답분석

① **종로 직조사**: 종로의 백목전 상인들이 만든 직조 회사는 종로 직조사이다. 청·일 전쟁 이후 일본산 면포가 조선에 대거 유입되자 이에 대항하기 위해 종로 직조사, 한성 제직 회사 등이 설립되었다.

② **동양 척식 주식회사**: 역둔토나 국유 미간지를 약탈하기 위해 일본이 세운 국책 회사는 동양 척식 주식회사이다.

④ **황국 중앙 총상회**: 상권 수호 운동 전개를 위하여 시전 상인들이 주도하여 만든 회사는 황국 중앙 총상회이다.

12 | 고대 | 고구려 | 난이도 중 ●●○

자료분석

대모달 + 조의두대형 → (가) 고구려

정답설명

③ 고구려는 고국천왕 때 흉년과 고리대로 몰락한 농민을 구제하기 위해 춘궁기에 곡식을 빌려주고 추수기에 갚도록 하는 진대법을 실시하였다.

오답분석

① **백제**: 정사암 회의를 통해 재상을 선발한 나라는 백제이다.

② **신라**: 박, 석, 김씨가 교대로 왕위를 계승한 나라는 신라이다. 신라는 내물마립간에 의해 김씨가 독점적으로 왕위를 계승하기 전까지 박, 석, 김씨가 교대로 왕위를 계승하였다.

④ **금관가야**: 시조가 아유타국에서 온 공주와 혼인을 하였다고 전해지는 나라는 금관가야이다.

13 | 현대 | 모스크바 3국 외상 회의 | 난이도 하 ●○○

자료분석

남조선 미군 사령부 대표들과 북조선 소련군 사령부 대표들로써 공동 위원회를 조직 → 미·소 공동 위원회 조직 → 모스크바 3국 외상 회의

정답설명

② 제2차 세계 대전 중 최초로 한국의 독립을 국제적으로 보장한 것은 카이로 회담이다.

오답분석

①, ③ 모스크바 3국 외상 회의는 광복 이후인 1945년 12월에 모스크바에서 미국, 영국, 소련 3국의 외무 장관이 참석하여 개최되었으며, '한국에 민주주의 임시 정부 수립, 미·소 공동 위원회 설치, 4개국에 의한 신탁 통치, 미·소 양국의 대표 회의 소집'을 내용으로 한 4개 항의 결의서를 결정하였다.

④ 모스크바 3국 외상 회의에서 4개국에 의한 한반도의 신탁 통치가 결정되자, 이를 두고 국내에서는 우익(반탁)과 좌익(찬탁)이 대립하게 되었다.

14 | 근대 | 최익현 | 난이도 중 ●●○

자료분석

을사늑약이 체결되자 임병찬 등과 의병을 일으킴 + 대마도에서 죽음 → 최익현

정답설명

② 최익현은 일본이 운요호 사건을 일으키며 개항을 요구하자 일본과 서양 세력은 다를 바가 없다는 논리인 왜양 일체론을 주장하며 개항에 반대하였다.

오답분석

① **신채호**: 『독사신론』을 발표하여 역사학의 방향을 제시한 인물은 신채호이다.

③ **박규수**: 대동강으로 침입한 제너럴셔먼호를 불태운 인물은 박규수이다.

④ **이항로**: 『화서아언』에서 프랑스와의 통상을 반대하고 서양 세력에 끝까지 항전해야 한다고 주장한 인물은 이항로이다.

15 조선 후기 | 조선 후기의 경제 상황   난이도 중 ●●○

자료분석

허생 → 「허생전」 → 조선 후기

정답설명

④ 조선 후기에는 청과의 무역으로 은의 수요가 증가하자 민간인들의 광산 채굴을 허용하였다. 이에 따라 금·은광 등의 개발이 점차 활발해졌다.

오답분석

① 조선 후기에는 이앙법이 널리 보급되면서 농사에 필요한 노동력이 절감되어 넓은 토지를 경영하는 광작이 성행하였다.
② 조선 후기에는 일부 지방에서 소작농이 지주에게 해마다 정해진 일정액을 지대로 납부하는 도조법이 시행되었다.
③ 조선 후기에는 상품의 유통이 활발해지면서 면화, 담배 등 높은 소득을 얻을 수 있는 상품 작물이 널리 재배되었다.

16 일제 강점기 | 국가 총동원법 제정 이후의 사실   난이도 중 ●●○

자료분석

인적·물적 자원을 통제·운영 함 + 총동원 물자 → 국가 총동원법(1938)

정답설명

③ 일본 상품에 대한 관세가 폐지된 것은 1923년으로, 국가 총동원법이 제정되기 이전의 사실이다.

오답분석

모두 국가 총동원법이 제정된 이후의 사실이다.
① 일제는 금속류 회수령을 제정하여 무기 생산을 위해 관민 소유의 금속 자원을 강제로 공출하였다(1941).
② 일제는 여자 정신 근로령을 발표하여 12~40세 미만의 미혼 여성 등을 군수 공장 등에 동원하였다(1944).
④ 일제는 국민학교령을 제정하여 초등 교육 기관의 명칭을 소학교에서 국민학교로 변경하였다(1941).

17 현대 | 노태우 정부 시기의 사실   난이도 중 ●●○

자료분석

서울 올림픽은 한달 뒤로 다가옴 → 노태우 정부

정답설명

③ 노태우 정부 시기에 실시된 제13대 국회의원 선거 결과 여소 야대 정국이 형성되자, 노태우 대통령은 통일 민주당의 김영삼, 신민주 공화당의 김종필과 3당 통합을 발표하고 민주 자유당이라는 거대 여당을 창당(1990)하였다.

오답분석

① 김영삼 정부: 조선 총독부 건물이 철거된 것은 1995년으로, 김영삼 정부 시기의 사실이다.
② 전두환 정부: 민주화 추진 협의회가 조직된 것은 1984년으로, 전두환 정부 시기의 사실이다.
④ 박정희 정부: 천주교 정의 구현 전국 사제단이 조직된 것은 1974년으로, 박정희 정부 시기의 사실이다.

18 근대 | 관민 공동회   난이도 중 ●●○

자료분석

백정 박성춘 + 관리와 백성이 마음을 합함 → 관민 공동회(1898)
(가) 강화도 조약 체결(1876) ~ 톈진 조약 체결(1885)
(나) 톈진 조약 체결(1885) ~ 을미사변(1895)
(다) 을미사변(1895) ~ 포츠머스 조약 체결(1905)
(라) 포츠머스 조약 체결(1905) ~ 경술국치(1910, 한·일 합병 조약 체결)

정답설명

③ (다) 시기인 1898년에 독립 협회가 관민 공동회를 개최하였다. 독립 협회는 관민 공동회를 개최하여 자주 국권 확립, 이권 침탈 방지 등을 주요 내용으로 한 헌의 6조를 채택하였다.

19 고려 시대 | 안향   난이도 상 ●●●

자료분석

주자의 초상화를 걸어놓고 우러러 봄 + 호를 회헌이라 함 → (가) 안향

정답설명

④ 안향은 충렬왕 때 원나라에 가서 『주자전서』를 베끼고 공자와 주자의 초상화를 그려 가지고 돌아와 고려에 처음으로 성리학을 소개하였다.

오답분석

① 이제현: 시화집인 『역옹패설』을 저술한 인물은 이제현이다.
② 정몽주: '동방 이학의 조(祖)'라는 칭호로 불린 인물은 정몽주이다.
③ 최충: 9재 학당을 설립하여 유학 교육을 실시한 인물은 최충이다.

20 일제 강점기 | 조선어 학회   난이도 중 ●●○

자료분석

조선말 사전 원고의 일부를 대동인쇄소에 넘김 + 관계자 대부분이 함경남도 흥원 경찰서로 잡혀감 → (가) 조선어 학회

정답설명

③ 조선어 학회는 한글 맞춤법 통일안과 표준어를 제정하고, 『우리말 큰 사전』의 편찬을 시도하였다.

오답분석

① 진단 학회: 기관지로 『진단학보』를 발행한 단체는 진단 학회이다.
② 조선어 연구회: 한글 기념일인 '가갸날'을 제정한 단체는 조선어 연구회이다.
④ 국문 연구소: 한글 연구를 목적으로 대한 제국의 학부 아래에 설립되었던 단체는 국문 연구소이다.

10회 실전동형모의고사 정답·해설

◎ 정답 p.68

01	③ 고대	11	① 조선 후기
02	①, ③ 고려 시대	12	③ 조선 전기
03	③ 일제 강점기	13	③ 근대
04	③ 고려 시대	14	③ 시대 통합
05	② 시대 통합	15	② 고려 시대
06	① 선사 시대	16	④ 일제 강점기
07	① 조선 전기	17	① 현대
08	① 일제 강점기	18	② 현대
09	① 고대	19	③ 조선 후기
10	③ 근대	20	② 현대

◎ 취약시대 분석표

영역	세부 유형	문항 수
전근대	선사 시대	/1
	고대	/2
	고려 시대	/3
	조선 전기	/2
	조선 후기	/2
근현대	근대	/2
	일제 강점기	/3
	현대	/3
통합	시대 통합	/2
총계		/20

* 취약시대 분석표를 이용해 1개라도 틀린 문제가 있는 시대는 그 시대의 문제만 골라 해설을 다시 한번 꼼꼼히 학습하세요.

---

01 고대 | 후고구려   난이도 중 ●●○

[자료분석]
미륵불을 자칭 + 아들들을 보살이라고 부름 → (가) 궁예 → 후고구려

[정답설명]
③ 후고구려는 9관등제를 실시하였고, 국정을 총괄하는 광평성 등 여러 관서를 두었다.

[오답분석]
① 고려: 국경 지대에 동계·북계의 양계를 설치하고, 병마사를 파견한 나라는 고려이다.
② 후백제: 중국의 오월 및 후당에 사신을 보내 교류하는 등 적극적인 대중국 외교를 전개한 나라는 후백제이다.
④ 발해: 천통(고왕), 건흥(선왕)과 같은 연호를 사용하고 황제국 체제를 지향한 나라는 발해이다. 후고구려는 무태, 성책, 수덕만세 등의 연호를 사용하였다.

02 고려 시대 | 의천   난이도 상 ●●●

[자료분석]
교관에 마음을 쏟음 → 교관겸수 → 의천

[정답설명]
①, ③ 의천은 국청사의 주지가 되어 해동 천태종을 개창하였으며, 흥왕사에 교장도감을 설치하고 불교 경전 주석서인 교장을 편찬하였다.

[오답분석]
② 요세(고려): 천태지관(천태종의 법화경을 바탕으로 한 수행법)을 강조하는 백련 결사 운동을 전개한 인물은 요세이다.
④ 원효(신라): 『대승기신론소』, 『금강삼매경론』 등의 서적을 저술한 인물은 원효이다.

🖊 이것도 알면 합격!

의천

사상적 토대	원효의 화쟁 사상
교종 통합	흥왕사를 근거지로 삼고 화엄종 중심으로 교종 통합 시도
교선 통합	• 국청사를 건립하여 해동 천태종 창시 • 이론의 연마와 실천을 모두 강조하는 교관겸수를 제창하여 교종과 선종의 사상적 통합 추구
교장 편찬	고려·송·요·일본의 주석서를 모아 『신편제종교장총록』을 편찬한 후, 흥왕사에 교장도감을 설치하여 교장 편찬

03 일제 강점기 | 한인 애국단   난이도 중 ●●○

[자료분석]
임시 정부에서 조직 + 암살과 파괴 공작을 함 → (가) 한인 애국단

[정답설명]
③ 옳은 것을 모두 고르면 ⓒ, ⓔ이다.
ⓒ 한인 애국단은 김구가 만보산 사건 이후 악화된 한·중 관계를 개선하고, 침체된 독립운동을 활성화하기 위해 상하이에서 조직하였다.
ⓔ 한인 애국단의 단원인 이봉창이 도쿄에서 일본 국왕 히로히토를 향해 폭탄을 투척하였다.

[오답분석]
㉠ 의열단: 만주에서 조직되어 식민 기관 파괴 활동을 전개한 단체는 의열단이다. 한인 애국단은 침체된 독립운동을 활성화하기 위해 상하이에서 김구가 조직하였다.
ⓒ 의열단: 단원 일부가 황푸 군관 학교에 입학하여 군사 훈련을 받은 단체는 의열단이다.

04 고려 시대 | 최충헌　　난이도 하 ●○○

자료분석

무신 정권 최고 권력자(이의민)를 제거 + 봉사 10조 + 진강후 → (가) 최충헌

정답설명

③ 최충헌은 기존의 무신들이 중방을 통하여 국정을 운영하였던 것과는 달리 교정도감이라는 최고 권력 기구를 설치하고, 스스로 교정도감의 장관인 교정별감의 자리에 올라 국정을 운영하였다.

오답분석

① 최우: 자신의 집에 정방을 설치하여 모든 관리에 대한 인사권을 장악한 인물은 최우이다.
② 최우: 치안 유지를 위해 야별초를 조직한 인물은 최우이다. 최우는 도적을 막기 위해 밤에 치안 업무를 담당하도록 하는 야별초를 조직하였다.
④ 정중부, 이의방 등: 보현원에서 정변을 일으켜 문신들을 제거하고 정권을 장악한 인물은 정중부, 이의방 등이다.

05 시대 통합 | 고려와 조선의 지방 행정 제도　　난이도 중 ●●○

자료분석

(가) 응양군 + 상장군 → 고려
(나) 군사에 보인을 지급함 → 조선

정답설명

② 고려 시대에는 국방상 요충지에 군사 시설인 진을 설치하고 진장을 파견하여 국경을 수비하였다.

오답분석

① 모든 군현에 수령이 파견된 것은 조선 시대이다. 고려 시대에는 지방관이 파견된 주군·주현보다 파견되지 못한 속군·속현이 더 많았다.
③ 조선 시대에는 한양에 경재소를 설치하여 현직 중앙 관료로 하여금 자기 출신 지역의 유향소를 통제하도록 하였다.
④ 조선 시대의 수령은 행정·사법·군사권을 보유하였으며, 영장이 파견되지 않은 지역에서는 수령이 영장을 겸임하여 군사권을 행사하였다.

06 선사 시대 | 삼한　　난이도 하 ●○○

자료분석

5월이면 씨 뿌리기를 마치고 제사를 지냄 → 계절제 → 삼한

정답설명

① 삼한은 벼농사가 발달하여 저수지가 축조되었으며 대표적으로 제천 의림지 등이 있다.

오답분석

② 동예: 10월에 무천이라는 제천 행사를 열었던 나라는 동예이다.
③ 동예·옥저: 삼로라 불린 우두머리가 읍락을 다스린 나라는 동예와 옥저이다. 삼한은 신지, 읍차라고 불리는 지배자들이 다스렸다.
④ 동예: 특산물로 단궁, 과하마, 반어피가 유명하였던 나라는 동예이다.

07 조선 전기 | 조선 전기의 문학　　난이도 상 ●●●

자료분석

도원 + 꿈을 꾼 지 사흘째에 그림이 다 됨 → 몽유도원도 → 조선 전기

정답설명

① 『호산외기』는 조희룡이 중인, 화가, 승려 등의 행적을 모아 정리한 위항인의 전기로, 조선 후기 헌종 때 지어졌다.

오답분석

② 조선 전기 세조~성종 때는 김시습이 최초의 한문 소설인 『금오신화』를 저술하였다.
③ 조선 전기 세종 때는 석가의 공덕을 찬양한 『월인천강지곡』이 편찬되었다.
④ 조선 전기에는 서거정이 편찬한 『필원잡기』, 성현이 편찬한 『용재총화』 등의 설화 문학 작품이 유행하였다.

08 일제 강점기 | 문화 통치 시기 일제의 지배 정책　　난이도 중 ●●○

자료분석

광폭한 운동의 효과가 없음을 자각 + 실력을 양성하여 독립을 회복 → 문화 통치 시기

정답설명

① 옳은 것을 모두 고르면 ㉠, ㉢이다.
㉠ 문화 통치 시기에 일제는 지방 자치 실시를 명목으로 도 평의회와 부·면 협의회를 설치하였다.
㉢ 문화 통치 시기에는 언론, 집회, 결사의 자유를 제한적으로 허용하였다.

오답분석

㉡ 문화 통치 시기에는 문관도 조선 총독부의 총독에 임명될 수 있도록 허용하였지만, 문관이 조선 총독으로 부임한 경우는 없었다.
㉣ 무단 통치: 헌병이 경찰을 지휘하며 일반 경찰 업무까지 간여한 것은 무단 통치 시기이다.

09 고대 | 삼국의 관등제　　난이도 중 ●●○

정답설명

② 바르게 나열하면 ㉠ 대대로, ㉡ 고이왕, ㉢ 이벌찬이 된다.
㉠ 고구려는 수상인 대대로 이하 10여 관등을 두었다.
㉡ 백제는 고이왕 때 왕 아래에 6좌평을 비롯한 16관등제를 정비하고 관리의 복색을 자색, 비색, 청색으로 제정하였다.
㉢ 이벌찬은 신라의 최고 관등이며, 신라는 법흥왕 때 1등급인 이벌찬에서 17등급인 조위까지의 17관등제를 완비하였다.

오답분석

- 대사자: 대사자는 고구려의 10여 관등 중 5~8등급에 해당하였던 것으로 추정되며, 행정 관리 세력이 개편된 사자계 관등이다.
- 근초고왕: 근초고왕은 백제의 전성기를 이끈 왕으로, 왕위 세습을 부자 상속으로 확립하였고, 요서와 산동, 일본의 규슈 지역까지 진출하였다.
- 아찬: 아찬은 신라의 6관등으로 6두품이 오를 수 있는 관직의 상한선이다.

10 근대 | 오페르트 도굴 사건의 시기　난이도 중 ●●○

자료분석

덕산의 묘지에 서양놈들이 침입 → 오페르트 도굴 사건(1868)

(가) 고종 즉위(1863) ~ 병인박해(1866. 1.)
(나) 병인박해(1866. 1.) ~ 제너럴셔먼호 사건(1866. 7.)
(다) 제너럴셔먼호 사건(1866. 7.) ~ 신미양요(1871)
(라) 신미양요(1871) ~ 고종 친정 시작(1873)

정답설명

③ (다) 시기인 1868년에 독일의 상인인 오페르트는 조선에 통상을 요구하기 위해 충청남도 덕산에 위치한 남연군(흥선 대원군의 아버지)의 묘를 도굴하려 하였으나 실패하였다.

11 조선 후기 | 남인　난이도 중 ●●○

자료분석

대왕대비께서 효종을 위하여 3년을 입어야 할 것 → 남인

정답설명

① 남인은 유성룡, 김성일 등을 중심으로 구성되었으며, 이들은 모두 이황의 학통을 계승하였다.

오답분석

② 서인: 경신환국으로 정국을 주도한 붕당은 서인이다. 경신환국 때 유악 남용 사건과 허견의 역모 사건 등으로 남인이 대거 축출되고 서인이 집권하였다.
③ 서인: 갑인예송 때 자의 대비가 9개월 동안 상복을 입어야 한다고 주장한 붕당은 서인이다. 남인은 갑인예송 때 자의 대비가 1년 동안 상복을 입어야 한다고 주장하였다.
④ 서인: 환국을 거치면서 노론과 소론으로 분열된 붕당은 서인이다.

12 조선 전기 | 조선 전기의 경제 생활　난이도 중 ●●○

자료분석

공법 + 상상년 + 하하년 → 연분 9등법 시행(세종) → 조선 전기의 경제

정답설명

③ 조선 전기에는 일부 남부 지방에서 이앙법(모내기법)이 보급되어 벼와 보리의 이모작이 가능해졌다.

오답분석

모두 조선 후기의 경제 생활이다.
① 조선 후기에 일본에서 담배가 전래된 이후 시전에서 담배인 남초를 거래하였다.
② 조선 후기에 훈련도감의 군인들은 생계를 유지하기 위해 난전에 가담하여 봉급으로 받은 면포를 팔거나 수공업 제품을 만들어 판매하였다.
④ 조선 후기에는 쌀의 상품화가 활발해지고 쌀의 수요가 늘어나자, 밭을 논으로 바꾸는 현상이 활발하게 진행되었다.

13 근대 | 통리기무아문　난이도 중 ●●○

자료분석

중국의 제도를 모방 + 12사를 나눔 → (가) 통리기무아문

정답설명

③ 통리기무아문은 임오군란을 수습하기 위해 재집권한 흥선 대원군에 의해 폐지되었다.

오답분석

① 14개조 혁신 정강은 갑신정변 때 급진 개화파가 공포한 개혁안으로, 통리기무아문과는 관련이 없다.
② 군국기무처: 김홍집이 총재관으로 임명된 것은 군국기무처이다. 군국기무처는 김홍집을 총재관으로 유길준, 박정양 등으로 내각을 구성하였다.
④ 교정청: 전주 화약 이후 자주적 개혁을 추진하기 위해 설치된 것은 교정청이다.

14 시대 통합 | 시기별 군사 제도　난이도 중 ●●○

자료분석

㉠ 지방군 + 영과 진에 배치 → 영진군 → 조선 전기의 지방군
㉡ 금오위 + 감문위 → 6위 → 고려 시대의 중앙군
㉢ 방령이 700~1,200명의 군대를 통솔 → 백제의 지방 군사 제도
㉣ 황금서당 + 흑금서당 → 9서당 → 통일 신라의 중앙군

정답설명

③ 순서대로 나열하면 ㉢ 방령이 군대 통솔(백제) → ㉣ 9서당(통일 신라) → ㉡ 6위(고려 시대) → ㉠ 영진군(조선 전기)이 된다.

㉢ 백제의 지방 행정 구역인 5방의 장관인 방령은 700~1,200명의 군대를 통솔하였다.
㉣ 통일 신라의 중앙군인 9서당은 신라인뿐만 아니라 고구려, 백제, 보덕, 말갈인으로 구성되었다.
㉡ 고려 시대 중앙군 중에 6위는 국왕 행차를 호위하거나 국가 중요 행사의 경비를 담당하는 좌우위, 신호위, 흥위위와 수도의 치안을 담당하는 금오위, 궁성의 문을 지키는 감문위, 의장대 역할을 하는 천우위로 구성되어있었다.
㉠ 조선 전기에는 지방군을 육군과 수군으로 나누어 국방상 요지인 영과 진에 배치하였는데, 영과 진에 배치된 군대를 영진군이라 하였다.

15 고려 시대 | 고려 예종 재위 시기의 사실　난이도 중 ●●○

자료분석

구제도감 설치 → 고려 예종

정답설명

② 고려 예종 때는 국자감(국학) 내에 7재(여택, 대빙, 경덕, 구인, 복응, 양정, 강예)라는 전문 강좌를 설치하였다.

오답분석
① **고려 우왕**: 이성계가 황산(지금의 부여)에서 왜구를 섬멸한 것은 고려 우왕 때이다.
③ **고려 성종**: 문·무 관리에게 문산계를 처음 지급한 것은 고려 성종 때이다.
④ **고려 광종**: 후주에서 귀화한 쌍기의 건의를 받아들여 과거제가 처음 시행된 것은 고려 광종 때이다.

16 일제 강점기 | 민족 혁명당   난이도 상 ●●●

자료분석
통일된 항일 전선을 만듦 + 1935년에 난징에서 결성됨 → (가) 민족 혁명당

정답설명
④ 민족 혁명당은 1937년 1월에 조선 민족 혁명당으로 당명을 바꾸었고, 중·일 전쟁 발발(1937. 7.) 이후 조선 민족 전선 연맹으로 통합되었다.

오답분석
① **한국 독립당**: 조소앙의 삼균주의를 바탕으로 한 강령을 발표한 단체는 한국 독립당이다. 한국 국민당(김구), 조선 혁명당(지청천), 한국 독립당(조소앙)이 연합한 형태로 재창당된 한국 독립당(1940)은 조소앙의 삼균주의를 바탕으로 건국 강령을 발표하였다.
② 지청천·조소앙이 아닌 김원봉의 독주로 지청천과 조소앙이 민족 혁명당에서 탈퇴하였다. 김원봉을 비롯한 의열단 세력이 민족 혁명당을 주도하자 지청천과 조소앙 등의 민족주의 계열이 탈퇴하였다.
③ 동북 항일 연군은 만주 지방에서 활동하던 한인 항일 유격대와 중국 공산당 유격대가 결성한 동북 인민 혁명군이 1936년에 확대·개편된 단체로, 민족 혁명당과 관련이 없다.

17 현대 | 시기별 통일 정책   난이도 중 ●●○

정답설명
② 한민족 공동체 통일 방안은 노태우 정부 시기인 1989년에 제안되었다.

오답분석
① **1980년대**: 남북 이산가족 고향 방문과 함께 남북 예술단 교환 공연이 이루어진 것은 전두환 정부 때인 1985년이다.
③ **1980년대**: 7·7 선언(민족 자존과 통일 번영을 위한 특별 선언)이 발표된 것은 노태우 정부 때인 1988년이다.
④ **1990년대**: 정주영 현대그룹 회장이 소 떼를 이끌고 방북한 것은 김대중 정부 때인 1998년이다.

🔖 이것도 알면 합격!

노태우 정부 시기의 통일 노력

7·7 선언 (1988)	남북 관계를 선의의 동반자이며 함께 번영해야 할 민족 공동체 관계로 규정하고 모든 부분에서의 교류 표방
한민족 공동체 통일 방안 (1989)	자주·평화·민주의 3대 원칙 아래 과도적인 체제로 남북 연합을 구성하여 통일 헌법을 제정한 다음 총선거를 실시하여 통일 민주 공화국을 구성하자는 방안 제시
남북 기본 합의서 (1991)	상호 체제를 인정하고 상호 불가침, 교류와 협력 확대 등에 대해 합의

18 현대 | 제3대 대통령 선거   난이도 중 ●●○

자료분석
못살겠다 갈아보자 → 제3대 대통령 선거(1956)

정답설명
② 제3대 대통령 선거에서 대통령에 자유당의 이승만이 당선된 것은 맞지만, 부통령은 민주당의 장면이 당선되었다.

오답분석
① 제3대 대통령 선거에서 무소속인 조봉암이 대통령 후보로 출마하였다.
③ 제3대 대통령 선거는 초대 대통령에 한해 중임 제한을 철폐한다는 내용의 사사오입 개헌(1954) 이후 치러진 선거였다.
④ 제3대 대통령 선거는 국민이 직접 선거에 참여하는 직접 선거의 방식으로 실시되었다.

19 조선 후기 | 인조 재위 시기의 사실   난이도 하 ●○○

자료분석
김상헌이 최명길의 국서를 찢어버림 + 적이 우리에게 군신의 의리를 요구함 → 병자호란 → 인조

정답설명
③ 인조 때 공로 평가에 불만을 품은 이괄이 난을 일으켜 서울까지 점령하였으나 결국 진압되었다.

오답분석
① **숙종**: 창덕궁 후원에 대보단을 설치한 것은 숙종 때이다. 숙종 때 대보단을 설치하여 임진왜란 때 조선에 도움을 준 명나라 황제의 제사를 지냈다.
② **광해군**: 일본과 기유약조를 체결한 것은 광해군 때이다. 광해군 때 기유약조를 체결하여 임진왜란 이후 단절되었던 일본과의 무역을 허용하였다.
④ **효종**: 청의 요구에 따라 조총 부대를 영고탑으로 파견한 것은 효종 때이다.

20 현대 | 조선 건국 준비 위원회   난이도 중 ●●○

자료분석
민주주의적 정권의 수립 + 일시적 과도기에 국내 질서를 유지 → 조선 건국 준비 위원회

정답설명
② 미 군정청의 지원 아래 조직된 단체는 좌·우 합작 위원회이다. 조선 건국 준비 위원회는 미 군정의 인정을 받지 못하였다.

오답분석
① 조선 건국 준비 위원회는 여운형이 위원장, 안재홍이 부위원장으로 활동하였다.
③ 조선 건국 준비 위원회는 광복 직전 조직된 조선 건국 동맹(1944)이 모태가 되어 조직되었다.
④ 조선 건국 준비 위원회는 각 지방에 지부 조직에 해당하는 인민 위원회를 조직하여 자치적으로 행정과 치안을 담당하였다.

11회 실전동형모의고사 정답·해설

정답

p.74

01	③ 현대	11	② 조선 전기
02	④ 조선 후기	12	③ 일제 강점기
03	② 고려 시대	13	③ 고대
04	① 선사 시대	14	④ 근대
05	② 일제 강점기	15	① 조선 후기
06	① 고려 시대	16	③ 고려 시대
07	③ 근대	17	③ 고대
08	① 고려 시대	18	④ 근대
09	④ 현대	19	③ 일제 강점기
10	④ 조선 전기	20	④ 현대

취약시대 분석표

영역	세부 유형	문항 수
전근대	선사 시대	/1
전근대	고대	/2
전근대	고려 시대	/4
전근대	조선 전기	/2
전근대	조선 후기	/2
근현대	근대	/3
근현대	일제 강점기	/3
근현대	현대	/3
통합	시대 통합	/0
총계		/20

* 취약시대 분석표를 이용해 1개라도 틀린 문제가 있는 시대는 그 시대의 문제만 골라 해설을 다시 한번 꼼꼼히 학습하세요.

01 현대 | 대한민국의 개헌 과정   난이도 중 ●●○

자료분석
(가) 국민의 보통·평등·직접·비밀 선거에 의하여 선출 + 임기는 5년으로 중임할 수 없음 → 제9차 개헌(1987)
(나) 긴급 조치를 할 수 있음 → 제7차 개헌(1972)
(다) 대통령 선거인단에서 무기명 투표로 선거 + 임기는 7년으로 중임할 수 없음 → 제8차 개헌(1980)

정답설명
③ 시기순으로 바르게 나열하면 (나) 제7차 개헌(1972) → (다) 제8차 개헌(1980) → (가) 제9차 개헌(1987)이 된다.
(나) 제7차 개헌(1972): 제7차 개헌은 통일 주체 국민회의를 통한 대통령 간선제와 중임 제한 철폐, 대통령의 긴급 조치권 등을 주요 내용으로 한다.
(다) 제8차 개헌(1980): 제8차 개헌은 대통령 선거인단에서 7년 임기의 대통령을 선출하는 것을 주요 내용으로 한다.
(가) 제9차 개헌(1987): 제9차 개헌은 6월 민주 항쟁의 결과 이루어진 개헌으로, 대통령 직선제 및 5년 단임제를 주요 내용으로 한다.

02 조선 후기 | 5군영   난이도 하 ●○○

정답설명
④ 정초군과 훈련별대로 구성되어 국왕을 호위한 군영은 어영청이 아닌 금위영이다. 어영청은 후금의 침입에 대비하기 위하여 설치된 군영이다.

오답분석
① 총융청은 인조 때 이괄의 난 이후 서울과 경기 지역을 방어하기 위해 설치되었으며, 이후 북한산성을 중심으로 경기 북부 일대를 방어하였다.
② 수어청은 인조 때 설치되었으며 남한산성을 중심으로 경기 남부 지역을 방어하였다.
③ 훈련도감은 포수·사수·살수의 삼수병으로 구성되었으며, 이들은 일정한 급료를 받는 일종의 직업 군인이었다.

03 고려 시대 | 고려의 형률 제도   난이도 중 ●●○

정답설명
② 옳은 것을 모두 고른 것은 ㉠, ㉣이다.
㉠ 고려 시대에는 반역죄와 불효죄를 중죄로 처벌하였다.
㉣ 고려 시대에는 가벼운 범죄의 경우 재산을 바쳐 형벌을 대신하거나 감면받을 수 있는 수속법(속동제)이 있었다.

오답분석
㉡ 고려 시대에는 행정과 사법이 명확히 분리되어 있지 않아 지방관이 행정권과 사법권을 함께 행사하였다. 한편, 사법권이 행정권에서 완전히 분리된 것은 제2차 갑오개혁 때이다.
㉢ 조선 시대: 대부분의 형벌에 『대명률』이 적용된 것은 조선 시대이다. 고려 시대에는 당률을 참고하였으며, 대부분의 경우 관습법을 따랐다.

04 선사 시대 | 고조선   난이도 하 ●○○

자료분석
서로 죽이면 그때에 곧 죽임 + 서로 상하게 하면 곡식으로 배상하게 함 → 8조법 → 고조선

정답설명
① 고조선은 왕 밑에 상, 대부, 장군 등의 관직을 두어 국가를 운영하였다.

오답분석
② 옥저: 일종의 매매혼인 민며느리제의 혼인 풍속이 있던 나라는 옥저이다.
③ 동예: 다른 부족의 영역을 함부로 침범하면 노비나 소, 말 등으로 변상하게 하는 책화의 풍속이 있었던 나라는 동예이다.
④ 변한·진한: 아이가 출생하면 돌로 머리를 눌러 납작하게 하는 편두의 풍습이 있었던 나라는 삼한 중 변한과 진한이다.

05 일제 강점기 | 고종 승하와 순종 승하 사이의 사실   난이도 중 ●●○

자료분석

(가) 묘호를 고종으로 올림 → 고종 승하(1919)
(나) 묘호를 순종으로 올림 → 순종 승하(1926)

정답설명

② (가)와 (나) 사이 시기인 1925년에 일제는 치안 유지법을 제정하여 식민지 체제를 부정하는 항일·독립운동 세력이나 사회주의 단체의 활동을 탄압하였다.

오답분석

① (나) 이후: 창씨개명이 시행된 것은 1939년으로, (나) 이후의 사실이다.
③ (가) 이전: 조선식산 은행이 설립된 것은 1918년으로, (가) 이전의 사실이다. 일제는 조선의 개발과 수탈에 필요한 자금을 동원하기 위해 6개의 농공은행을 통합하여 조선식산은행을 설립하였다.
④ (가) 이전: 통리기무아문이 설치된 것은 1880년으로, (가) 이전의 사실이다. 고종 때 개화 정책을 추진하는 기구로 통리기무아문을 설치하고 그 아래에 군사, 통상 등의 업무를 담당하는 12사를 두었다.

06 고려 시대 | 균여   난이도 중 ●●○

자료분석

보현십원가를 지음 → 균여

정답설명

① 균여는 화엄 사상 속에 법상종을 융합하여 교종 내의 대립을 해소하고자 성상융회를 주창하였다.

오답분석

② 혜심: 유교와 불교의 통합을 시도하며 유불 일치설을 주장한 인물은 혜심이다. 혜심은 유불 일치설을 통해 심성의 도야를 강조하여 이후 성리학을 수용할 수 있는 사상적 토대를 마련하였다.
③ 광종: 승려 혜거 등을 통해 중국에서 도입한 법안종을 중심으로 선종을 정리하고자 한 인물은 광종이다.
④ 보우: 고려 후기에 원나라에서 임제종을 들여와 전파시킨 인물은 보우이다.

07 근대 | 근대 개화기의 인물   난이도 중 ●●○

정답설명

③ 김홍집은 제2차 수신사로 일본에 다녀오며 청나라 외교관 황쭌셴이 저술한 『조선책략』을 가지고 귀국하였다. 『조선책략』은 러시아의 남하를 막기 위해 조선이 중국·일본·미국과의 외교 관계를 강화해야 한다는 내용을 담고 있었다.

오답분석

① 김옥균은 급진 개화파로 문명 개화론을 주장하였다. 한편, 동도서기론을 주장한 것은 온건 개화파로, 대표적인 인물로는 김윤식 등이 있다.
② 박영효는 아관 파천을 주도하지 않았다. 박영효는 친일적 성향을 보인 인물로, 아관 파천 당시에는 일본에 망명 중이었다.
④ 우정총국의 초대 총판을 역임한 인물은 홍영식이다.

08 고려 시대 | 무신 정변 이후의 사실   난이도 중 ●●○

자료분석

왕이 보현원에 행차함 + 왕을 폐위함 → 무신 정변(1170)

정답설명

① 서경에 대화궁이 건립된 것은 고려 인종 때인 1128년으로, 무신 정변 이전의 사실이다.

오답분석

모두 무신 정변 이후의 사실이다.
② 공주 명학소에서 망이와 망소이가 신분 차별에 반대하며 난을 일으킨 것은 1176년이다.
③ 최충헌이 명종에게 사회 개혁안인 봉사 10조를 제시한 것은 1196년이다.
④ 강화도에서 『상정고금예문』이 금속 활자로 인쇄된 것은 1234년이다.

09 현대 | 박정희 정부 시기의 경제 정책   난이도 하 ●○○

자료분석

판문점 공동 경비 구역 + 미루나무 벌채 작업 + 북한군은 유엔군을 공격함 → 판문점 도끼 만행 사건(1976) → 박정희 정부

정답설명

④ 박정희 정부 시기에는 외국인의 투자 촉진, 고용 증대 등을 위해 마산(1970)과 익산(1973)을 수출 자유 무역 지역으로 선정하였다.

오답분석

① 김대중 정부: 외환 위기를 극복하기 위해 금 모으기 운동을 전개한 것은 김대중 정부 때이다.
② 이승만 정부: 한·미 경제 조정 협정을 체결한 것은 이승만 정부 때이다.
③ 이승만 정부: 미국으로부터 원조받은 잉여 농산물을 가공하는 제분, 제당, 면방직의 삼백 산업을 육성한 것은 이승만 정부 때이다.

10 조선 전기 | 사헌부   난이도 중 ●●○

자료분석

관원을 살핌 + 풍속을 바로잡음 + 『경국대전』 → 사헌부

정답설명

④ 사헌부는 조선 시대에 관리의 비리를 감찰하던 언론 기관으로, 고려의 어사대와 유사한 임무를 맡았다.

오답분석

① 홍문관: 옥당이라 불리기도 한 기구는 홍문관이다. 사헌부는 백부(柏府)·상대(霜臺)·오대(烏臺)라는 별칭으로 불렸다.
② 의금부: 국왕 직속의 사법 기구는 의금부이다. 의금부는 대역·모반죄 등 왕권의 안위와 관계된 중죄 등을 처결하였다.
③ 사간원: 수장이 정3품 대사간인 기구는 사간원이다. 사헌부의 수장은 종2품 대사헌이었다.

11 | 조선 전기 | 세조   난이도 중 ●●○

자료분석

김종서 등을 참살함 + 조카(단종)에게 양위를 받아 왕위에 오름 → (가) 세조

정답설명

② 세조는 의정부 서사제를 폐지하고 6조 직계제를 실시하여 6조의 판서들이 국왕에게 직접 업무를 보고하도록 하였다.

오답분석

① 태종: 신문고를 처음 설치한 왕은 태종이다. 태종은 백성들이 자신의 억울한 일을 호소할 수 있도록 신문고를 설치하였다.
③ 성종: 성균관에 도서관인 존경각을 설치한 왕은 성종이다. 성종은 성균관 유생들의 학문 연구를 고취시키기 위하여 성균관에 존경각을 설치하였다.
④ 세종: 토지를 풍흉에 따라 9등급으로 구분하는 연분 9등법과 토지를 비옥도에 따라 6등급으로 구분하는 전분 6등법을 제정한 왕은 세종이다.

12 | 일제 강점기 | 신간회   난이도 중 ●●○

자료분석

전환기에 도달 + 민족주의적 세력에 대하여 + 적극적으로 제휴 → 정우회 선언 → 신간회

정답설명

③ 옳은 것을 모두 고르면 ⓒ, ⓒ이다.
ⓒ 신간회는 노동 운동과 연계하여 최저 임금제 시행 등 노동자들의 권익 향상을 요구하였다.
ⓒ 신간회는 정치·경제적 각성 촉구, 민족의 단결, 기회주의 배격을 기본 강령으로 내세웠으며, 일제와 타협하여 자치권과 참정권을 획득하자고 주장한 자치 운동을 배격하였다.

오답분석

㉠ 신간회는 3·1 운동(1919) 이후인 1927년에 설립되었으므로, 3·1 운동의 확산과는 관련이 없다.
㉢ 브나로드 운동이라는 농촌 계몽 운동을 전개한 것은 동아일보이다. 동아일보는 1931~1934년에 브나로드 운동을 전개하여 농촌 계몽, 한글 보급, 미신 타파, 구습 제거 등을 추진하였다.

이것도 알면 합격!

신간회

창립	정우회 선언을 계기로 비타협적 민족주의 계열과 사회주의 계열이 결합
강령	• 정치·경제적 각성 • 민족 대단결 • 기회주의자(자치론자) 배격
학생 운동 후원	광주 학생 항일 운동에 대한 진상 조사단 파견
노동 운동과 연계	• 최저 임금제 시행 등 노동자들의 권익 향상 요구 • 노동 야학 참여, 교양 강좌 설치 등 민중 계몽 운동 전개

13 | 고대 | 신라의 정치 제도   난이도 중 ●●○

자료분석

제1골과 제2골이라 함(골품제) + 재상 아래로 17개 등급을 둠 → (가) 신라

정답설명

③ 신라에는 상대등이 주관하는 회의 기구인 화백 회의가 있었다. 화백 회의는 국가의 중요한 일을 논의하는 귀족 회의체로, 만장일치 원칙에 따라 운영되었다.

오답분석

① 발해: 10위의 중앙군이 수도를 경비한 나라는 발해이다. 한편, 신라는 중앙군으로 서당을 두었는데 통일 이후 신문왕 때 9서당으로 완비되었다.
② 백제: 중앙 관청을 22개 부서로 정비한 나라는 백제이다. 한편, 신라는 신문왕 때 집사부와 13개 관청으로 된 중앙 제도가 완비되었다.
④ 발해: 정당성의 장관인 대내상이 국정을 총괄한 나라는 발해이다.

14 | 근대 | 보빙사   난이도 하 ●○○

자료분석

민영익, 유길준 + 공사를 파견한 것에 대한 답례 서신 + 보스턴 만국 박람회에 참관 → (가) 보빙사

정답설명

④ 보빙사는 조선에서 서양 국가에 파견한 최초의 사절단으로, 조·미 수호 통상 조약 체결 이후 미국 공사의 파견에 대한 답례로 보내졌다.

오답분석

① 영선사: 귀국 후에 근대식 무기 제조 공장인 기기창이 설립되는데 기여한 사절단은 영선사이다.
② 2차 수신사: 청나라의 황쭌셴이 저술한 『조선책략』을 국내에 소개한 것은 2차 수신사로 일본에 파견되었던 김홍집이다.
③ 『해동제국기』는 세종 때 서장관으로 일본을 다녀온 신숙주가 성종 때 편찬한 일본 견문기로, 보빙사와 관련이 없다.

15 | 조선 후기 | 이익   난이도 중 ●●○

자료분석

영업전 몇 부 안에서 사고파는 것만을 철저히 살핌 → 한전론 → 이익

정답설명

① 이익은 화폐 유통으로 인한 농민 생활의 피폐함을 지적하며 화폐의 사용을 중지하자는 폐전론을 주장하였다.

오답분석

② 서유구: 농사 시기, 토질 등을 정리한 농촌 생활 백과사전인 『임원경제지』를 저술한 인물은 서유구이다.
③ 박제가: 『북학의』에서 소비를 권장하여 생산을 촉진하자고 주장한 인물은 박제가이다.
④ 허목: 『기언』을 통해 왕과 6조의 기능 강화, 부세의 완화 등을 주장한 인물은 허목이다.

이것도 알면 합격!

이익

폐전론 주장	화폐 유통으로 인한 농민 생활의 피폐함을 지적하며 폐전론을 주장
한전론 주장	한 가정의 생활을 유지하는 데 필요한 토지를 영업전으로 하고, 영업전 이외의 토지만 매매를 허용하자고 주장
저술	『성호사설』, 『곽우록』 등 저술
6좀 지적	노비 제도, 과거 제도, 양반 문벌 제도, 사치와 미신 숭배, 승려, 게으름을 나라를 좀먹는 여섯 가지의 폐단이라고 지적

---

16 고려 시대 | 재조대장경 난이도 하 ●○○

자료분석

현종 때의 대장경 판본(초조대장경)은 불타버림 + 왕과 신하들이 다시 발원하여 도감(대장도감)을 세움 → 재조대장경

정답설명

③ 옳은 것을 모두 고르면 ⓒ, ⓔ이다.
ⓒ 재조대장경은 최우 집권기인 1236년에 제작하기 시작하여, 최항 집권기인 1251년에 완성되었다.
ⓔ 재조대장경은 2007년에 유네스코 세계 기록유산으로 등재되었다.

오답분석

⊙ 초조대장경: 대구 부인사에 보관되었던 대장경은 초조대장경이다.
ⓔ 초조대장경: 불교의 힘으로 거란의 침입을 물리치기 위해 제작된 대장경은 초조대장경이다. 재조대장경은 몽골의 침입을 물리치기 위해 제작되었다.

---

17 고대 | 장수왕 난이도 하 ●○○

자료분석

군사를 이끌고 한성을 포위함 + 왕(개로왕)을 살해함 → (가) 장수왕

정답설명

③ 장수왕은 국내성 일대에 기반을 둔 귀족 세력을 약화시키고자 수도를 국내성에서 평양으로 옮기고, 백제와 신라를 압박하는 남하 정책을 추진하였다.

오답분석

① 소수림왕: 고구려의 국립 교육 기관인 태학을 설립한 왕은 소수림왕이다.
② 미천왕: 낙랑군을 점령한 왕은 미천왕이다. 미천왕은 중국이 5호 16국 시대로 혼란한 틈을 타 낙랑군을 점령(313)하고 대방군을 차지(314)하였다.
④ 광개토 대왕: 영락이라는 독자적인 연호를 사용한 왕은 광개토 대왕이다.

---

18 근대 | 한·일 신협약 체결 이후의 사실 난이도 중 ●●○

자료분석

한국 정부는 시정 개선에 관하여 통감의 지도를 받음 + 한국 고등 관리의 임면은 통감의 동의로써 행함 → 한·일 신협약(1907)

정답설명

④ 한·일 신협약 체결 이후인 1909년에 일제가 남한 대토벌 작전을 전개하였다. 일제는 의병 운동이 특히 활발하게 일어났던 호남 지역을 중심으로 남한 대토벌 작전을 전개하였다.

오답분석

모두 한·일 신협약 체결 이전의 사실이다.
① 일본은 헤이그 특사 파견을 구실로 고종을 강제 퇴위시키고, 새로 즉위한 순종에게 한·일 신협약 체결을 강요하였다.
② 일본은 1906년에 군사적 목적으로 서울과 신의주를 연결하는 경의선 철도를 개통하였다.
③ 대한 제국의 재정 고문으로 임명된 메가타는 1905년에 대한 제국의 경제를 일본에 예속시키기 위해 화폐 정리 사업을 시작하였다.

---

19 일제 강점기 | 항일 독립 운동의 전개 난이도 상 ●●●

정답설명

③ 시기순으로 바르게 나열하면 (나) 독립 의군부 조직(1912) → (다) 자유시 이동(1921) → (가) 쌍성보 전투(1932) → (라) 대일 선전포고(1941)가 된다.
(나) 독립 의군부 조직: 임병찬은 고종의 밀지를 받고 의병장과 유생들을 모아 독립 의군부를 조직(1912)하였다.
(다) 자유시 이동: 청산리 전투 이후 만주 지역의 독립군 부대들은 서일을 총재로 하는 대한 독립 군단을 결성하고 러시아의 자유시(스보보드니)로 이동하였다(1921).
(가) 쌍성보 전투: 지청천이 이끄는 한국 독립군은 항일 중국군과 연합하여 쌍성보(1932) 전투에서 일본군을 격파하였다.
(라) 대일 선전 포고: 일본이 태평양 전쟁을 일으키자 대한민국 임시 정부는 연합군의 일원으로 일본에 선전 포고를 하였다(1941).

---

20 현대 | 제1차 미·소 공동 위원회 난이도 중 ●●○

자료분석

모스크바 삼상 회의에서 결정 + 덕수궁 석조전에서 개최 → (가) 제1차 미·소 공동 위원회

정답설명

④ 제1차 미·소 공동 위원회에서는 임시 정부 수립을 위한 협의 대상을 선정하는 문제로 미국과 소련 양국이 논쟁하였다. 미국은 반탁 운동을 펼치는 우익 세력도 협의 대상에 포함시키자 주장하였고, 소련은 반탁 운동을 하는 정당·단체와는 협의할 수 없다고 주장하였다.

오답분석

① 좌·우 합작 위원회: 중도 좌파인 여운형과 중도 우파인 김규식 등을 중심으로 결성된 것은 좌·우 합작 위원회이다.
② 군사 혁명 위원회: 반공을 국시로 내건 혁명 공약을 발표한 것은 5·16 군사 정변을 주도한 세력이 만든 군사 혁명 위원회이다.
③ 대한민국 임시 정부: 국외 거주 동포에게 독립 공채를 발행한 것은 대한민국 임시 정부이다. 대한민국 임시 정부는 독립운동의 자금을 마련하기 위해 중국과 미국 등 국외 거주 동포에게 독립 공채(애국 공채)를 발행하였다.

12회 실전동형모의고사 정답·해설

정답

p.80

01	④ 시대 통합	11	③ 조선 전기
02	④ 고대	12	① 근대
03	④ 고대	13	③ 근대
04	② 시대 통합	14	③ 조선 후기
05	③ 고대	15	④ 일제 강점기
06	② 고려 시대	16	① 현대
07	① 조선 전기	17	③ 고대
08	① 고려 시대	18	③ 근대
09	② 일제 강점기	19	④ 현대
10	③ 조선 후기	20	② 현대

취약시대 분석표

영역	세부 유형	문항 수
전근대	선사 시대	/0
	고대	/4
	고려 시대	/2
	조선 전기	/2
	조선 후기	/2
근현대	근대	/3
	일제 강점기	/2
	현대	/3
통합	시대 통합	/2
총계		/20

* 취약시대 분석표를 이용해 1개라도 틀린 문제가 있는 시대는 그 시대의 문제만 골라 해설을 다시 한번 꼼꼼히 학습하세요.

---

01 시대 통합 | 전주의 역사   난이도 중 ●●○

자료분석
완산주 + 후백제 견훤이 사용한 방어성이 있는 지역 + 경기전 → (가) 전주

정답설명
④ 전주에서 동학 농민군과 조선 정부는 청·일 양군의 군사 주둔을 막기 위해 폐정 개혁을 조건으로 화약을 체결하였다.

오답분석
① 익산: 고구려 멸망 이후 보덕국이 세워진 곳은 익산이다. 고구려 멸망 이후 신라의 문무왕은 고구려 유민들을 옛 백제 땅 금마저(익산)에 보덕국을 세우고, 안승을 보덕국왕으로 봉하였다.
② 진주: 유계춘이 백낙신의 수탈에 맞서 봉기한 지역은 진주이다. 진주에서 일어난 봉기를 중심으로 삼정의 문란을 시정할 것을 요구하는 임술 농민 봉기가 전국적으로 확산되었다.
③ 충주: 몽골군이 침입해오자 방호별감을 역임하고 있던 김윤후가 민병과 관노, 잡류별초 등을 이끌고 이들을 격퇴한 지역은 충주이다.

02 고대 | 발해의 경제   난이도 중 ●●○

자료분석
동쪽은 멀리 바다에 닿았고 + 서쪽으로는 거란이 있음 + 솔빈부의 말 → 발해

정답설명
④ 발해는 일본과 동경 용원부를 통해 일본으로 가는 길인 일본도를 이용하여 왕래하였다. 한편, 서경 압록부를 통해 여러 차례 사신들이 왕래한 것은 당 나라이다.

오답분석
① 발해는 농업에서 콩, 보리, 조 등을 재배하는 밭농사가 중심을 이루었고, 벼 농사는 일부 지역에서만 실시되었다.
② 발해는 모피, 인삼, 불상, 자기 등을 당에 수출하였다. 또한 당으로부터 비단, 서적 등을 수입하였다.
③ 발해는 철·구리·금·은 등의 금속 가공업과 삼베·명주 등의 직물업, 도자기업 등이 발달하였다.

이것도 알면 합격!

발해의 대외 무역

대당 무역	• 수출품: 모피, 인삼, 불상, 자기 등 • 수입품: 귀족들의 수요품인 비단, 서적
대일 무역	일본도를 통해 한 번에 수백 명 왕래
신라와 교류	발해에서 신라로 통하는 교통로인 신라도를 이용해 교류

03 고대 | 경덕왕 재위 시기의 사실   난이도 중 ●●○

자료분석
승려 충담이 안민가라는 노래를 지음 → 경덕왕

정답설명
④ 경덕왕 때 중앙 관서의 관직명과 군현의 이름을 중국식으로 변경하는 한화 정책을 시행하였다.

오답분석
① 선덕 여왕: 영묘사를 창건한 것은 선덕 여왕 때의 사실이다.
② 신문왕: 달구벌(대구)로 천도를 시도한 것은 신문왕 때의 사실이다.
③ 성덕왕: 관료들이 지켜야 할 덕목을 담은 『백관잠』을 지어 관료들에게 제시한 것은 성덕왕 때의 사실이다.

04 시대 통합 | 유네스코 세계 기록유산   난이도 중 ●●○

정답설명
② 『승정원일기』(2001), 『난중일기』(2013), 4·19 혁명 기록물(2023)은 모두 유네스코 세계 기록유산에 등재되었다.

오답분석
① 『직지심체요절』(2001)과 한국의 유교 책판(2015)은 유네스코 세계 기록유산이 맞으나, 『삼국사기』는 유네스코 세계 기록유산으로 등재되지 않았다.
③ 『의궤』(2007)와 동학 농민 운동 기록물(2023)은 유네스코 세계 기록유산이 맞으나, 『목민심서』는 유네스코 세계 기록유산으로 등재되지 않았다.
④ 『조선왕조실록』(1997)과 조선 왕실의 어보와 어책(2017)은 유네스코 세계 기록유산이 맞으나, 『비변사등록』은 유네스코 세계 기록유산으로 등재되지 않았다.

05 고대 | 선덕 여왕 대의 사실   난이도 중 ●●○

자료분석
현존하는 신라 석탑 중 가장 오래됨 → 분황사 모전 석탑 → 선덕 여왕

정답설명
③ 선덕 여왕 때는 천체 관측을 위해 첨성대를 건립하였다. 첨성대는 동양에서 현존하는 가장 오래된 천문 관측 시설이다.

오답분석
① 진흥왕: 황룡사를 창건한 것은 진흥왕 때이다.
② 성덕왕: 상원사 동종을 주조한 것은 성덕왕 때이다.
④ 경덕왕: 김대성의 발원으로 석굴암이 건립된 것은 경덕왕 때이다.

06 고려 시대 | 광종의 업적   난이도 중 ●●○

자료분석
대상 준홍과 좌승 왕동 등이 반역을 꾀함 → 광종

정답설명
② 옳은 것을 모두 고르면 ㉠, ㉢이다.
㉠ 광종은 호족의 경제적·군사적 기반을 약화시키기 위해 불법적으로 노비가 된 자를 조사하여 양인으로 해방시키는 노비안검법을 시행하였다.
㉢ 광종은 국가 수입의 증대를 위해 각 주현 단위로 해마다 공물·부역의 액수를 책정하여 징수하는 주현공부법을 실시하였다.

오답분석
㉡ 고려 정종(3대): 불법을 배우는 사람들을 위해 일종의 장학 재단인 광학보를 설치한 왕은 고려 정종(3대)이다.
㉣ 고려 성종: 지방에 경학 박사와 의학 박사를 파견한 왕은 고려 성종이다.

07 조선 전기 | 조선 전기의 가족 제도   난이도 중 ●●○

정답설명
① 옳은 것을 모두 고르면 ㉠, ㉡이다.
㉠ 조선 전기에는 제도적으로 적서 차별을 규정하였다. 대표적으로 태종 때에는 서얼 차대법을 제정하여 서얼의 문과 응시를 제한하였으며, 성종 때에는 『경국대전』에 서얼의 문과 응시·상속 등에 대한 차별을 법제화하였다.
㉡ 조선 전기에는 제사로 윤회 봉사와 외손 봉사, 분할 봉사가 행해졌다. 윤회 봉사란 모든 자녀가 돌아가면서 제사를 지내는 방식이었으며, 외손 봉사란 딸의 자손이 제사를 지내는 방식이었다.

오답분석
㉢, ㉣ 조선 후기: 동성 마을이 많아지고 부계 중심의 족보가 편찬되었으며, 혼인 후 남자 집에서 생활하는 친영 제도가 일반화된 것은 조선 후기이다.

08 고려 시대 | 고려 시대의 역사서   난이도 중 ●●○

정답설명
① 현존하는 가장 오래된 역사서는 김부식 등이 편찬한 『삼국사기』이다. 박인량이 편찬한 『고금록』은 현존하지 않는다.

오답분석
② 『편년통록』은 고려 의종 때 김관의가 편찬한 역사서로, 태조 왕건의 계보를 정리하였으나 현존하지 않는다.
③ 고려 시대에는 국가 주도 하에 『고려실록』이 편찬되었으나 임진왜란 때 완전히 소실되어 현존하지 않는다.
④ 『해동고승전』은 고려 고종 때 각훈이 지은 역사서로, 삼국 시대 이래의 승려들의 전기를 정리하였다.

09 일제 강점기 | 조선 태형령 시행 시기 일제의 정책   난이도 중 ●●○

자료분석
태형 + 조선인에게만 적용 → 조선 태형령(1912~1920)

정답설명
② 옳은 것을 모두 고르면 ㉠, ㉣이다.
㉠ 조선 태형령이 시행되던 시기인 1915년에 일제는 조선 광업령을 공포하여 조선인의 광산 개발을 통제하고 광업권에 대한 허가를 받도록 하였다.
㉣ 조선 태형령이 시행되던 시기에 일제는 일반 관리는 물론 교사도 제복을 입고 칼을 차게 하여 공포 분위기를 조성하였다.

오답분석
모두 조선 태형령이 폐지된 이후에 실시된 정책이다.
㉡ 일제는 민족 말살 통치 시기인 1940년에 조선일보와 동아일보 등의 우리말 신문을 폐간하였다.
㉢ 일제는 대공황의 여파와 사회주의 확산으로 인해 소작 쟁의가 극심해지자, 농촌 사회를 통제하고 식민지 지배 체제를 안정시키기 위해 농촌 진흥 운동을 전개(1932~1940)하였다.

12회 실전동형모의고사 정답·해설

10 조선 후기 | 주화론과 주전론 난이도 하 ●○○

자료분석
- (가) 화친하려는 일이 그르다고 생각하지 않음 → 주화론
- (나) 화의가 나라를 망친 것 + 명은 부모의 나라 → 주전론

정답설명
③ 복수설치(원수를 갚고 치욕을 씻음)를 주장한 것은 주전론에 동조한 이들이다.

오답분석
① 주화론과 주전론은 청이 조선에 군신 관계를 요구하자 조선 내에서 벌어진 논의이다.
② 조선 내에서 청의 군신 관계 요구를 두고 주전론이 우세해지자, 청은 대군을 이끌고 조선에 쳐들어왔다(병자호란).
④ 주전론을 주장한 윤집 등의 삼학사는 병자호란 패전 이후 소현 세자, 봉림 대군(효종)과 함께 청의 수도인 심양으로 잡혀갔다.

11 조선 전기 | 동인의 남·북 분당 난이도 하 ●○○

자료분석
정철이 세자를 세워야 한다는 의논을 꺼냄 + 임금이 크게 노함 → 정철의 건저 사건 → 동인의 남·북 분당

정답설명
③ 동인은 건저 문제(세자 책봉 문제)로 선조의 미움을 받아 탄핵된 서인 정철의 처벌 문제를 둘러싸고 온건파인 남인과 강경파인 북인으로 분당되었다.

오답분석
모두 정철의 건저 사건과는 관련이 없다.
① 사화는 훈구파와 중앙 정계로 진출한 사림파 사이의 정치적·학문적 대립에서 시작되어 훈구파가 사림파를 탄압하면서 발생한 사건이다.
② 인조반정은 성리학적 의리 명분론을 강하게 주장하는 서인이 광해군의 중립 외교 정책과 폐모살제에 반발하여 일으킨 것이다.
④ 사림이 동인과 서인으로 분화된 것은 척신 정치의 잔재 청산과 이조 전랑 임명 문제를 두고 일어난 갈등이 계기가 되었다.

12 근대 | 을사의병 난이도 중 ●●○

자료분석
한국 정부는 일본국 정부의 중개를 거치지 않고서 국제적 성질을 가진 조약이나 약속을 하지 않음 → 을사늑약 → 을사의병

정답설명
① 전직 관리인 민종식은 을사늑약의 체결에 반발하여 충남 정산에서 의병을 일으켰으며, 홍주성을 점령하는 등의 활약을 하였다.

오답분석
② 을미의병: 고종의 해산 권고 조칙으로 인해 자진 해산한 것은 을미의병이다.
③ 정미의병: 스스로 독립군임을 내세우며 각국 영사관에 의병을 국제법상의 교전 단체로 인정해 줄 것을 요구한 것은 정미의병이다.
④ 을미의병: 유인석, 이소응 등 위정척사 사상을 가진 유생들이 주도한 의병은 을미의병이다.

13 근대 | 근대의 경제적 사실 난이도 상 ●●●

자료분석
- (가) 임오군란(1882) ~ 청·일 전쟁 발발(1894)
- (나) 청·일 전쟁 발발(1894) ~ 아관 파천(1896)
- (다) 아관 파천(1896) ~ 러·일 전쟁 발발(1904)
- (라) 러·일 전쟁 발발(1904) ~ 국권 피탈(1910)

정답설명
③ (다) 시기인 1900년에 종로의 백목전 상인들이 관료들과 합작하여 종로 직조사를 설립하였다.

오답분석
① (다) 시기: 국내 자본에 의해 한성은행이 설립(1897)된 것은 (다) 시기의 사실이다.
② (가) 시기: 지나친 곡물 유출로 인한 피해를 막기 위해 함경도 관찰사 조병식이 방곡령을 선포(1889)한 것은 (가) 시기의 사실이다.
④ (가) 시기: 보부상들을 보호할 목적으로 혜상공국이 설치(1883)된 것은 (가) 시기의 사실이다.

14 조선 후기 | 박제가 난이도 중 ●●○

자료분석
물건을 이용하는 방법을 모름 + 생산할 줄 모르니 백성들이 나날이 궁핍해짐 → 『북학의』 → 박제가

정답설명
③ 박제가는 청과의 통상 강화를 주장하였고, 이를 위해서 무역선을 활용할 것과 청에서 행해지는 국제 무역에도 참여해야 한다고 주장하였다.

오답분석
① 이덕무: 『청장관전서』를 편찬하여 문화 인식의 폭을 확장시킨 인물은 이덕무이다.
② 유수원: 『우서』에서 상공업 진흥을 위해 사농공상의 직업적 평등과 전문화를 주장한 인물은 유수원이다.
④ 정약용: 『아방강역고』를 통해 백제의 첫 도읍지가 서울이라는 것 등을 고증한 인물은 정약용이다.

15 일제 강점기 | 미쓰야 협정 체결 이후의 사실 난이도 중 ●●○

자료분석
만주의 관료들이 독립군 체포에 전력하게 됨 → 미쓰야 협정(1925)

정답설명
④ 일제는 미쓰야 협정 체결 이후인 1931년에 만주 사변을 일으키고 만주국을 수립하였다.

오답분석
모두 미쓰야 협정 체결 이전의 사실이다.
① 일본군이 봉오동 전투와 청산리 대첩 패전에 대한 보복으로 간도 지역의 한인들을 학살한 사건인 간도 참변이 일어난 것은 1920~1921년이다.
② 대종교 계통의 중광단이 북로 군정서군으로 개편된 것은 1919년이다.
③ 의열단원인 김지섭이 도쿄 궁성 이중교에 폭탄을 투척한 것은 1924년이다.

16 현대 | 미 군정기의 사실   난이도 중 ●●○

정답설명
① 옳은 것을 모두 고르면 ㉠, ㉢이다.
㉠ 미 군정기에는 부족한 경찰력을 지원하기 위해 남조선 국방 경비대가 창설(1946. 1.)되었으며, 이후 남조선 국방 경비대는 국군의 모태가 되었다.
㉢ 미 군정기에 소작료가 총 수확물의 1/3을 넘을 수 없도록 하는 '최고 소작료 결정의 건'을 공포하였다(1945. 10.).

오답분석
㉡ 이승만 정부: 한국은행의 설립과 운영에 관한 법률인 한국은행법이 제정(1950. 5.)된 것은 이승만 정부 시기의 사실이다.
㉣ 이승만 정부: 친일 혐의를 받은 박흥식, 노덕술, 이광수 등에게 구속 영장을 발부한 것은 반민족 행위 처벌법이 제정(1948. 9.)된 이후의 사실로, 이승만 정부 시기의 사실이다.

17 고대 | 태조왕의 업적   난이도 하 ●○○

자료분석
동옥저를 정벌 → 태조왕

정답설명
③ 태조왕은 활발한 정복 활동을 통해 강력해진 왕권을 바탕으로 계루부 고씨의 독점적인 왕위 세습을 확립하였다.

오답분석
① 유리왕: 수도를 졸본에서 국내성으로 옮긴 왕은 유리왕이다.
② 광개토 대왕: 숙신(여진족)과 비려(거란족)를 정벌하여 만주 일대를 차지한 왕은 광개토 대왕이다.
④ 고국천왕: 순노부, 소노부, 절노부 등 부족적 전통을 지닌 5부를 동·서·남·북·중의 행정적 성격의 5부로 개편한 왕은 고국천왕이다.

18 근대 | 일본과 체결한 조약   난이도 상 ●●●

정답설명
③ 순서대로 나열하면 ㉡ 강화도 조약(조·일 수호 조규, 1876. 2.) → ㉠ 조·일 무역 규칙(조·일 통상 장정, 1876. 7.) → ㉢ 조·일 수호 조규 속약(1882) → ㉣ 조·일 통상 장정 개정(1883)이 된다.
㉡ 강화도 조약: 강화도 조약(조·일 수호 조규, 1876. 2.)에는 일본국 국민이 조선에서 죄를 지었을 경우 일본국 관원이 심판하는 치외 법권의 조항이 있었다.

㉠ 조·일 무역 규칙: 조·일 무역 규칙(조·일 통상 장정, 1876. 7.)은 조선의 항구에 거주하는 일본인의 쌀과 잡곡 수출을 허용하였으며, 일본 정부 소속의 선박에 대한 무항세를 규정하였다.
㉢ 조·일 수호 조규 속약: 임오군란의 결과 체결된 조·일 수호 조규 속약(1882)에서는 간행이정(거류지)을 10리에서 50리로 확대하고, 2년 후에는 100리까지 확대할 것을 합의하였다.
㉣ 조·일 통상 장정 개정: 조·일 통상 장정 개정(1883)에는 일본에 대한 최혜국 대우가 규정되었다.

19 현대 | 김영삼 정부의 경제 상황   난이도 중 ●●○

자료분석
문민 민주주의의 시대 → 김영삼 정부

정답설명
④ 김영삼 정부 시기인 1996년에 경제 개발 협력 기구(OECD) 회원국으로 가입하였다.

오답분석
① 박정희 정부: 수출 100억 달러를 달성한 것은 1977년으로, 박정희 정부 시기의 사실이다.
② 박정희 정부: 포항에 제철 공업 단지를 조성한 것은 1973년으로, 박정희 정부 시기의 사실이다.
③ 전두환 정부: 저금리, 저유가, 저달러의 3저 호황이 있었던 것은 전두환 정부 시기의 사실이다.

20 현대 | 대한민국 정부 수립 이전의 사실   난이도 중 ●●○

정답설명
② 옳은 것을 모두 고르면 ㉠, ㉢이다.
㉠ 제주 4·3 사건(1948. 4.)은 남한만의 단독 정부 수립 및 5·10 총선거 실시를 반대한 좌익 세력을 진압하는 과정에서 무고한 제주도민들이 희생된 사건으로, 대한민국 정부 수립(1948. 8.) 이전에 발생하였다.
㉢ 중앙 토지 행정처는 신한 공사가 개편된 기관으로, 대한민국 정부 수립 이전에 설립(1948. 3.)되었다.

오답분석
㉡ 국민 방위군 사건은 6·25 전쟁 중인 1951년에 일어났다. 국민 방위군 사건은 국민 방위군의 간부들이 군사 물자를 빼돌린 결과, 전쟁 중에 소집된 국민 방위군 중 수많은 병사들이 추위와 굶주림으로 사망한 사건이다.
㉣ 여수·순천 10·19 사건(1948. 10.)은 이승만 정부의 제주 4·3 사건 진압 명령을 여수에 주둔하던 부대 내의 좌익 세력이 제주도 출동을 거부하며 일으킨 사건으로, 대한민국 정부 수립 이후에 발생하였다.

이것도 알면 합격!

제주도 4·3사건

배경	제주에서 좌익 세력이 단독 정부 수립 반대를 주장하며 무장 봉기
전개	유격대(공산주의자)와 토벌대(군·경·우익 세력) 간의 전투
결과	5·10 총선거가 제대로 실시되지 못함, 수많은 양민 학살

13회 실전동형모의고사 정답·해설

◎ 정답 p.86

01	③ 선사 시대	11	③ 고려 시대
02	③ 고대	12	④ 고대
03	② 고려 시대	13	② 조선 후기
04	③ 근대	14	② 시대 통합
05	① 조선 전기	15	② 일제 강점기
06	③ 고대	16	④ 근대
07	④ 고대	17	③ 일제 강점기
08	③ 조선 후기	18	④ 근대
09	① 고려 시대	19	④ 현대
10	④ 시대 통합	20	④ 현대

◎ 취약시대 분석표

영역	세부 유형	문항 수
전근대	선사 시대	/1
	고대	/4
	고려 시대	/3
	조선 전기	/1
	조선 후기	/2
근현대	근대	/3
	일제 강점기	/2
	현대	/2
통합	시대 통합	/2
총계		/20

* 취약시대 분석표를 이용해 1개라도 틀린 문제가 있는 시대는 그 시대의 문제만 골라 해설을 다시 한번 꼼꼼히 학습하세요.

---

01 선사 시대 | 청동기 시대 난이도 하 ●○○

자료분석

의주 미송리 동굴 유적 + 울산 검단리 유적 + 강화 부근리 유적 → 청동기 시대

정답설명

③ 청동기 시대에는 석제 농기구인 반달 돌칼을 사용하여 벼의 이삭을 수확하였다.

오답분석

① 신석기 시대: 농경이 시작되어 조와 기장 등의 곡물을 경작한 것은 신석기 시대이다.
② 철기 시대: 명도전, 반량전 등의 중국 화폐를 사용한 것은 철기 시대이다.
④ 구석기 시대: 동물의 뼈로 만든 도구와 뗀석기를 사용한 것은 구석기 시대이다.

02 고대 | 골품 제도 난이도 중 ●●○

자료분석

신라 + 개인의 능력보다 출신 성분을 더 중요하게 여김 → 골품 제도

정답설명

③ 신라의 골품 제도는 각 부족장을 신라의 중앙 귀족에 편입하는 과정에서 이들 세력의 등급과 서열을 정하기 위한 목적으로 성립되었다.

오답분석

① 화랑도: 청소년 수련 단체인 원화에 기원을 두고 있는 것은 화랑도이다.
② 골품 제도는 신라 초기부터 만들어지기 시작해 삼국 통일 이후 신라가 멸망할 때까지 실시되었다.
④ 골품 제도는 관등 승진뿐만 아니라 가옥의 규모와 대문의 장식 등 개인의 일상생활까지 규제하였다.

이것도 알면 합격!

신라의 신분 계층

성골	부모가 모두 왕족으로 왕이 될 수 있는 자격을 가진 신분
진골	모든 관직에 진출할 수 있었던 왕족
6두품	득난이라고 불렸으며 대족장 출신
5~4두품	소족장 출신
3~1두품	초기에는 관직 진출이 가능하였으나 통일 이후 평민화

03 고려 시대 | 강동 6주 획득과 동북 9성 축조 사이의 사실 난이도 중 ●●○

자료분석

강동 6주 획득(994) → (가) → 동북 9성 축조(1107)

정답설명

② 고려 정부가 금의 군신 관계 요구를 수용한 것은 1126년으로, 동북 9성 축조 이후의 사실이다. 여진은 금나라를 세운 뒤 요나라(거란)를 멸망시키고, 고려에 군신 관계를 요구하였다. 이에 당시 고려의 집권자였던 이자겸은 자신의 권력 유지를 위해 금의 군신 관계 요구를 수용하였다.

오답분석

모두 (가) 시기의 사실이다.

① 거란의 2차 침입 때 개경이 함락되고, 고려의 국왕(현종)은 나주로 피난하였다(1010).
③ 고려 현종 때 거란과 여진의 침입에 대비하기 위해 개경의 외성인 나성 축조를 시작(1009)하여 도성 수비를 강화하였다.
④ 거란의 3차 침입 때 강감찬이 귀주에서 퇴각하던 거란군을 크게 무찔렀다(귀주 대첩, 1019).

04 근대 | 대한 제국 칙령 제41호와 간도 협약 사이의 사실   난이도 상 ●●●

자료분석

(가) 울릉도를 울도라고 개칭 → 대한 제국 칙령 제41호(1900)
(나) 일·청 양국 정부는 도문강을 청국과 한국의 국경으로 함 → 간도 협약(1909)

정답설명

③ 옳은 것을 모두 고르면 ⓒ, ⓔ이다.
ⓒ 토지 가옥 증명 규칙은 1906년에 국내에서 일본인 등 외국인의 부동산 소유를 인정하고 거래를 허용하기 위해 제정되었다.
ⓔ 동양 척식 주식회사는 1908년에 일본 농민의 한반도 이주와 토지 수탈을 지원하기 위한 목적으로 설립되었다.

오답분석

㉠ (가) 이전: 한·청 통상 조약이 체결된 것은 1899년으로, (가) 이전의 사실이다. 한·청 통상 조약은 대한 제국과 청이 대등한 위치에서 체결되었다.
㉢ (나) 이후: 신민회가 105인 사건으로 해산된 것은 1911년으로, (나) 이후의 사실이다.

05 조선 전기 | 조선의 중앙 정치 기구   난이도 중 ●●○

정답설명

① 임금의 교지를 작성하거나 『실록』의 기본 자료인 사초를 작성한 기구는 예문관이다. 한편, 승문원은 외교 문서를 작성하고, 외교 문서에 쓰이는 문체인 이문의 교육을 담당하였다.

오답분석

② 승정원은 은대, 대언사 등의 별칭으로 불렸으며, 왕명의 출납을 담당하는 일종의 비서 기구였다.
③ 교서관은 경적의 간행과 제사 때 사용하는 향, 축문 등을 관장하였다.
④ 홍문관은 학술 연구와 정책 자문 등의 역할을 담당하는 기구로, 장관은 정2품의 대제학이었다.

06 고대 | 삼국 통일 과정   난이도 중 ●●○

정답설명

③ 순서대로 나열하면 ⓔ 웅진 도독부 설치(660) → ⓒ 백강 전투(663) → ㉠ 소부리주 설치(671) → ⓒ 안승의 보덕국 왕 책봉(674)이 된다.
ⓔ 웅진 도독부 설치(660): 백제 멸망 이후 당나라는 백제의 옛 땅을 지배하고자, 웅진(공주)에 웅진 도독부를 설치하였다.
ⓒ 백강 전투(663): 백제 부흥군은 왜의 수군과 연합하여 백강에서 나·당 연합군에 맞서 전투를 벌였으나 크게 패배하였다.
㉠ 소부리주 설치(671): 신라는 사비성을 공략하여 소부리주를 설치함으로써 백제의 옛 땅에 대한 지배권을 장악하였다.
ⓒ 안승의 보덕국 왕 책봉(674): 신라 문무왕은 고구려 유민을 모아 당 세력을 축출하기 위해 고구려 유민들을 금마저(익산)에 자리 잡게 하고, 안승을 보덕국 왕으로 책봉하였다.

07 고대 | 원효   난이도 중 ●●○

자료분석

성씨는 설씨 + 소(疏)를 지어 화엄경을 강론 → 원효

정답설명

④ 원효는 모든 것이 한마음에서 나온다는 일심 사상을 제시하여 다른 종파들과 사상적 대립을 조화시키고 분파 의식을 극복하고자 하였다.

오답분석

① 진표: 김제 금산사를 중심으로 미륵 신앙을 전파한 인물은 진표이다.
② 의상: 화엄 사상을 연구하여 『화엄일승법계도』를 작성한 인물은 의상이다.
③ 자장: 대국통에 임명되어 출가자의 규범과 계율을 주관한 인물은 자장이다.

이것도 알면 합격!

원효

불교 이해 기준 확립	당시 존재하던 거의 모든 불교 서적에 대한 폭넓은 이해를 바탕으로 『대승기신론소』, 『금강삼매경론』 등 저술
종파 융합에 기여	일심 사상을 바탕으로 사상적 대립을 조화시키고 분파 의식을 극복하기 위해 『십문화쟁론』 저술
불교 대중화에 기여	나무아미타불만 염불하면 누구나 극락왕생할 수 있다는 아미타 신앙 전파

08 조선 후기 | 조선 후기에 편찬된 서적   난이도 상 ●●●

정답설명

③ 옳은 것을 모두 고르면 ㉠, ⓒ, ⓒ이다.
㉠ 『발해고』는 조선 후기 정조 때 유득공이 저술한 서적으로, 남북국 시대란 용어를 처음으로 사용하였다.
ⓒ 『금석과안록』은 조선 후기에 김정희가 저술한 서적으로, 북한산비와 황초령비를 판독하고 이 비석들이 진흥왕 순수비임을 고증하였다.
ⓒ 『동사회강』은 조선 후기 숙종 때 임상덕이 저술한 서적으로, 삼국 이전을 편년에서 삭제함으로써 기자와 마한을 정통으로 인정하지 않았다. 또한 삼국 시대를 무통으로 보았고 통일 신라와 고려 이후를 정통으로 보았다.

오답분석

ⓔ 한치윤이 단군 조선부터 고려 시대까지의 역사를 서술한 것은 『해동역사』이다. 한편, 『연려실기술』은 조선 후기의 실학자인 이긍익이 조선 시대의 정치와 문화 등을 정리한 서적이다.

09 고려 시대 | 개정 전시과   난이도 중 ●●○

자료분석

목종 원년 + 한계에 미치지 못하는 자는 전지 17결을 지급(한외과) → 개정 전시과

정답설명

① 옳은 것을 모두 고르면 ㉠, ⓒ이다.
㉠ 개정 전시과에서는 실직자뿐 아니라 산직(散職, 일종의 명예직)자에게도 전시를 지급하였다.

13회 실전동형모의고사 정답·해설

ⓒ 개정 전시과에서는 이전보다 토지의 지급량이 감소하여 16과 이하에는 시지를 지급하지 않고 전지만 지급하였다.

오답분석
ⓒ **시정 전시과**: 문반, 무반, 잡업 계층으로 구분하여 전시를 지급한 것은 시정 전시과이다.
ⓔ **경정 전시과**: 무산계 전시와 승과에 합격하여 승계를 받은 승려와 지리업(풍수업) 종사자에게 수여한 별사 전시의 별정 전시과를 마련한 것은 경정 전시과이다.

10 시대 통합 | 안동 난이도 중 ●●○

자료분석
고려 태조가 견훤과 전투를 벌여 패배시킴 + 홍건적의 침입을 피해 공민왕이 피난하여 머무름 → (가) 안동

정답설명
④ 안동에는 우리나라에서 현존하는 가장 오래된 목조 건축물인 봉정사 극락전이 남아있다.

오답분석
① **청주**: 『직지심체요절』이 금속 활자로 간행된 곳은 청주이다. 『직지심체요절』은 고려 우왕 때인 1377년에 청주 흥덕사에서 간행되었다.
② **논산**: 동학 농민 운동 당시에 전봉준이 이끄는 남접과 손병희가 이끄는 북접이 집결한 곳은 논산이다.
③ **원산**: 일제 강점기 최대 규모의 노동 쟁의인 원산 노동자 총파업이 일어난 곳은 원산이다.

11 고려 시대 | 『삼국유사』 난이도 중 ●●○

자료분석
삼국의 시조가 모두 기이한 데에서 나옴 + 기이편 → 『삼국유사』

정답설명
③ 『삼국유사』에서는 신라의 역사를 상고(혁거세~지증왕)·중고(법흥왕~진덕여왕)·하고(무열왕~경순왕)으로 인식하였다.

오답분석
① 『해동고승전』: 불교 승려의 전기를 수록한 고승전은 각훈이 저술한 『해동고승전』이다.
② 『삼국사기』: 유교적 사관에 기초하여 기전체로 서술한 역사서는 김부식 등이 편찬한 『삼국사기』이다.
④ 『제왕운기』: 중국과 우리나라의 역사를 운율시 형식으로 서술한 역사서는 이승휴가 저술한 『제왕운기』이다.

12 고대 | 의자왕 난이도 중 ●●○

자료분석
소정방 + 백제의 남쪽에 이름 → (가) 의자왕

정답설명
④ 의자왕은 윤충을 파견하여 신라의 대야성(현재의 합천)을 함락시키고, 성주인 품석과 그의 아내를 죽였다.

오답분석
① **동성왕**: 탐라국을 복속하고 중국의 남제와 수교를 맺은 왕은 동성왕이다.
② **근초고왕**: 고흥으로 하여금 역사서인 『서기』를 편찬하게 한 왕은 근초고왕이다.
③ **성왕**: 신라와 연합하여 고구려를 공격해 일시적으로 한강 하류 지역을 수복한 왕은 성왕이다.

13 조선 후기 | 비변사 난이도 중 ●●○

자료분석
변방 일을 위해 설치함 + 모든 일을 실제로 다 장악함 → 비변사

정답설명
② 비변사는 중종 때 일어난 삼포왜란을 계기로 여진족과 왜구의 침입에 대비하기 위한 임시 회의 기구로 설치되었다. 한편, 비변사는 명종 때 일어난 을묘왜변을 계기로 상설 기구가 되었다.

오답분석
① 비변사는 다른 이름으로 비국(備局)·주사(籌司)라고도 불렸다.
③ 비변사는 임진왜란 이후 국정 전반을 담당하였으나, 흥선 대원군 집권 시기에 기능이 축소되어 사실상 폐지되었다.
④ 비변사는 전직 혹은 현직 3정승(영의정, 좌의정, 우의정)이 우두머리인 도제조를 겸임하기도 하였다.

14 시대 통합 | 이상설 난이도 중 ●●○

자료분석
헤이그 평화 회의 대표로 파견됨 + 이준, 이위종 → (가) 이상설

정답설명
② 이상설은 북간도의 용정촌에 민족 교육 기관인 서전서숙을 설립하여 역사·지리·정치학·헌법 등의 학문을 가르쳤다.

오답분석
① **안창호 등**: 국민 대표 회의에서 개조파로 활동한 인물은 안창호 등이다. 이상설은 국민 대표 회의(1923)가 개최되기 이전인 1917년에 사망하였다.
③ **안중근**: 이토 히로부미를 하얼빈역에서 사살한 인물은 안중근이다.
④ **이동휘**: 대한민국 임시 정부의 초대 국무총리를 역임한 인물은 이동휘이다.

15 일제 강점기 | 민족 말살 통치 시기 일제의 정책 난이도 중 ●●○

자료분석
내선일체(일본과 조선은 하나)는 반도 통치에서의 최고 지도 목표 → 민족 말살 통치 시기

정답설명
② 개량 서당을 탄압하기 위하여 서당 규칙을 발표한 것은 1918년으로, 무단 통치 시기이다.

오답분석
모두 민족 말살 통치 시기에 일제가 시행한 정책이다.
① 일제는 국민 정신 총동원 조선 연맹(1938)을 조직하여 애국반을 만들고 조선인을 가입시킨 후 일상생활을 통제하였다.
③ 일제는 조선 여성들의 노동성을 높이기 위한 방안으로 한복 치마를 금지하고 일본 여성들이 작업복으로 입던 몸뻬 바지의 착용을 의무화하였다.
④ 일제는 아침마다 일본 천황이 있는 궁성을 향해 절을 하는 궁성 요배를 강요하였다.

16 근대 | 병인양요 난이도 하 ●○○

자료분석
조선 국왕이 프랑스 주교 2인과 선교사 9인 살해 → 병인박해 → 병인양요

정답설명
④ 병인양요 때 프랑스군은 퇴각하는 과정에서 강화도의 외규장각에 보관 중이던 『의궤』 등의 서적과 문화재를 약탈해갔다.

오답분석
① 신미양요: 어재연이 광성보에서 결사 항전한 것은 신미양요이다. 신미양요 때 광성보에서 어재연이 이끄는 조선군이 결사 항전하였지만 이 과정에서 어재연이 전사하고, 수(帥)자기를 약탈 당했다.
② 신유박해: 황사영이 외국 군대의 출병을 요청하는 원인이 된 사건은 신유박해이다.
③ 운요호 사건: 우리나라 최초의 근대적 조약인 강화도 조약(조·일 수호 조규)이 체결되는 계기가 된 것은 운요호 사건이다.

17 일제 강점기 | 조선 의용대 난이도 중 ●●○

자료분석
조선 민족 전선 연맹의 기치 하에 단합 → ㉠ 조선 의용대

정답설명
③ 조선 의용대 중 김원봉이 이끄는 일부 대원은 충칭으로 이동하여 한국광복군에 합류하였다. 한편 조선 의용대 중 한국 광복군에 합류하지 않은 세력은 화북 지역으로 이동하여 조선 의용대 화북 지대를 결성하였다.

오답분석
① 한국 독립군: 사도하자, 대전자령 전투에서 일본군에게 승리한 것은 한국 독립군이다.
② 조선 혁명군: 흥경성 전투에서 일본군을 물리친 것은 조선 혁명군이다. 조선 혁명군은 중국군과 연합하여 영릉가·흥경성 전투 등에서 승리하였다.
④ 한국광복군: 초기에 중국 군사 위원회의 지휘와 간섭을 받은 것은 한국광복군이다. 한국광복군은 초기에 재정적 어려움으로 인하여 중국 정부의 원조를 받아야 했기 때문에 중국 군사 위원회의 지휘와 간섭을 받았다.

18 근대 | 대한국 국제 난이도 중 ●●○

자료분석
대한 제국 + 만세 불변의 전제 정치 → 대한국 국제

정답설명
④ 대한국 국제에서는 황제에게 조약 체결권과 사신 임면권, 육해군의 통수권, 입법권, 행정권, 관리 임면권 등 모든 권한이 있음을 명시하였다.

오답분석
① 대한국 국제에서는 '주권재민(나라의 주권이 국민에게 있음)'이 아닌 황제에게 나라의 모든 권한이 있음을 강조하였다.
② 대한국 국제에서는 민생 안정을 위한 조세 제도 개혁안을 제시하지 않았다.
③ 헌의 6조: 재정은 모두 탁지부에서 전담하여 맡을 것을 규정한 것은 헌의 6조이다.

19 현대 | 박정희 정부 시기의 통일 노력 난이도 중 ●●○

자료분석
대한민국과 일본국 + 양국 관계의 정상화를 상호 희망함 → 한·일 기본 조약(1965) → 박정희 정부

정답설명
④ 박정희 정부 시기에 6·23 평화 통일 외교 정책 선언을 발표하여 호혜 평등의 원칙에 따른 공산권 국가에 대한 문호 개방과 남북 유엔 동시 가입을 제안하였다.

오답분석
① 노무현 정부: 10·4 남북 공동 선언을 발표한 것은 2007년으로, 노무현 정부 시기의 사실이다.
② 노태우 정부: 남북이 함께 유엔에 동시 가입한 것은 1991년으로, 노태우 정부 시기의 사실이다.
③ 전두환 정부: 민족 화합 민주 통일 방안을 발표한 것은 1982년으로, 전두환 정부 시기의 사실이다.

20 현대 | 5·18 민주화 운동 난이도 중 ●●○

자료분석
계엄 당국 + 광주 시민과 학생 → 5·18 민주화 운동

정답설명
④ 5·18 민주화 운동의 발발과 진압, 이후의 진상 규명 등과 관련한 문서, 사진, 영상 기록물은 2011년에 유네스코 세계 기록유산으로 등재되었다.

오답분석
① 6월 민주 항쟁: 시위 도중 대학생 이한열이 희생된 것은 6월 민주 항쟁이다.
② 4·19 혁명: 이승만 정부가 자행한 3·15 부정 선거가 원인이 되어 전개된 것은 4·19 혁명이다.
③ 6월 민주 항쟁: 시민과 학생들이 호헌 철폐와 독재 타도, 민주 헌법 쟁취 등을 구호로 시위를 전개한 것은 6월 민주 항쟁이다.

14회 실전동형모의고사 정답·해설

▶ 정답

01	③ 고대	11	① 조선 후기
02	③ 고려 시대	12	① 조선 전기
03	② 일제 강점기	13	① 근대
04	① 일제 강점기	14	② 고려 시대
05	② 근대	15	② 근대
06	③ 선사 시대	16	③ 일제 강점기
07	① 조선 전기	17	④ 현대
08	① 고려 시대	18	③ 고려 시대
09	③ 고대	19	② 조선 후기
10	③ 고대	20	① 현대

▶ 취약시대 분석표

영역	세부 유형	문항 수
전근대	선사 시대	/1
	고대	/3
	고려 시대	/4
	조선 전기	/2
	조선 후기	/2
근현대	근대	/3
	일제 강점기	/3
	현대	/2
통합	시대 통합	/0
총계		/20

* 취약시대 분석표를 이용해 1개라도 틀린 문제가 있는 시대는 그 시대의 문제만 골라 해설을 다시 한번 꼼꼼히 학습하세요.

---

01 고대 | 발해의 통치 체제 — 난이도 하

자료분석
중대성 + 정당성 → (가) 발해

정답설명
③ 발해는 지방 행정의 중심부에 15부를 설치하고 지방 행정을 총괄하는 도독을 파견하였다.

오답분석
① 신라: 사정부를 두어 관리를 감찰한 것은 신라이다. 발해에는 관리 감찰 기관으로 중정대를 두었다.
② 고구려: 대막리지가 집정 대신으로서 국정을 총괄한 나라는 고구려이다. 한편, 발해는 정당성의 장관인 대내상이 국정을 총괄하였다.
④ 통일 신라: 군사적, 행정적 요충지에 특별 행정 구역인 5소경을 둔 것은 통일 신라이다.

02 고려 시대 | 묘청 — 난이도 중

자료분석
서경 임원역의 땅은 아주 좋은 땅 + 이곳에 궁궐(대화궁)을 짓고 → 묘청

정답설명
③ 묘청은 서경 천도를 주장하였으나 받아들여지지 않자 서경에서 국호를 대위국이라 하고, 연호를 천개, 군대를 천견충의군이라 하여 난을 일으켰다.

오답분석
① 신돈: 전민변정도감 설치를 건의한 인물은 신돈이다. 신돈은 공민왕에게 전민변정도감의 설치를 건의하고 스스로 판사가 되어 개혁을 실시하였다.
② 김부식: 개경 중심의 문벌 귀족 세력의 대표였던 인물은 김부식이다. 한편, 묘청은 서경 중심의 신진 세력(서경파)의 대표적인 인물이었다.
④ 최충헌: 명종을 폐하고 신종, 희종, 강종, 고종을 차례로 세운 인물은 최충헌이다.

03 일제 강점기 | 박은식과 백남운 — 난이도 중

자료분석
(가) 혼(魂) + 국교와 국사가 망하지 않으면 나라도 망하지 않음 → 박은식
(나) 조선의 역사적 발전 과정은 세계사적 보편성에 따라 전개 → 백남운

정답설명
② 박은식은 중국 상하이에서 안중근의 전기인 『안중근전』을 저술하였다. 박은식은 『안중근전』, 『천개소문전』 등의 위인 전기를 편찬하여 민족 의식을 고취하고자 하였다.

오답분석
① 최남선, 이병도 등: 조선사 편수회에 참여한 인물은 최남선, 이병도 등이다.
③ 손진태, 이병도 등: 진단 학회의 발기인으로 활동한 인물은 손진태, 이병도 등이다.
④ 신채호: 우리 민족 정신을 '낭가' 사상으로 설명한 인물은 신채호이다.

04 일제 강점기 | 대한 광복회 — 난이도 중

자료분석
일반 부호로부터 기부를 받음 + 남북 만주에 사관 학교를 설치 + 행형부 → 대한 광복회 강령 → 대한 광복회

정답설명
① 대한 광복회는 박상진, 채기중 등이 조직한 무장 독립 단체로, 공화정체의 국가 건설을 지향하였다.

오답분석
② 대한 자강회: 월보를 간행하고 지회를 설치한 단체는 대한 자강회이다.
③ 독립 의군부: 임병찬이 고종의 밀지를 받아 결성한 비밀 단체는 독립 의군부이다.

④ 조선 국권 회복단: 이시영 등이 시회(詩會)를 가장하여 조직한 단체는 조선 국권 회복단이다.

05 근대 | 포츠머스 조약과 기유각서 체결 사이의 사실 난이도 상 ●●●

자료분석

(가) 러시아 정부는 일본국이 한국에서 탁월한 이익을 갖는다는 것을 인정 → 포츠머스 조약(1905)
(나) 한국 정부는 감옥 사무를 일본국 정부에 위탁 → 기유각서(1909)

정답설명

② (가)와 (나) 사이 시기인 1907년에 안창호, 이승훈 등을 중심으로 신민회가 결성되었다. 신민회는 실력 양성을 통한 국권 회복과 공화 정치 체제의 근대 국가 수립을 목표로 하는 비밀 결사 단체이다.

오답분석

① (나) 이후: 회사령이 제정된 것은 1910년으로, (나) 이후의 사실이다.
③ (가) 이전: 지계아문을 설립한 것은 1901년으로, (가) 이전의 사실이다.
④ (가) 이전: 대한 제국 정부가 국외 중립을 선언한 것은 1904년으로, (가) 이전의 사실이다.

06 선사 시대 | 신석기 시대의 생활상 난이도 하 ●○○

정답설명

③ 움집이 주거용 이외에 창고, 작업장, 집회소 등의 용도로 사용된 것은 청동기~초기 철기 시대의 사실이다. 신석기 시대의 움집터는 주거용으로만 사용되었을 것으로 추정된다.

오답분석

① 신석기 시대에는 조개 껍데기 가면, 조가비나 짐승의 뼈·이빨로 만든 치레걸이 등의 장식품을 제작하였다.
② 신석기 시대의 유적지에서 가락바퀴와 뼈바늘이 출토되어 당시에 의복이나 그물을 만들어 사용하였다는 것을 추정할 수 있다.
④ 신석기 시대에는 돌을 갈아 만든 간석기와 음식물을 조리하거나 식량 저장에 사용할 수 있는 빗살무늬 토기 등을 만들었다.

07 조선 전기 | 임진왜란의 전개 난이도 중 ●●○

정답설명

① 시기순으로 나열하면 ㉠ 선조의 의주 피난(1592. 4.~6.) → ㉡ 한산도 대첩(1592. 7.) → ㉢ 평양성 탈환(1593. 1.) → ㉣ 행주 대첩(1593. 2.)이 된다.
㉠ 선조의 의주 피난: 1592년 4월 부산포에 상륙한 왜군은 20여 일 만에 한양을 점령하고 북상을 계속하였다. 이에 선조는 1592년 4월에 피난길에 올랐으며 6월에 의주에 도착하였다.
㉡ 한산도 대첩: 이순신 장군은 학익진 전법을 통해 한산도 앞바다에서 왜의 수군을 격퇴하고 남해의 제해권을 장악하였다(1592. 7.).
㉢ 평양성 탈환: 명나라 장군 이여송과 조선의 유성룡이 이끄는 조·명 연합군은 왜군으로부터 평양성을 탈환하였다(1593. 1.).

㉣ 행주 대첩: 행주산성에서 권율 장군의 지휘하에 관군과 백성들이 합심하여 왜군을 격퇴하였다(1593. 2.).

이것도 알면 합격!

임진왜란의 주요 전투

1592년	4월	임진왜란 발발(부산포) → 충주 탄금대 전투 패배(신립 전사)
	5월	한성 함락, 옥포 해전 승리, 사천 해전 승리
	7월	한산도 대첩(학익진 전법) 승리
	10월	진주 대첩 승리(1차, 김시민 전사)
1593년	1월	조·명 연합군의 평양성 탈환
	2월	행주 대첩 승리(권율 지휘, 관군과 농민 합세)

08 고려 시대 | 충선왕 대의 사실 난이도 중 ●●○

자료분석

상왕이 만권당을 연경에 설치함 → 충선왕

정답설명

① 충선왕은 인사 및 왕명 출납을 담당한 권력의 핵심 기구로 사림원을 설치하여 개혁을 추진하고자 하였다.

오답분석

② 우왕: 요동 정벌을 단행한 것은 우왕 때이다. 우왕 때 명나라가 철령위를 설치하겠다고 고려에 통보하자, 우왕과 최영은 이성계 등을 파견하여 요동 정벌을 단행하였다.
③ 공민왕: 이제현에 의해 역사서인 『사략』이 편찬된 것은 공민왕 때이다. 현재는 『사략』에 실려있던 「사론」만 남아있다.
④ 충렬왕: 홍자번이 민생 안정을 위해 18조목의 상소(편민 18사)를 지어 올린 것은 충렬왕 때이다.

09 고대 | 고구려사의 전개 난이도 상 ●●●

자료분석

(가) 을파소 등용(191) ~ 고국원왕 전사(371)
(나) 고국원왕 전사(371) ~ 평양 천도(427)
(다) 평양 천도(427) ~ 살수 대첩(612)
(라) 살수 대첩(612) ~ 고구려 멸망(668)

정답설명

③ (다) 시기인 문자왕 때 고구려는 부여를 복속(494)하여 최대 영토를 확보하였다.

오답분석

① (다) 시기: 『신집』 5권이 편찬(600)된 것은 영양왕 때로, (다) 시기에 해당한다. 『신집』 5권은 이문진이 왕명을 받아 『유기』 100권을 간추려 만든 역사서이다.
② (가) 시기: 관구검의 침입으로 환도성이 함락된 것은 동천왕 때로, (가) 시기에 해당한다.
④ (다) 시기: 지두우를 분할 점령(479)하여 흥안령 일대를 차지한 것은 장수왕 때로, (다) 시기에 해당한다.

10 고대 | 신라 촌락 문서 난이도 중 ●●○

자료분석

사해점촌 + 사람 수, 호 등을 기록 → 신라 촌락 문서

정답설명

③ 신라 촌락 문서는 토지 면적의 증감은 기록되어 있지 않고, 토지의 종류와 총면적만 기록되어 있다.

오답분석

① 신라 촌락 문서의 호(戶)는 사람(인정)의 많고 적음에 따라 상상호에서 하하호까지 9등급으로 나누어 기재되었다.
② 신라 촌락 문서는 토착 세력인 촌주가 촌 단위로 매년 변동 사항을 조사하여 3년마다 다시 작성하였다.
④ 신라 촌락 문서는 서원경(청주) 부근 4개 촌락 주민의 성별, 나이와 노비의 수를 기재하였다.

11 조선 후기 | 임술 농민 봉기 난이도 중 ●●○

자료분석

삼남 지방의 읍민들이 소요를 일으킴 + 왕이 안핵사와 선무사를 보냄 → 임술 농민 봉기

정답설명

① 서북민(평안도)에 대한 차별에 반발하여 시작된 것은 홍경래의 난이다. 세도 정치 시기에 평안도 지역의 차별 대우에 반발하여 홍경래가 난을 일으켰으나, 5개월 만에 관군에 의해 진압되었다.

오답분석

②, ③ 임술 농민 봉기는 삼정의 폐단과 경상 우병사 백낙신의 수탈을 견디다 못한 농민들이 몰락 양반 출신인 유계춘을 중심으로 진주에서 봉기하면서 시작되었다.
④ 임술 농민 봉기로 민심이 악화되자 정부는 박규수의 건의에 따라 삼정이정청을 설치하여 세제 개혁을 약속하였다.

12 조선 전기 | 조선 전기의 관리 등용 제도 난이도 중 ●●○

정답설명

① 옳은 것을 모두 고르면 ㉠, ㉡이다.

㉠ 조선 시대에는 정기 시험인 식년시를 3년마다 실시하여 관리를 등용하였다. 한편, 식년시 외에 부정기적으로 실시되는 증광시, 알성시 등의 별시를 통해 관리를 등용하기도 하였다.
㉡ 조선 시대에는 권력의 집중과 부정을 막기 위하여 가까운 친·인척끼리는 같은 관서에 근무하지 않도록 하고, 출신 지역의 지방관으로도 임명하지 않는 상피제를 마련하였다.

오답분석

㉢ 조선 시대 무과에서는 소과의 절차 없이, 초시-복시-전시의 3단계의 절차를 거쳐 무관을 선발하였다.
㉣ 조선 시대의 과거 제도 중 문과 시험 업무는 예조에서 주관하였다.

13 근대 | 독립 협회 난이도 하 ●○○

자료분석

이것을 없앨 책략으로 황국협회라는 것을 조직 → ㉠ 독립 협회

정답설명

① 보부상 단체인 혜상공국의 폐지를 주장한 것은 갑신정변 때 급진 개화파로, 독립 협회와는 관련이 없다.

오답분석

② 독립 협회는 강연회와 토론회를 정기적으로 개최하여 계몽 운동을 전개하였다.
③ 독립 협회는 자유 민권 운동과 국민 참정권 운동을 전개하는 등 민중을 중심으로 근대적인 자주 독립 국가를 건설하고자 하였다.
④ 독립 협회는 중추원을 서구의 의회식으로 개편할 것을 정부에 건의하였다. 이에 정부는 중추원을 관선 25명·민선 25명으로 구성한다는 내용의 중추원 관제를 반포하였다.

14 고려 시대 | 안동 봉정사 극락전 난이도 중 ●●○

자료분석

우리나라에서 현존하는 가장 오래된 목조 건축물 → (가) 안동 봉정사 극락전

정답설명

② 안동 봉정사 극락전은 시대에 주심포 양식과 맞배 지붕으로 지어진 목조 건축물로, 1972년 보수 공사 과정에서 공민왕 때 중수하였다는 상량문이 발견되어 우리나라에서 현존하는 가장 오래된 목조 건물로 평가 받고 있다.

오답분석

① **안변 석왕사 응진전**: 안변 석왕사 응진전은 다포 양식과 맞배 지붕 등의 양식으로 지어졌다.
③ **영주 부석사 무량수전**: 영주 부석사 무량수전은 주심포 양식과 팔작 지붕 등의 양식으로 지어졌다.
④ **사리원 성불사 응진전**: 사리원 성불사 응진전은 다포 양식과 맞배 지붕 등의 양식으로 지어졌다.

15 근대 | 임오군란 난이도 중 ●●○

자료분석

군인에게 몇 개월 동안 봉급을 지급하지 못함 + 중전의 국상이 공포됨 → 임오군란

정답설명

② 임오군란의 결과 청에 의해 외교 고문으로 독일인 묄렌도르프와 내정 고문으로 마젠창이 조선에 파견되었다.

오답분석

① **갑신정변**: 청과 일본 사이에 톈진 조약이 체결된 것은 갑신정변의 결과이다.
③ 조선 내에서 한반도 중립화론이 대두된 것은 갑신정변과 거문도 사건 이후의 사실로, 임오군란과는 관련이 없다.

④ 임오군란 이후 일시적으로 재집권한 흥선 대원군은 의정부가 아닌 삼군부와 5군영을 부활시키고, 통리기무아문과 별기군을 폐지하였다.

16 일제 강점기 | 만주 사변 이후의 국외 독립운동   난이도 중 ●●○

자료분석

전쟁을 통해 군수 공업을 육성 + 만주를 침략 → 만주 사변(1931)

정답설명

③ 3부 통합 운동의 일환으로 만주 지역에 있던 참의부, 정의부, 신민부가 국민부(1929)와 혁신 의회(1928)로 통합된 것은 만주 사변 이전의 사실이다.

오답분석

모두 만주 사변(1931) 이후의 사실이다.
① 동북 항일 연군 내의 한국인 간부들은 반일 민족 연합의 통일 전선을 실현하기 위해 1936년에 조국 광복회를 조직하였다.
② 김구와 이동녕 등은 1935년에 한국 국민당을 창당하였다. 한국 국민당은 김구와 이동녕 등이 김원봉의 민족 혁명당에 대항하여 설립한 정당이다.
④ 한인 애국단 소속의 윤봉길은 1932년에 일본 천황의 생일과 상하이 사변의 승리를 축하하는 기념식이 열린 상하이 훙커우 공원에 폭탄을 던져 일본군 사령관과 다수의 일본인 고관을 폭살하였다.

17 현대 | 카이로 회담과 얄타 회담   난이도 중 ●●○

자료분석

(가) 적당한 시기에 한국을 자주 독립시킬 결의를 함 → 카이로 회담
(나) 루즈벨트 + 신탁 통치 → 얄타 회담

정답설명

④ 얄타 회담은 소련의 얄타에서 미국(루즈벨트), 영국(처칠), 소련(스탈린)의 대표가 개최한 회담으로, 소련이 일본과의 전쟁에 참전할 것을 약속하였다.

오답분석

① 카이로 회담의 당사국은 미국(루즈벨트), 영국(처칠), 중국(장제스)으로 소련은 참여하지 않았다.
② **포츠담 회담**: 독일 항복 이후 전후 처리 문제를 협의하기 위해 개최된 것은 포츠담 회담이다.
③ **모스크바 3국 외상 회의**: 4개국(미국·영국·중국·소련)에 의한 최장 5개년의 한반도 신탁 통치를 결정한 것은 모스크바 3국 외상 회의이다.

18 고려 시대 | 고려 건국과 고창 전투 사이의 사실   난이도 중 ●●○

자료분석

(가) 왕건이 고려를 건국 → 고려 건국(918)
(나) 고려가 고창 전투에서 후백제에 승리 → 고창 전투(930)

정답설명

③ 옳은 것을 모두 고르면 ㉡, ㉢이다.

㉡ (가)와 (나) 사이 시기인 927년에 후백제 견훤이 신라의 금성(경주)을 습격하여 포석정에서 경애왕을 살해하였다.
㉢ (가)와 (나) 사이 시기인 927년에 후백제는 공산(대구 지역)에서 고려군을 공격하여 크게 승리하였다.

오답분석

㉠ (나) 이후: 견훤이 고려에 투항한 것은 935년의 일로, (나) 이후의 사실이다.
㉣ (나) 이후: 고려가 일리천 전투에서 신검의 후백제군을 격파한 것은 936년의 일로, (나) 이후의 사실이다.

19 조선 후기 | 정조의 업적   난이도 중 ●●○

자료분석

달은 태극이며, 태극은 바로 나다 → 「만천명월주인옹자서」 → 정조

정답설명

② 정조는 신진 인물이나 중·하급 관리 중에서 유능한 문신들을 재교육하여 인재를 양성하는 초계문신제를 시행하였다.

오답분석

① **영조**: 백성들의 여론 정치를 활성화시키기 위해 신문고 제도를 부활시킨 왕은 영조이다.
③ **순조**: 내수사와 궁방 및 각급 관청에 속한 공노비 6만여 명을 해방시키킨 왕은 순조이다.
④ **성종**: 시문집인 『동문선』과 음악서인 『악학궤범』을 편찬한 왕은 성종이다.

이것도 알면 합격!

정조의 왕권 강화 정책

초계문신제 시행	신진 인물이나 중·하급 관리 중 유능한 인사 재교육
규장각 설치	자신의 개혁을 뒷받침할 수 있는 정치 기구로 육성
장용영 설치	국왕의 친위 부대로, 왕권 강화의 군사적 기반 마련
수령 권한 강화	수령이 향약을 직접 주관하게 하여 지방 사족의 향촌 지배력을 줄이고 수령의 권한을 강화

20 현대 | 여운형   난이도 하 ●○○

자료분석

다섯 가지 조건을 요구 + 총독부로부터 치안권과 행정권을 이양 받음 → 여운형

정답설명

① 여운형은 미 군정이 지원한 좌·우 합작 위원회에 참여하였다. 좌·우 합작 위원회는 중도 우파 김규식과 중도 좌파 여운형의 주도로 조직되었다.

오답분석

② **안재홍**: 미 군정의 민정 장관을 역임한 인물은 안재홍이다.
③ **김규식**: 김구와 함께 남한만의 단독 선거에 반대하여 남북 협상을 추진한 인물은 김규식이다. 여운형은 유엔 소총회에서 남한만의 단독 선거가 결정(1948. 2.)되기 이전인 1947년에 극우 세력에 의해 암살되었다.
④ **이동휘**: 러시아의 하바로프스크에서 한국 최초의 사회주의 정당인 한인 사회당을 결성한 인물은 이동휘이다.

15회 실전동형모의고사 정답·해설

◉ 정답

p.98

01	② 선사 시대	11	③ 고려 시대
02	④ 고대	12	③ 고대
03	③ 고려 시대	13	① 시대 통합
04	③ 고려 시대	14	② 근대
05	② 조선 전기	15	④ 고대
06	④ 고대	16	② 근대
07	① 일제 강점기	17	③ 일제 강점기
08	③ 조선 후기	18	② 근대
09	② 고려 시대	19	④ 조선 후기
10	③ 현대	20	② 시대 통합

◉ 취약시대 분석표

영역	세부 유형	문항 수
전근대	선사 시대	/1
	고대	/4
	고려 시대	/4
	조선 전기	/1
	조선 후기	/2
근현대	근대	/3
	일제 강점기	/2
	현대	/1
통합	시대 통합	/2
총계		/20

* 취약시대 분석표를 이용해 1개라도 틀린 문제가 있는 시대는 그 시대의 문제만 골라 해설을 다시 한번 꼼꼼히 학습하세요.

---

01 선사 시대 | 충북 청원 두루봉 동굴 유적 난이도 하 ●○○

자료분석
흥수 아이라 불리는 어린아이의 뼈가 출토됨 → 충북 청원 두루봉 동굴 유적

정답설명
② 충청북도 청원 두루봉 동굴 유적은 구석기 시대의 유적으로, 이곳에서는 어린아이의 인골 화석인 흥수 아이가 발견되었다.

오답분석
① 함북 웅기 굴포리 유적: 함경북도 웅기 굴포리 유적은 구석기 시대 유적지로, 박편 석기와 찍개 등이 발견되었다.
③ 평남 덕천 승리산 동굴 유적: 평안남도 덕천 승리산 동굴 유적은 구석기 시대 유적지로, 한반도에서 인골(승리산인)이 처음으로 발견되었다.
④ 충북 단양 상시리 바위 그늘 유적: 충청북도 단양 상시리 바위 그늘 유적은 구석기 시대 유적지로, 남한 최초의 인골인 상시리인이 발견되었다.

02 고대 | 문무왕의 업적 난이도 하 ●○○

자료분석
서쪽을 정벌하고 북쪽을 토벌(삼국 통일) + 화장 → 문무왕

정답설명
④ 문무왕은 지방 행정 통제와 지방관 감찰을 위해 외사정을 처음 파견하였다.

오답분석
① 진평왕: 관리의 인사를 담당하는 관청인 위화부를 설치한 왕은 진평왕이다.
② 성덕왕: 왕토 사상에 근거하여 일반 백성들에게 처음으로 정전을 지급한 왕은 성덕왕이다.

③ 신문왕: 김흠돌의 반란을 진압하고 왕권을 강화한 왕은 신문왕이다. 신문왕은 장인인 김흠돌의 반란 사건을 진압하는 동시에 귀족 세력을 숙청하고 정치 세력을 재편성하여 왕권을 강화하였다.

03 고려 시대 | 충렬왕 대의 사실 난이도 중 ●●○

자료분석
상서성과 중서문하성을 합쳐서 첨의부를 설치함 → (가) 충렬왕

정답설명
③ 각염법을 처음으로 시행한 것은 충선왕 때이다. 충선왕 때는 국가의 재정을 늘리기 위해 국가가 소금의 생산과 유통 등을 직접 관리하는 각염법을 시행하였다.

오답분석
모두 충렬왕 대의 사실이다.
① 원은 일본 원정을 위해 고려에 정동행성을 설치하였으며, 일본 원정 실패 이후에도 내정 간섭 기구로 유지하였다.
② 원은 자비령 이북 지역을 통치하기 위해 서경(평양)에 동녕부를 설치하였고, 동녕부 지역은 충렬왕 때 고려에 반환되었다.
④ 장학 기금인 섬학전은 충렬왕 때 안향의 건의로 양현고의 부실을 보강하기 위해 설치되었다.

04 고려 시대 | 고려의 수취 체제 난이도 중 ●●○

정답설명
③ 고려 시대에 공물은 재산의 많고 적음이 아닌, 호(戶)를 기준으로 인정(人丁)의 많고 적음에 따라 9등호로 나누어 부과하였다.

오답분석
① 고려의 조세는 토지를 논과 밭으로 나누고, 비옥한 정도에 따라 3등급으로

나누어 부과하였다.
② 고려 시대에 토지(민전) 소유자는 수확량의 10분의 1을 국가에 납부하였다.
④ 고려 시대에는 남자 나이 16세가 되면 정(丁)으로 삼아 군역과 요역의 형태로 국역에 복무하게 하였고, 60세가 되면 역을 면해주었다.

05 조선 전기 | 이황   난이도 상 ●●●

자료분석
기대승 + 어째서 사단과 칠정이란 다른 이름이 있겠습니까 → 사단 칠정 논쟁 → 이황

정답설명
② 이황은 『전습록논변』과 『주자서절요』 등을 저술하였다. 『전습록논변』은 양명학을 창시한 왕수인(왕양명)의 『전습록』을 비판한 책이고, 『주자서절요』는 『주자대전』에서 중요한 내용을 발췌하여 정리한 책이다.

오답분석
① 이이: 해주 향약을 보급한 인물은 이이이다. 한편, 이황은 예안 향약을 보급하였다.
③ 이황은 양명학의 심성론을 인정하지 않았으며, 양명학을 인의를 해치고 천하를 어지럽힌다고 비판하며 이단으로 간주하였다.
④ 이이: 16세기 후반의 조선 사회를 중쇠기라고 인식한 인물은 이이이다. 이이는 개국 후 200여 년이 지난 16세기 후반의 조선 사회를 서서히 쇠퇴해가는 중쇠기(中衰期)로 인식하였다.

이것도 알면 합격!
퇴계 이황
- 주리론 주장, 동인에 영향을 줌
- 백운동 서원의 사액을 건의(→ 소수 서원), 예안 향약 실시
- 『주자서절요』, 『성학십도』, 『논사단칠정서』 등을 저술함
- 임진왜란 이후 일본 성리학 발전에 영향을 줌

06 고대 | 발해   난이도 중 ●●○

자료분석
일본이 국서를 보냄 + 고려 국왕 + 천손이라는 칭호 → 발해

정답설명
④ 발해는 문적원을 두어 도서와 문서를 관리하고 축문 등을 작성하는 업무를 담당하도록 하였다.

오답분석
① 신라: 지방 세력의 견제를 위해 상수리 제도를 실시한 나라는 신라이다. 상수리 제도는 지방 호족들을 일정 기간 수도에 머물게 하는 제도이다.
② 고려: 2성 6부제를 중심으로 하는 중앙 관제를 마련한 나라는 고려이다. 한편, 발해는 당나라의 제도를 수용하여 3성 6부의 중앙 관제를 마련하였다.
③ 통일 신라: 중앙의 주요 관서에 각각 복수의 장관을 임명한 나라는 통일 신라이다. 통일 신라는 집사부 아래에 13개의 관부를 병렬적으로 운영하고, 사정부·예작부·선부 등을 제외한 각 부에 여러 명의 장관을 두었다.

07 일제 강점기 | 1920년대 무장 독립 투쟁의 전개   난이도 중 ●●○

정답설명
① 순서대로 나열하면 ㉠ 봉오동 전투(1920. 6.) → ㉣ 훈춘 사건(1920. 10.) → ㉡ 청산리 전투(1920. 10.) → ㉢ 미쓰야 협정(1925)이 된다.
㉠ 봉오동 전투: 홍범도가 이끄는 대한 독립군은 최진동의 군무 도독부군, 안무의 국민회군과 연합하여 봉오동에서 일본군에게 대승을 거두었다(1920. 6.).
㉣ 훈춘 사건: 봉오동 전투에서 패배한 일제는 중국 마적단을 매수하여 훈춘의 일본 영사관을 공격하게 하는 조작 사건을 일으켰다(1920. 10.).
㉡ 청산리 전투: 김좌진이 이끄는 북로 군정서군은 훈춘 사건을 구실로 만주에 파견된 일본군을 상대로 백운평, 천수평 등 청산리 일대에서 대승을 거두었다(1920. 10.).
㉢ 미쓰야 협정: 일제는 무장 독립군 세력을 탄압하기 위해 만주의 군벌인 장쭤린과 미쓰야 협정을 맺었다(1925).

08 조선 후기 | 정묘호란   난이도 중 ●●○

자료분석
금나라 군대가 안주에 도착할 것 + 명나라 장수 모문룡 → 정묘호란

정답설명
③ 남한산성으로 피난한 왕이 삼전도에서 항복한 것은 병자호란 때이다. 병자호란 때 인조는 남한산성으로 피신하여 항전하였으나, 결국 삼전도에서 청 태종에게 굴욕적인 항복을 하였다.

오답분석
모두 정묘호란에 대한 설명이다.
① 정묘호란 때 정봉수와 이립이 의병을 이끌고 후금에 항전하였다.
② 정묘호란은 명과 친하고 후금을 멀리하는 친명 배금 정책을 전개한 인조 때 발생하였다.
④ 정묘호란 때 후금이 황해도 평산까지 남하하자 조선은 후금과 형제 관계를 맺는다는 내용의 정묘약조를 체결하였다.

09 고려 시대 | 고려 시대의 사회 안정책   난이도 하 ●○○

정답설명
② 옳은 것을 모두 고르면 ㉠, ㉣이다.
㉠ 고려 성종 때 개경과 서경, 12목에 물가 조절 기구인 상평창을 설치하였다.
㉣ 고려 광종 때 일정 기금을 만들어 그 이자로 빈민을 구제하는 기구인 제위보를 설치하였다.

오답분석
㉡ 조선 전기: 혜민서는 고려 시대의 혜민국을 계승하여 조선 세조 때 설치된 관서로, 서민의 진료와 약 처방을 담당하였다.
㉢ 재난을 입은 백성을 구제하기 위해 구급도감이 설치된 것은 고려 고종 때이다. 한편, 고려 예종 때는 병자의 치료와 빈민을 구제하기 위한 기구로 구제도감이 설치되었다.

10 현대 | 사사오입 개헌안   난이도 중 ●●○

자료분석

135는 203의 2/3가 된다(사사오입) + 전일 부결 선포를 취소함 → 사사오입 개헌안

정답설명

③ 사사오입 개헌안에서는 헌법 공포 당시의 대통령(초대 대통령 이승만)에 한하여 중임 제한을 철폐하였다.

오답분석

① 발췌 개헌안: 임시 수도인 부산에서 통과된 것은 발췌 개헌안이다.
② 제7차 개헌안(유신 헌법): 통일 주체 국민회의 설치를 규정한 것은 제7차 개헌안(유신 헌법)이다.
④ 제7차 개헌안(유신 헌법): 대통령이 국회의원의 3분의 1을 추천할 수 있도록 규정한 것은 제7차 개헌안(유신 헌법)이다.

11 고려 시대 | 삼별초   난이도 중 ●●○

자료분석

진도 용장성 행궁지 + 항파두리 항몽유적 → (가) 삼별초

정답설명

③ 삼별초는 몽골에 항쟁하기 위하여 일본에 외교 문서를 보내 연합을 제의하는 등 외교 접촉을 시도하였다.

오답분석

① 별무반: 신기군(기병), 신보군(보병), 항마군(승병)으로 구성된 것은 별무반이다. 별무반은 고려 숙종 때 여진족에 대처하기 위해 윤관의 건의에 따라 조직된 군대이다.
② 쌍성총관부 수복(1356)은 공민왕 때의 일로 삼별초와는 관련이 없다. 공민왕은 유인우를 동북면 병마사에 임명하여 쌍성총관부를 무력으로 수복하게 하였다.
④ 삼별초는 진도를 거쳐 제주도로 근거지를 옮기며 항쟁하다 1273년 제주도에서 진압되었기 때문에 개경 환도 이후 두 차례(1274, 1281) 실시된 원나라의 일본 원정에 동원될 수 없었다.

12 고대 | 장보고   난이도 하 ●○○

자료분석

청해진에 있으면서 군진을 지킴 + 반란을 모의하려고 함 → (가) 장보고

정답설명

③ 장보고는 신라인들이 많이 거주하던 산둥(산동) 반도 적산촌에 법화원이라는 사찰을 건립하였다.

오답분석

① 궁예: 기훤, 양길의 휘하에서 세력을 키운 인물은 궁예이다.
② 견훤: 완산주(전주)를 근거지로 후백제를 건국한 인물은 견훤이다.
④ 김유신: 금관가야 왕족 출신으로 비담·염종의 난을 진압한 인물은 김유신이다.

13 시대 통합 | 우리나라의 역대 의서   난이도 중 ●●○

정답설명

① 이제마가 사상의학에 관한 이론과 치료법을 수록한 의서는 『동의수세보원』이다. 한편, 『마과회통』은 정약용이 홍역(마진)에 대한 의서를 종합하여 편찬한 서적이다.

오답분석

② 『태산요록』은 조선 세종 때 임산부의 임신 및 출산 전후에 관한 대응법과 어린아이의 질병 치료법을 정리한 의서이다.
③ 『향약구급방』은 고려 고종 때 편찬된 현존하는 우리나라 최고(最古)의 의서이다.
④ 『의방유취』는 세종 때 중국과 국내의 의서를 참고하여 동양 의학을 집대성하여 편찬한 의학 백과사전이다.

14 근대 | 황룡촌 전투와 우금치 전투 사이의 사실   난이도 중 ●●○

자료분석

(가) 황룡 강가에 집결함 + 농민군과 경군의 대접전이 시작됨 → 황룡촌 전투(1894. 4. 23.)
(나) 우금치와 견준봉 사이에서 진을 치고 사격을 하니 → 우금치 전투(1894. 11.)

정답설명

② (가), (나) 시기 사이인 1894년 5월에는 폐정 개혁을 조건으로 조선 정부와 농민군이 전주에서 화약을 체결하였다(전주 화약).

오답분석

① (가) 이전: 농민군이 황토현에서 전라 감영군을 격파(1894. 4. 7.)한 것은 (가) 이전의 사실이다.
③ (가) 이전: 안핵사 이용태가 농민을 동학도로 몰아 처벌(1894. 3.)한 것은 (가) 이전의 사실이다.
④ (가) 이전: 고부 군수 조병갑이 만석보를 쌓아 수세를 강제로 거둔 것은 (가) 이전의 사실이다. 고부 군수 조병갑이 과중한 세금을 거두는 등의 횡포를 부리자 전봉준을 중심으로 농민들이 봉기하였다(고부 민란, 1894. 1.).

15 고대 | 지증왕   난이도 중 ●●○

자료분석

우산국이 항복함 + 이사부가 하슬라주 군주가 됨 → 지증왕

정답설명

④ 지증왕은 농업 노동력을 확보하기 위해 왕이 죽으면 주변 사람을 함께 묻는 풍습인 순장을 금지하였다.

오답분석

① 소지 마립간: 사방에 국가의 육상 통신·교통 기관으로 우역을 설치한 왕은 소지 마립간이다.
② 효소왕: 경주에 서시전과 남시전을 설치한 왕은 효소왕이다.
③ 진흥왕: 개국, 대창, 홍제라는 독자적인 연호를 사용한 왕은 진흥왕이다.

16 근대 | 제1차 갑오개혁　　　　난이도 중 ●●○

자료분석
김홍집을 총재로 함 → (가) 군국기무처 → 제1차 갑오개혁

정답설명
② 제1차 갑오개혁 때 의정부 산하의 6조를 8아문으로 개편하였다.

오답분석
① 을미개혁: '건양'이라는 연호를 제정한 것은 을미개혁이다.
③ 광무개혁: 양전 사업을 실시하여 토지 소유권 증명서인 지계를 발급한 것은 광무개혁이다.
④ 제2차 갑오개혁: 지방 재판소, 순회 재판소, 고등 재판소 등 재판소를 설치하여 사법권을 행정권에서 분리시킨 것은 제2차 갑오개혁이다.

이것도 알면 합격!

제1차 갑오개혁

정치	• 청의 연호를 버리고 '개국' 기년 사용 • 궁내부(왕실 담당)와 의정부(정부 담당)로 사무를 분리 • 6조를 8아문으로 개편 • 과거제 폐지, 경무청 설치
경제	• 탁지아문으로 재정 일원화 • 은본위 화폐 제도 채택, 조세 금납제 시행, 도량형 통일
사회	• 공·사 노비 제도 폐지, 조혼 금지, 과부의 재가 허용 • 고문과 연좌법 폐지

17 일제 강점기 | 일제 강점기 역사 연구　　　　난이도 중 ●●○

정답설명
③ 옳은 것을 모두 고르면 ⓒ, ⓔ이다.
ⓒ 정인보는 동아일보에 연재한 『5천 년간 조선의 얼』에서 우리 민족의 시조를 단군으로 설정하였으며 민족 정신으로 '얼'을 강조하였다.
ⓔ 백남운은 유물 사관에 입각하여 한국사를 세계사적 보편성 위에 체계화함으로써 식민 사관의 정체성론을 비판하였다.

오답분석
㉠ 『유교구신론』을 써서 유교의 폐단을 개혁하고, 실천적이고 새로운 유교 정신을 강조한 인물은 박은식이다.
ⓒ 신민족주의 사관에 입각하여 『조선민족사개론』을 저술한 인물은 손진태이다.

18 근대 | 화폐 정리 사업　　　　난이도 하 ●○○

자료분석
갑종 백동화는 새 돈으로 바꾸어 줌 + 병종 백동화는 사들이지 않음 → 화폐 정리 사업

정답설명
② 은화를 발행하여 본위화로 삼고자 한 것은 제1차 갑오개혁 때 발표된 신식 화폐 발행 장정의 내용이다. 화폐 정리 사업은 은이 아닌 금 본위 화폐 제도에 입각하여 추진되었다.

오답분석
① 화폐 정리 사업은 제1차 한·일 협약에 따라 재정 고문으로 파견된 메가타의 주도로 대한 제국의 경제를 일본에 예속시키기 위해 시행되었다.
③ 화폐 정리 사업 때 한국인들이 소유한 화폐 중 상당수는 을종이나 병종으로 분류되어 한국 상인들이 경제적으로 큰 타격을 입었다.
④ 화폐 정리 사업으로 대한 제국의 백동화가 일본 제일은행권으로 교환됨으로써, 일본 제일은행이 대한 제국의 화폐 발행을 담당하는 중앙은행의 역할을 하게 되었다.

19 조선 후기 | 광해군 재위 시기의 사실　　　　난이도 중 ●●○

자료분석
모후(인목대비)를 원수처럼 여김 + 임해군과 영창 대군을 섬에 안치하여 죽임 → 광해군

정답설명
④ 광해군 때는 경기도에서 대동법을 처음으로 시행하였다. 대동법은 기존에 가호를 단위로 토산물을 납부하던 방식을 소유한 토지를 기준으로 쌀·삼베·동전 등으로 납부하게 한 제도이다.

오답분석
① 효종: 민간의 광산 개발 참여를 허용하는 설점수세제를 처음 실시한 것은 효종 때이다.
② 중종: 『신증동국여지승람』이 편찬된 것은 중종 때이다.
③ 명종: 양주 백정 출신인 임꺽정이 난을 일으킨 것은 명종 때이다.

20 시대 통합 | 조선 시대의 지도　　　　난이도 중 ●●○

정답설명
② 혼일강리역대국도지도에 유럽이 묘사되어 있는 것은 맞으나, 아메리카 대륙은 묘사되어 있지 않다. 혼일강리역대국도지도에는 우리나라, 중국, 일본을 비롯하여 유럽 및 아프리카 대륙이 묘사되어 있다.

오답분석
① 조선방역지도는 각 군현을 도별로 색을 다르게 하였고, 만주와 대마도를 우리 영토로 표기하였다.
③ 정상기의 동국지도는 조선 영조 때 우리나라 최초로 100리 척을 사용하여 제작된 과학적인 지도이다.
④ 김정호의 대동여지도는 산맥, 하천, 도로망 등을 정밀하게 표시하였고, 거리를 알 수 있도록 10리마다 눈금을 표시하였다.

16회 실전동형모의고사 정답·해설

▶ 정답

p.104

01	② 선사 시대	11	③ 고려 시대
02	① 고대	12	④ 근대
03	① 현대	13	① 근대
04	② 고대	14	④ 조선 후기
05	③ 현대	15	③ 일제 강점기
06	④ 시대 통합	16	① 일제 강점기
07	③ 고려 시대	17	① 근대
08	② 일제 강점기	18	② 현대
09	③ 고려 시대	19	① 고대
10	④ 조선 전기	20	① 현대

▶ 취약시대 분석표

영역	세부 유형	문항 수
전근대	선사 시대	/1
	고대	/3
	고려 시대	/3
	조선 전기	/1
	조선 후기	/1
근현대	근대	/3
	일제 강점기	/3
	현대	/4
통합	시대 통합	/1
	총계	/20

* 취약시대 분석표를 이용해 1개라도 틀린 문제가 있는 시대는 그 시대의 문제만 골라 해설을 다시 한번 꼼꼼히 학습하세요

---

01 선사 시대 | 고조선 멸망 이후의 사실 난이도 중 ●●○

자료분석

니계상 참이 조선왕 우거를 죽이고 항복함 → 고조선 멸망(기원전 108)

정답설명

② 고조선을 멸망시킨 한나라는 고조선 영토 안에 4개의 군현을 설치하고 법 조항을 60여 조로 늘려 통제하였다.

오답분석

모두 고조선 멸망 이전의 사실이다.

① 기원전 128년에 고조선에 복속해 있던 예(濊)의 군장 남려가 우거왕에게 반기를 들고 한에 투항하자, 한은 이곳에 창해군을 설치하였다.

③ 기원전 194년에 위만에게 왕위를 빼앗긴 준왕은 진국으로 남하하여 '한왕(韓王)'이라 자처하였다.

④ 기원전 3세기 초에 고조선은 연나라 장수 진개의 침략으로 요동 지역을 상실하였다.

02 고대 | 백제 무왕 재위 시기의 사실 난이도 중 ●●○

자료분석

선화(공주) + 노래를 지어 아이들에게 부르게 함 → 서동요 → 백제 무왕

정답설명

① 백제 무왕 때는 중앙 정치를 정비하고 왕권을 강화하였으며, 이를 토대로 금마저(익산) 천도를 추진하였으나 실패하였다.

오답분석

② 백제 의자왕: 계백이 이끄는 결사대가 김유신이 이끈 신라군에게 황산벌 전투에서 패배한 것은 백제 의자왕 때이다.

③ 백제 성왕: 신라가 백제로부터 한강 유역 일대를 빼앗고 신주를 설치한 것은 백제 성왕 때이다.

④ 백제 성왕: 승려 겸익이 인도에서 율장을 가지고 돌아온 것은 백제 성왕 때이다.

03 현대 | YH 무역 사건 이후의 사실 난이도 중 ●●○

자료분석

여성 노동자들이 신민당 당사로 몰려감 → YH 무역 사건(1979. 8.)

정답설명

① YH 무역 사건 이후인 1979년 10월에 부·마 항쟁이 전개되었다. YH 무역 사건을 계기로 신민당 총재 김영삼이 국회에서 제명되었다. 이에 대한 반발로 부산과 마산 등지에서 부·마 항쟁이 전개되었고 이는 유신 체제가 붕괴되는 결정적인 계기가 되었다.

오답분석

모두 YH 무역 사건 이전의 사실이다.

② 장준하를 발행인으로 하는 잡지 「사상계」가 창간된 것은 1953년의 사실이다.

③ 국가 재건 최고 회의가 구성된 것은 1961년의 사실이다. 국가 재건 최고 회의는 5·16 군사 정변을 주도한 세력이 입법·사법·행정의 3권을 행사하였던 국가 최고 통치 의결 기구이다.

④ 근로 기준법 준수를 요구하며 전태일이 분신 자살한 것은 1970년의 사실이다.

04 고대 | 발해 문왕 난이도 중 ●●○

자료분석

대흥 + 시호를 정효라 함 + 황상 → 발해 문왕

정답설명

② 옳은 것을 모두 고르면 ㉠, ㉢이다.

㉠ 발해 문왕은 수도를 중경 현덕부에서 상경 용천부로 옮겼다.

05 현대 | 6월 민주 항쟁 난이도 ●●○

오답분석
① **4월 혁명**: 3월 15일 부정 선거를 원인으로 일어난 민주화 운동이다.
② **부마 항쟁**: 박정희 정부의 장기 독재에 반대하여 부산과 마산 지역 중심으로 일어난 민주화 운동이다.
④ 전두환 정부의 강압적인 통치와 간선제 유지에 반발하여 일어난 민주화 운동은 6월 민주 항쟁이다.

06 현대 | 민주주의의 발전 난이도 ●●●

정답분석
④ 옳은 것을 고르면 ㄱ, ㄷ, ㄹ이다.
ㄱ. 4·19 혁명은 이승만 정권의 3·15 부정 선거를 계기로 일어났다.
ㄷ. 5·18 민주화 운동은 전두환 등 신군부 세력의 집권과 비상 계엄 확대에 반대하여 전개되었다.
ㄹ. 6월 민주 항쟁의 결과로 5년 단임의 대통령 직선제를 골자로 한 개헌이 이루어졌다.

오답분석
ㄴ. 4·19 혁명: 이승만 대통령이 하야하고 허정 과도 정부가 수립된 이후 내각 책임제와 양원제 국회를 골자로 한 개헌이 이루어졌다. 이후 치러진 7월 총선거에서 민주당이 압승하여 1988년에 장면 내각이 수립되었다.
② **5·18 민주화 운동**: 계엄령 철폐와 김대중 석방 등을 요구한 5·18 민주화 운동이다.
④ **4·19 혁명**: 마산 앞바다에서 김주열 학생의 시신이 발견된 사건이 계기가 되어 전국적으로 확산된 민주화 운동은 4·19 혁명이다.

07 고대 | 고대 문화의 성장 난이도 ●●○

자료분석
녹읍 + 이자겸의 난과 묘청의 서경 천도 운동 사이의 시기 → 고려 전기 상황

정답분석
③ 고려 전기에는 해동 3국이 발행되기 시작하였다. 고려 숙종 때 해동통보(해동)가 발행되었고, 그 유통을 확대하기 위해 해(혜)민국이 설치되어 교환의 중심이 되었다.

---

08 일제 강점기 | 일제 강점기 농민·노동 운동 난이도 ●●○

자료분석
← 원산 총파업(1929)
6·10 만세 운동 + 광주 학생 항일 운동과 대공황 등으로 일제의 탄압이 강화됨

정답분석
② 원산 총파업은 중국, 소련, 프랑스 등지의 노동자들이 격려 전문과 후원금을 보내오는 등 단체로부터 지지를 받았다.

오답분석
① **소작 쟁의**: 조선 농민 총동맹이 결성된 1920년대 중반 이후 본격적인 소작 쟁의가 전개되었다.
③ 신간회 창립 당시 노농총동맹이 분리된 1927년에 조선 농민 총동맹과 조선 노동 총동맹이 성립되었다.
④ 조선 노농 총동맹은 노동자와 농민의 이익을 위해 노동 총동맹, 농민 총동맹이 성립된 1920년대에 설립되었다.

09 고려 시대 | 고려 시대의 수공업 난이도 ●●○

정답분석
③ 옳은 것을 고르면 ㄱ, ㄷ, ㅁ이다.
ㄱ. 고려 시대에는 수공업자들이 관청이나 소에서 생산한 수공업품을 국가에 바쳤다.
ㄷ. 고려 시대의 소에서는 금·은·동·철·실·종이·먹 등이 생산되어 국가에 공물로 바쳐졌다.
ㅁ. 고려 후기에는 민간 수요품을 생산하는 민간 수공업이 발달하였다.

오답분석
ㄴ. 고려 후기: 관청 수공업자들이 미리 필요한 물품을 생산하는 선대제 수공업이 발달한 것은 고려 후기이다.
ㄹ. 고려 후기: 유교적 소비 생활이 확대되는 것은 고려 후기의 상황이다.

10 조선 전기 | 조선 전기 시기에 편찬된 법전 난이도 ●●○

자료분석
경국대전 → 경국대전 → 경국대전 → 조선 재위 시기

정답분석
④ 세종 때 신숙주·성삼문 등이 음에(운서)에서 조사·정리 등 공적 관례를 정리한 『이륜행실도』가 편찬되었다.

11 고대 시대 | 지증왕   난이도 중●●○

정답설명
지증왕은 이사부를 파견하여 우산국(울릉도)을 복속시켰고 순장을 금지하는 등 농업을 중요시하였으며 우경을 실시하였다. 또한, 시장을 감독하는 관청인 동시전을 설치하였다.

자료분석
국호를 이사부 파견 + 순장 금지 우경 실시 + 시장 관리 감독 → 「국호(신라) 정함」 → 지증왕

오답분석
① 법흥왕: 「공복제정」을 반포하였고, 「율령」이 반포된 것은 법흥왕 때이다.
② 서덕: 명랑의 건의로 중, 양, 하, 삼국 금은을 만든 것은 공민왕 때이다.
③ 성종: 「교육조서」를 반포한 이후 교육 한성사범학교를 설치하였고, 「소학교령」을 반포한 것은 공민왕 때이다.

12 근대 | 조·청 상민 수륙 무역 장정 이후 정부의 활동   난이도 중●●○

자료분석
근대에 맺어지는 조·청 상민 수륙 무역 장정(1882)

정답설명
④ 개항 이후 중국 상인들의 출몰하자 대비하기 위한 정부는 조·청 상민 수륙 무역 장정의 체결 이후 이용원 상리국을 설치하였다.

오답분석
① 1883년에 조·일 통상 장정 개정을 통해 일본에 대한 관세가 인정되었다.
② ③ 정부 연구에 활동이 시작되어 정부의 각 부문에 배치되어 대응하였고, 단문 등을 간행사업 등도 시작되었다.
④ 대공 관심이 들지 않고, 대응 운동 등을 시작하였다 정돈되었다.

13 근대 | 동학 농민 운동   난이도 중●●○

자료분석
자주 조직의 교육 양성 기구(가) 동학 법

정답설명
① 최초 자신의 영력을 확장하면서 자산 지역의 재산을 확보하던 때 말한 대용이다.

오답분석
② 「갑신정변 때에 개혁정강」의 내용으로 해방으로 교육한 추진한 것은 결론 준하다.
③ 동학 농민군은 탐관오리를 처벌하고 보수한 농민 운동을 개선한 대용이다.
④ 동학 농민운동에서 집권 폐지와 회피 지주의 토지를 평균 분작 하자고 주장한 것은 가동 폐정개혁안 12개조 중 대용이다.

14 근대 | 조·청 상민 수륙 무역 장정 체결 이후 사실   난이도 중●●○

자료분석
조·청: 상리원(청상인)이 아문을 통한 운동 분쟁 + 3 규칙 → 조·청 상민 수륙 무역 장정

정답설명
④ 정부는 조·청 상민 수륙 무역 장정의 체결 이후 재정의 중앙 통 수 있는 감독사무를 설치하였다.

오답분석
① 통상: 사람마다 통상을 함정을 공공 정비 때는 조리 장정을 사용 정비 하여 이자 경상의 대응에 투에 경제개발 고문을 감정수 있었다.
③ 조리: 「대응책」이 직전해서 군공 능에 있는 민 대응 대응 확장 했다.

15 정치 갈등기 | 정약용   난이도 중●●○

자료분석
정약용 → 「상서 다산 정약 보」 → 정약용

정답설명
옳은 경우 모두 고르면 ③, ⓒ, ⓔ이다.
③ 정약용은 논 수지인 1사와 정류 등 9후구조의 정이 공동 상리 노동에 대응 지대하는 정이라가 체계를 설명한 것이다.
③ 정약용은 경세유표에 해한 행정 강조을 반돋이는 만의 지체에서 부터 수 있는 경식사 동일 급류적 근에 관한 다. 고하였다.
⑥ 정약용은 그 시대와 경제적 배해 대한 관심을 반돋이에 등 구설적이다.

오답분석
ⓒ 정약용은 「여유당전서」에 수록된 산림정보 등에 대한 시시가 저동 알용, 대 강 절약에 이른 저의 근간 등을 강조하였다.

16 | 광복 직후기 | 국내 정치 세력의 통일 ●●●

자료분석
통일정부 수립운동의 완결판 + 조선의 독립운동의 세계사적 의의 파악 → 좌·우 합작 운동(1946)

정답찾기
① 대한민국 임시 정부의 대동단결 선언은 1941년으로, 국내 대표 정치 운동이 아님.

오답피하기
② 남북 협상 등은 김구·김규식이 주도하여 평양에서 김일성 등과 회담을 통해 통일 정부 수립을 추진함.
③ 신탁통치 반대운동 등은 우익의 대표적인 정치 활동 대응 사건으로 좌우대립의 격화를 초래.
④ 남북 대표 회의 등 이승만의 정읍 발언 이후 단독 정부 수립 정치 활동을 주장하며 좌우합작 운동 등 국내 정치를 개편하려 함.

17 | 근대 | 제1차 동학 운동 ●●●

자료분석
군국기무처 및 대원군에게 조칙을 승인 → 제1차 갑오개혁

정답찾기
① 제1차 동학 운동은 김홍집 내각이 주도하고, 군국기무처 심의 의결 등이 이루어지며 갑오년에게 실효성이 있었다.

오답피하기
② 갑신정변: 김옥균 등이 주도한 급진 개혁임.
③ 대한제국의 양전: 양지아문 설치와 양안을 대한제국이 실시함.
④ 광무개혁: 광무개혁이 실제 추진하여 상공업 진흥 정책을 추진하였다.

이것도 함께 정리!

근대의 개혁	
갑오개혁	• 최초의 근대적 개혁이나 한계 있음 • 신분제 폐지 등 전면적 개혁
제1차 갑오개혁	• 온건개화파 주도, 군국기무처 중심 • 사회변혁 대비한 광범한 계층의 요구 등 국문 공문서
을미개혁	• 사회 변혁 대비한 단발령, 종두법 시행 등 국문 강화 • 단발령, 사회개혁 대비한 을미의병
광무개혁	• 대한제국 근대 기기 도입을 자주국가로 추진함. 제외식 개혁

18 | 현대 | 통일대의 전개 ●●●

기출분석
(가) 카이로 회담(1943) ~ 정부 수립(1946. 6.)
(나) 정부 수립(1946. 6.) ~ 5·10 총선거(1948)
(다) 5·10 총선거(1948) ~ 6·25 전쟁 발발(1950)
(라) 6·25 전쟁 발발(1950) ~ 발췌 개헌(1952)

정답찾기
② (나) 시기인 1946년 10월부터 우익 정치 인물들에 의해 좌·우 합작 7원칙이 발표됨.

오답피하기
① (다) 시기: 국가가 인정하는 유일 정당이 있어야 한다는 정부 수립 활동 개혁됨.
③ (나) 시기: 남북한 지도자들이 통일 수립을 위한 예비 회담 열어 개최함.
④ (다) 시기: 이승만 대통령 주도, 김성수 외 등이 주도 자치 아래 내각 지지 시기인 1949년 12월에 제정되었다.

19 | 근대 | 시가 우리에 유행가 ●●●

정답찾기
① 만해사와 오지러방장은 자상정이 황제 바라고 인물이 아닌 기년을 담았다.

오답피하기
② 아리랑은 대표적인 저항시이자 광주학생운동의 시가 공동의에 고조되어 난 기간에 대하여 지도하였다.
③ 진중일지는 한국의 산천 속을 독립 수구 정신의 통일되어 지금 되었다.
④ 빼앗긴 들에도 봄은 오는가에서 타지권 관기에 대하여 조국에 대한 깊은 상징을 표출하였다.

20 | 현대 | 광복 직후 시기의 사건 ●●●

기출분석
이승일 대통령 주도 + 독립이 당면된 것으로 결정한 국가의 복불의 ~ 이동원 정부 대통 선거

정답찾기
① 광복 직후 시기인 1987년 대통 연임 등의 투쟁의 사용자에 대한 사용 일제 미 정부 등이 시기의 사원이다.

오답피하기
② 긴급조치 시기: 한국의 유지 유신의 1970년대 중반에 미국이 관련한 시기의 사건이다.
③ 모스크 정치: 투쟁 중요성의 모스크 위치 대한 실제 개방과 같은 배경이 대한 시기의 사건이다.
④ 바탕의 정치: 한강 강남의 정치 정부를 위해 대통령 정치에 오는 개혁 정치 시기의 사건이다.